LA CALLAS

CLAUDE DUFRESNE

LA CALLAS

Traducción de
Maruchi Friart

EDITORIAL JUVENTUD, S. A.
Provenza, 101 - 08029 Barcelona

Título original: LA CALLAS
Todos los derechos reservados
© Perrin, 1990
© de la traducción española:
Editorial Juventud, Barcelona, 1995
Primera edición, 1995
Fotografías: Agencia Zardoya
Diseño cubierta: Joanot Gabarró
Traducción: Maruchi Friart
Depósito legal: B. 18.968-1995
ISBN 84-261-2919-6
Núm. de edición de E. J.: 9.164
Impreso en España - Printed in Spain
Libergraf, S. L. c/ Constitució, 19 - 08014 Barcelona

La documentación de esta obra ha sido realizada por Christian Baudéan.

1

ÉRASE UNA VEZ EN LA ÓPERA DE PARÍS...

María Callas no murió de un ataque cardíaco, el 16 de septiembre de 1977, en su apartamento de la Avenida Georges-Mandel de París, a no ser que ese ataque cardíaco haya servido de coartada para un crimen... Crimen perfecto que no deja tras de sí ni indicios ni huellas y cuyos autores quedarán para siempre impunes... Crimen cometido con total inocencia y con toda inconsciencia, por los mismos que hicieron de María una diosa, y que semeja a un sacrilegio porque fue el pueblo de fieles el que, con sus propias manos, abatió al ídolo que había consagrado... Crimen colectivo, al fin y al cabo, porque los culpables fueron a la vez el público, los críticos, Onassis, la madre de María, sus apasionados admiradores, sus enconados detractores y, sobre todo, la propia María, cuya empresa de autodestrucción no conoció tregua, fuese que su arte, despiadado dueño y señor, le exigiera la entrega de todas sus fuerzas cuando se hallaba en la cúspide de su gloria, fuese que la soledad, en la que se enclaustraría voluntariamente cuando recayó en la sombra, apagara su voluntad de vivir...

¿No es señal inequívoca de favor insigne si el prodigioso escenógrafo, ese que dispone del universo como de un teatro y de los seres humanos como de actores, reservara a María el destino trágico de las heroínas que tan a menudo encarnaría? ¿Seguiría anclada en la memoria colectiva con tanta presencia, si la desgracia no hubiera sublimado su tránsito terrenal? Estatua mítica en vida, lo sigue siendo, hoy más que nunca, a pesar de los años transcurridos desde su muerte, permaneciendo en los corazones de los que la han amado más allá de la razón, alimentando el resentimiento de los que la han odiado allende el desatino. Y algo singular, los hoy demasiado jóvenes para haberla visto y escuchado cuando ella estaba en todo el esplendor de su personalidad, los que sólo han podido recoger los ecos amortiguados de su incomparable triunfo, pronuncian su nombre con extraña emoción...

Otros artistas han conocido laureles semejantes a los suyos, han manifestado un talento parecido al suyo. Otros ídolos han arrastrado tras de sí a las masas a un entusiasmo estrepitoso. Los admiradores de Sarah Bernhardt tiraban de su coche simulando ser los caballos; Napoleón consideraba un honor ser amigo de Talma; la Malibran, la Patti tuvieron también su corte e iluminaron su siglo con vivos resplandores, pero ninguno de estos personajes de excepción ha grabado en la piedra del recuerdo una imagen tan indeleble como María Callas.

Antes de seguir las etapas de su ascensión espectacular y luego de su calvario secreto, me gustaría restablecer los hilos que han tejido su leyenda, explicar las razones de esta aura mágica que ilumina, tal los iconos de su tierra natal junto a los cuales arde una llama que jamás se apaga. ¿Por qué María levantó pasiones tan contradictorias? ¿Por qué esas pasiones, con el tiempo, no han perdido su ardor? ¿Por qué todavía hay por el mundo hombres y mujeres que le siguen siendo fieles, y otros por el contrario, menos numerosos, es cierto, quieren que siga en la picota? Sin duda, hay que buscar la explicación, pues la Callas no puede contarse sin el decorado de su vida, sin ese coro de voces que hace eco al menor de sus actos; la artista es solidaria de la mujer y recíprocamente. La Callas, sin los bravos que la acompañan, sin los laureles sobre su cabeza, sin los silbidos que a veces la acogían, la Callas sin el miedo que la paraliza, sin sus ataques de furia, sin sus disputas espectaculares y sus reconciliaciones que no lo son menos, la Callas sin ese marido anciano que juega a Pigmalión, sin el multimillonario que se la autoofrece como la más preciada de las joyas, la Callas sin la madre devoradora que la amaestra como a un animal sapiente, la Callas sin sus rivales que la detestan y a las que ella corresponde, la Callas sin sus joyas, sin sus pieles, sin sus perritos, la Callas sin la *jet society* de la que tanto deseaba formar parte —no sabemos por qué—, la Callas sin su juventud pobre, sin su empleo de tiempo cosmopolita, sin Milán, sin Nueva York, sin París, sin Grecia, la Callas sin ese torrente de excesos de risas o de lágrimas, la Callas sin ese cortejo fantasmagórico, irreal, que la acompaña a ese baile de sombras al que fue arrastrada, sin esas luces violentas que iluminan cada uno de esos gestos, la Callas sin esa compostura barroca no sería ella, o mejor dicho, no sería lo que llegó a ser.

Su existencia fue tan grandiosa, tan trágica, como las mismas óperas que interpretó en todos los escenarios líricos del mundo; a su personaje, tanto como a su talento, ella debe su inmortalidad.

Por haber provocado sentimientos tan dispares, que van desde la admiración sin límites a la denigración sistemática, ella misma justificaría lo que a menudo ha venido a llamarse *fenómeno Callas*. Se trataba en efecto de un fenómeno misterioso que ponía en trance a muchedumbres tan diversas como las de Tokyo, París o Nueva York en cuanto ella salía a escena. ¿Cómo justificar sino reacciones tan parejas —comunión en un mismo culto— entre gente de tan diferentes costumbres, gustos, educación? De no haberse producido algo más que la simple salida a escena de una artista, por muy artista de excepción que fuese, el fervor del público, acudido desde los cuatro puntos cardinales, no se explicaría: como tampoco se explicarían los treinta y siete minutos de aplausos ininterrumpidos en la Scala de Milán, los veintidós minutos en la Ópera de París, ni los veintisiete minutos en el Metropolitan Opera de Nueva York, ni la violencia de la cólera que se desataba en esas mismas masas cuando María se veía obligada a interrumpir una representación o anularla en el último minuto. Precisamente porque era idolatrada como una diosa, sus fieles no le concedían el derecho a estar ronca, padecer una migraña o, simplemente, no tener, una noche, deseos de cantar. Pero ¿no era ella implacable consigo misma? A menudo repetía —y no creo que fuese únicamente de cara a la galería— que nunca estaba satisfecha con lo que hacía, pues buscaba continuamente en la expresión artística una perfección que, por otra parte, jamás hallaría. Paradoja de su carácter: las críticas ajenas abrían en su carne heridas que difícilmente cicatrizaban, sin embargo ella misma era su crítico más feroz y, a veces, el más injusto.

No fue ésta, empero, la única paradoja de un ser que podía pasar, de un soplo, de un estado de ánimo a otro, de la sonrisa a la cólera, de la alegría al llanto, de la calma a la violencia. En su eterna búsqueda de la felicidad, que la agitaría sobre todo a partir del día en que encontró a Onassis, cometió el yerro de creer que la había descubierto en su vida de mujer; la única felicidad a la que su naturaleza profunda podía aspirar, no podía hallarla sino sobre un escenario. Ella había sido programada —para emplear un término tan feo que está de moda— para el teatro, para el arte. Ella vivía para el arte y por el arte. Todos los esfuerzos de los que más tarde haría alarde para persuadirse de lo contrario, para vivir como los demás, para mezclarse a la fiesta de una sociedad superficial fueron vanos. Su destino le prohibía dejar los escenarios; sus auténticos decorados, esos en los que no podía ser sino ella misma, no eran ni el suntuoso yate de Onassis, ni los bailes mundanos de Venecia, ni los palacios de Nueva York o de Río, sino los torreones de cartón piedra, los muros de efecto, los jardines de flores de papel de las óperas que ella interpretaba; sus vestidos no eran los de Christian Dior ni los de Chanel, sino los pesados ropajes, los vestidos de cola, los amplios mantos, los harapos andrajosos que llevaba en *Tosca*, en *Norma*, o en *Turandot*; sus joyas no eran los diamantes de Cartier ni las esmeraldas de Boucheron, sino los collares de pacotilla, los brazaletes de oro falso, las sortijas de circón que con sus fulgores acompañaban sus gestos de artista... Cuando hubo de renunciar a esos artificios, cuando dejó caer el telón sobre lo que había sido su existencia teatral, cuando abandonó la escena, ya no le quedaba sino morir: y es lo que hizo...

¿Qué sensación experimentaba el espectador en su primer contacto con la Callas? Pese a los muchos años transcurridos desde aquella noche memorable, la recuerdo aún en su aparición de *Norma*. Era la primera vez que ella interpretaba una obra lírica completa en la Ópera de París y esa presentación tomó visos de acontecimiento. Hacía mucho tiempo que María se hallaba en el cenit de su gloria, pero desde hacía varios años ya habían aparecido los primeros signos alarmantes; los que la conocían bien sabían que ya no era el prodigio de los años cincuenta y ella, más que nadie, era consciente de ello. Creo que, en aquella ocasión, el destino me favoreció. Yo no había podido asistir a la primera representación y, aquel día, me hallaba por casualidad entre los espectadores de la cuarta fila. Era un sábado de junio y el cielo amenazaba tormenta, pero no por tal razón la atmósfera estaba cargada en el palacio Garnier. El pueblo de fieles había acudido y esperaba a su ídolo con una impaciencia febril que aumentaba por momentos. Pues bien, cuando ella salió a escena, sin ademanes excesivos, sin actitud histriónica, recuerdo que, de repente, yo dejé de escuchar la música, ni siquiera la oía cantar, a ella... No. La miraba simplemente, seguía todos sus movimientos, la manera que tenía de recorrer el escenario, me esforzaba por captar las expresiones inestables de su cara; sí, primero, antes de escuchar a la cantante, me dediqué a la contemplación de la actriz... Recuerdo también la emoción que, durante largo rato, me impidió emitir un juicio; me dejé envolver por aquel sentimiento de irrealidad, mientras la dicha penetraba en mí, suavemente, como si de un elixir mágico se tratara... Sin duda, como al resto de los que me rodeaban, me hechizaba el clima en el que me hallaba inmerso; sin duda, también yo era víctima de un espejismo que me despojaba de toda objetividad, para no poder manifestar sino un entusiasmo delirante. Pero si la Callas era capaz de tal poder de sugestión, si, con su sola presencia, podía suprimir las fronteras de lo real y arrastrarnos a todos a un reino del cual sólo ella poseía la llave, ¿no sería porque ella era un hada?

¿Cuánto tiempo duró mi ardiente contemplación? No sabría decirlo. De repente, su voz llegó hasta mis oídos, una voz cuyo color, timbre, calor nada tenía de terrenal, cada palabra proferida tenía alas, cada entonación te transportaba al cielo. Por aquella voz discurría el misterio de un mundo desconocido hacia el cual los espectadores nos dejábamos arrastrar con embriaguez, suspendidos por el temor de que el encanto se rompiera y cesara el encantamiento...

Hasta bastante más tarde no volví en mí, no bajé a la tierra, es decir a la sala del Teatro de la Ópera; fue entonces cuando vi a Aristóteles Onassis pavoneándose junto a la princesa Grace de Mónaco y de la viuda del Aga Khan; estaba también Charlie Chaplin, flanqueado por algunos miembros de su numerosa progenitura, tres o cuatro ministros, uno de los cuales —crimen de lesa majestad— creo que durmió beatíficamente durante toda la representación; en fin, había un número respetable de personalidades extranjeras para que los cronistas pudieran informar en sus columnas que el Todo-París se hallaba presente...

Todas aquellas caras las veía yo a través de una especie de neblina, pues mi atención —era lo menos que podía hacer— la tenía acaparada por el espectáculo, es decir, *por ella*... Acabé por darme cuenta de la lucha que estaba librando en su interior para perseverar hasta el final como la espléndida Norma que estaba encarnando. Hasta el último acto, con valentía, con el mismo heroísmo obstinado del cual su lejano compatriota en el tiempo, el soldado de Marathon, hizo alarde, así consiguió también ella mantener su papel hasta el final, hasta la postrera nota; sucedió, empero, en la última escena, un *do* fallado puso fin al milagro, sumiendo, al unísono, en el desespero más profundo a una parte del público...

Pero estaba la otra parte —aunque menos numerosa, muy decidida— que había venido a ver devorar a una domadora...

Los abucheos, los silbidos se desencadenaron; todo el odio, difícilmente contenido, se liberó con una alegría tan malévola como evidente. Entonces la Callas se comportó como una reina: se volvió hacia el director de orquesta y le ordenó que retomara el pasaje en el que su voz se había quebrado... Nunca, eso creo yo al menos, un artista lírico había osado semejante hazaña... Pero, cual la trapecista que ha fallado el salto mortal y pide que retiren la red, antes de intentarlo una segunda vez, así la Callas lanzaba aquel desafío tanto a los que la admiraban como a los otros... Y esta vez, la nota fue maravillosa, milagrosa, un sonido vencedor, digno de sus días de gloria... La acogida del público estuvo a la altura del gesto y no recuerdo cuánto tiempo fue preciso para que las manos se callaran, para que las voces dejaran de escandir el nombre de María...

Sin embargo, esa apuesta, que acababa de hacer y de ganar, no desarmó a sus detractores. En los vestuarios, las pasiones volvieron a despertarse con virulencia... Cerca de mí, dos encantadoras muchachas se tiraban concienzudamente del moño, mientras otras dos un poco más lejos, mucho menos jóvenes y encantadoras, se distribuían generosamente una copiosa tanda de patadas en las espinillas... ¡Hasta el mismísimo Yves Saint-Laurent, por defender a su ídolo, distribuía algún que otro puñetazo!

Si me he permitido, al inicio de esta narración, exponer una serie de impresiones personales, es porque creo imposible describir a la Callas sin haber resentido su presencia en lo más profundo de uno mismo.

Días más tarde, respondiendo a una solicitud de entrevista que yo le había formulado, me recibió en su apartamento de Passy. Aparentemente muy relajada, contestó a todas mis preguntas sin tratar de eludir ninguna; con el mismo ardor que ponía en sus respuestas, me habló, cada vez que evocaba su arte, del «oficio de cantante» y de las peripecias en las que, a veces, éste desemboca. Llegó incluso a comentarme la famosa noche en el Teatro de la Ópera, fingió tomar a broma aquellos incidentes, y hasta trató de simple accidente el momento en que su voz no había respondido a su llamada. Pero tras su mirada fulgurante —estaba endiabladamente hermosa aquella tarde— yo percibí el espectro de la angustia que la atenazaba... Años más tarde, cuando me enteré de su repentina desaparición, recordé esa entrevista y reviví la imperceptible crispación de su rostro y el velo de angustia que, durante unos segundos, había oscurecido sus ojos y creí comprender una de las razones de aquel fin brutal.

Mientras tanto, yo la había vuelto a ver en otras ocasiones, siempre en escena, naturalmente, pero también en medio de la existencia ficticia a la que se había condenado desde que encontrara a Onassis y, en cada una de esas circunstancias, yo había tenido la misma impresión fugaz: aquella soberana ante la cual todos se inclinaban, aquella mujer que había entrado viva en la leyenda, disimulaba un secreto en lo más profundo de sí misma, un secreto que, por nada del mundo, hubiera consentido revelar: el fracaso de su búsqueda desesperada de la felicidad.

Con los años, esta impresión fue acrecentándose en mí y a ella le debo la voluntad de escribir este libro, al tiempo que nacía el deseo de descubrir a la mujer que había realizado tantos esfuerzos para ocultarse detrás de la artista. Pero como una no puede vivir sin la otra, al buscar a la mujer, el lector encontrará, a cada paso, a la artista.

¿Cómo nació esta estrella única? ¿Con qué pasta celestial fue moldeada para que el talento la saludara? ¿Qué misteriosa alquimia procedió a su creación? Siempre sorprende que los héroes que pueblan nuestra imaginación hayan tenido un padre, una madre, una infancia, como todo el mundo; que hayan recibido cachetes, comido caramelos o aprendido a leer como cualquiera de nosotros. Para responder a nuestra necesidad de fantasía, nos gustaría que su llegada a la tierra fuese anunciada al son de trompetas, que un ángel nos revelara su llegada y que las hadas madrinas, que según la tradición son las que conceden los dones, fuesen visibles a nuestros ojos. ¡Pero, ay, nada de esto existe! Lamentablemente para nuestros sueños...

María Callas no fue, pues, una excepción a la regla de los humanos. Esta muchacha de fuego y de cielo no nos llegó con un par de alas, ni su ilustre compatriota Júpiter descargó, en su honor, sus fulgurantes rayos, ni el Olimpo, dormido en su leyenda, despertó al oír sus primeros vagidos. Sin embargo, y sin saberlo, la mitología griega acababa de enriquecerse con una diosa más. Pero nada, absolutamente nada, anunciaría a los hombres que, en el mes de diciembre de 1923, una estrella acababa de aparecer en el firmamento del arte lírico.

En lo que concierne a su carrera, es otra historia. María no podía escapar al mundo de la música porque en ella debían cumplirse los designios de dos generaciones de vocaciones frustradas. Si el coronel Petros Dimitriadis, en vez de abrazar la carrera militar, hubiese utilizado su hermosa voz natural en un teatro lírico, en lugar de exponer sus huesos en el teatro de las guerras balcánicas, si su hija Evangelia hubiese podido responder a la llamada de sus deseos, en vez de obedecer los preceptos de un medio burgués, y convertirse en la cantante que ella deseaba ser, es posible que María Callas no hubiese alcanzado las cimas de la gloria o bien las hubiera obtenido por otros derroteros. Pero no se rehace la historia. Sobre todo, cuando es tan hermosa. María, hasta la edad de diez años aproximadamente, quería ser dentista. En serio ¿podemos imaginárnosla arrancando muelas y empastando caries?

El coronel Petros Dimitriadis poseía, es cierto, una potente hermosa voz de tenor, lo que no le fue, evidentemente, de ninguna utilidad cuando partía al asalto de su enemigo, pero le valió una feliz popularidad entre sus hombres; éstos, durante las dos guerras balcánicas, le habían apodado «el coronel cantante». Sin ser muy reglamentaria, tal apelación, designada a un oficial superior, demostraba en todo caso un apego tenaz al arte del canto. ¿Por qué el coronel cantante no comunica esa pasión a sus hijos? ¿Especialmente a Evangelia, su hija mayor, que sueña con teatros y óperas, mientras en el cielo de Europa se acumulan las nubes que estallarán en el mes de agosto de 1914? No se sabe, pero, pese a que al coronel, ya retirado, le gusta obsequiar a los suyos con serenatas, niega con obstinación a su hija el poder responder a su vocación. Evangelia, con el corazón traspasado, no será ni comediante ni cantante, y el sueño reprimido en el fondo de su ser continuará atormentándola a través de los años. De ahí su feroz voluntad, más adelante, de hacer, costara lo que costara, de sus dos hijas unas niñas prodigio. Apuesta que puede parecer insensata, pero que sería ganada, al menos, por una de ellas.

Evangelia debe acatar las normas de toda muchacha de buena familia y casarse, lo que hará más para escapar de los preceptos de su padre el coronel que para obedecer a los impulsos de un flechazo espontáneo... Georgios Kalogeropoulos es un hombre apuesto, de cabello cobrizo, tez bronceada y voz acariciadora. Además es licenciado por la Facultad de Farmacia de Atenas. Sólo que es diez años mayor que Evangelia, pertenece a una familia modesta y, lo más significativo de su temperamento, manifiesta hacia el dinero tal respeto que lo dilapida con tanto disgusto como parsimonia. En fin, cual un héroe de la mitología griega, ese Casanova del Peloponeso, es «una mariposa que va de flor en flor», como escribirá más adelante Evangelia.

A los ojos del coronel Dimitriadis, Georgios Kalogeropoulos presenta más inconvenientes que ventajas. Y del mismo modo que antes se opuso a su vocación teatral, ahora se opone a su matrimonio. Pero el pretendiente farmacéutico sabe ingeniárselas bien: conquista al resto de la familia de tal manera que pronto le consideran novio formal, mientras todos esperan la capitulación del terrible coronel. No tendrá que hacerlo: Dimitriadis había sido gravemente herido durante las guerras balcánicas; desde entonces, se mantenía en vida merced a su fuerza de voluntad. Pero un día de 1916, la muerte es más fuerte que su obstinación. Como si sólo hubiesen estado esperando aquel desgraciado acontecimiento, dos semanas más tarde, un pope unía a Evangelia y a Georgios para lo mejor y, en lo que concierne a su futuro, sobre todo para lo peor.

No obstante, durante las primeras semanas, la joven desposada se persuade de su felicidad. La pareja se instala en Meligala, en el Peloponeso, y la farmacia de Georgios prospera. Viven en una espaciosa casa con vistas sobre esos admirables paisajes de los que sólo Grecia posee el privilegio y donde parece que, a cada instante, la Antigüedad va a resurgir. Por las noches, Georgios evoca con placer aquellos recuerdos de una gloria caduca, pero ni los relatos de Homero, ni las hazañas de Agamenón o de Aquiles satisfacen las aspiraciones de Evangelia. En su cabeza bullen pensamientos de grandeza, deseos de lujo, sueños de elegancia... Nada de lo que un farmacéutico de pueblo puede ofrecerle.

Evangelia juzga muy rápidamente la personalidad de su marido: tras esa sonrisa de seductor ella comprende que poca cosa hay, a excepción de una evidente falta de carácter y de ambición. Entonces, se repliega en sí misma y, poco a poco, considerará como a un extraño a ese marido que, sin embargo, tanto ha deseado. Pese a que ya espera un hijo, decide, no obstante, que, en lo sucesivo, corazón y espíritu mandarán aparte.

Georgios, ante la frialdad de su mujer, regresa a su ocupación favorita: correr tras las faldas. En medio de tal clima nacería, el 4 de junio de 1917, una primera hija a la que bautizarán como Cynthia, nombre que, un día no muy lejano, se transformará en otro mucho menos heleno: Jackie. Tanto Evangelia como Georgios habían deseado un hijo. Cynthia-Jackie será pues, al menos al principio, acogida como un expediente provisional mientras llega ese varón que toda familia griega debe procrear. Ese varón tan esperado llegará tres años más tarde, pero con él entrará el drama en el hogar de los Kalogeropoulos.

2

LA JUVENTUD AMERICANA
DE UNA NIÑA PRODIGIO GRIEGA

La farmacia de Georgios Kalogeropoulos goza de notable prosperidad, el dinero entra fácilmente. Georgios aprovecha para ampliar sus actividades extraconyugales. Evangelia no ignora en absoluto su conducta, pero, pese a los gritos que le dicta su naturaleza volcánica, con la que abreva a ese marido infiel, acepta lo que considera una tradición irreversible en las familias griegas: Georgios proseguirá con sus conquistas y Evangelia redoblará con ardor los trabajos domésticos, a pesar de que ahora disponen de numerosa servidumbre.

Y he aquí que llega Vassilios, el hijo tan esperado. Su venida al mundo parece acercar a los dos esposos, que se reencuentran unidos junto a la cuna. ¿Su amor hacia el niño reanimará la llama extinta antes incluso de haber ardido? ¡Ay! Parece como si el destino hubiese condenado de manera irrevocable a ese matrimonio: Vassilios tiene tres años cuando es víctima de ese azote tan temido en aquel entonces: la fiebre tifoidea.

—Sentí que mi corazón moría con él y creí que jamás me recuperaría —dirá un día Evangelia.

En Georgios el dolor no es menos vivo. Por Vassilios había renunciado —o casi— a su guerra de faldas; ahora la reemprende con más vigor. Evangelia pasa entonces de la indiferencia al odio hacia ese marido de paja. La muerte del niño ha borrado los últimos residuos de amor que permanecían en el corazón de ambos. Mas un matrimonio griego jamás se divorcia, y menos en los años veinte, en que los principios prevalecen sobre los deseos. Evangelia sigue empero obedeciendo a sus deberes conyugales, sin mucha repugnancia, parece ser, puesto que en el mes de julio de 1923 se halla de nuevo encinta; su marido le anuncia entonces y sin preámbulos que ha vendido la próspera farmacia y ha decidido emigrar a los Estados Unidos con mujer, niña y enseres. El cataclismo se ha producido en pocos días; Georgios Kalogeropoulos ha tomado su decisión sin consultar a su esposa, sin siquiera informarla. ¿Qué sentimiento impulsó a este hombre a matar a la gallina de los huevos de oro, a renunciar a una cómoda situación y a arrastrar a una mujer que ya no ama y a una niña de cinco años hacia una aventura en el Nuevo Mundo? La misma Evangelia afirma en sus *Memorias* que jamás adivinó el misterio de tan súbita determinación:

«Ignoraba entonces, y sigo ignorando hoy, por qué mi marido decidió emigrar a los Estados Unidos, pues jamás me reveló sus motivos: ¡me silenciaba tantas cosas! Vendió nuestra casa sin siquiera decírmelo, e incluso, cuando me ordenó que hiciera los preparativos del viaje, yo ignoraba el lugar al que íbamos. Hasta el día anterior a nuestra salida de Grecia no supe que nos marchábamos a Nueva York... Me fui con el corazón destrozado.»

No es labor fácil reconstituir el itinerario de los sentimientos secretos que progresan en el corazón humano; sin embargo, presumo que, al huir de su país, lo que Georgios buscaba era dejar atrás el recuerdo de su hijo desaparecido. De repente, había comenzado a ahogarse en su pueblo griego, abrumado por el sol, a cansarse de sus conquistas fáciles y de una atmósfera familiar emponzoñada. Como para centenares de millones de hombres de por el mundo, el sueño americano también se había apoderado de él.

Por su parte, Evangelia también experimentaría ese influjo. Sin embargo, debido a su estado y al de la mar, la travesía fue un verdadero suplicio para ella, pero en cuanto el barco entró en el puerto de Nueva York, la mujer sintió la emoción profunda que embarga a cada viajero cuando, ante él, ve alzarse la inmensa estatua, símbolo de la libertad del Nuevo Mundo, mientras en derredor resuenan las sirenas de los barcos que saludan la llegada de un nuevo navío de la esperanza.

Los Kalogeropoulos, como tantos otros emigrantes antes que ellos, creyeron comenzar una nueva vida. Habían empero elegido mal el día de su llegada al continente americano: aquel 2 de agosto de 1923, el presidente de Estados Unidos, Harding, acaba de morir y las banderas de barras y estrellas ondean a media asta. Como Evangelia y Georgios no saben una sola palabra de inglés no comprenden en absoluto la atmósfera lúgubre que les acoge y no le dan mayor importancia. Por otra parte, en el muelle, un «paisano» les espera: el joven doctor Leonidas Lantzounis que, también él, había sido tentado por el sueño americano. Desde hace un año está en Nueva York y ha conseguido adaptarse. ¡Vaya suerte para los Kalogeropoulos que el corazón y el espíritu de ese compatriota palpiten ya al ritmo del Nuevo Mundo!

Gracias a Leonidas Lantzounis consiguen instalarse en un pequeño apartamento de Long Island; también merced a él, Georgios logra emplearse en un *drugstore* como responsable de la sección de farmacia, evidentemente, y así el matrimonio puede seguir llevando en Estados Unidos una existencia medio griega. Verdadera Babilonia de los tiempos modernos, Nueva York abriga en su seno varias ciudades en miniatura en las que se reagrupan, según sus orígenes, los que llegan de los cuatro puntos cardinales para labrarse un nuevo destino. Los Kalogeropoulos no van a ser la excepción a la regla de los emigrantes: en Nueva York van a comer griego, frecuentar en griego, vivir en griego, y en un ambiente totalmente griego María vendrá al mundo, provocando la controversia desde su llegada. ¿Nació efectivamente el 4 de diciembre de 1923, tal como escribe su madre en sus *Memorias*? ¿O bien el día 2 de aquel mismo mes, tal como declara el doctor Lantzounis, que asistió al parto, y María ratificará en todas sus declaraciones? Colmo del misterio, los archivos del Flowers Hospital, en el que tuvo lugar el nacimiento, no conservan dato alguno. No olvidemos que el nacimiento de las hadas siempre es algo misterioso...

Sea lo que fuere, nieva en aquel día y este fenómeno, desconocido para un heleno, no deja de sorprender a Evangelia. Otra sorpresa les aguarda, dolorosa por supuesto. Los dos esposos no concebían la idea de no tener un hijo varón. Un hijo que sustituyera en sus corazones destrozados, en sus afectos quebrados, al pobre pequeño Vassilios. Todo estaba preparado para recibir a ese niño que el cielo les restituía: la esperanza y la canastilla... con ropita de niño. ¡Ay! El bebé que el amigo Leonidas trae en sus brazos, aunque tenga proporciones de niño, es una niña; una niña de grandes ojos negros, bucles negros y que pesa la friolera de once libras... Pero Evangelia no quiere oír hablar de ella y durante cuatro días rechaza a esa intrusa que se ha colado en su interior y ha usurpado una filiación a la que no tiene derecho.

—Mis padres me *detestaban* —confiará un día la Callas a los periodistas—. Esperaban un hijo varón... Además, yo era gorda y miope, mientras que mi hermana, a la que adoraban, era esbelta y hermosa...

Confesión marcada por el sello del rencor que, de vez en cuando, traslucía en las declaraciones públicas de la *prima donna* cuando quería justificar algunas de sus actitudes. Tendremos a menudo la oportunidad de volver sobre este conflicto que opuso a madre e hija, y que será uno de los dramas secretos de la vida de María. Aun cuando en estas declaraciones haya algo de exagerado, y pueda herir la sensibilidad del lector, es cierto que Evangelia jamás pudo borrar completamente la decepción que sintió cuando supo que había dado a luz a una niña. Sin duda, Jackie, la mayor, se benefició de aquel amor que Evangelia se disponía a ofrecer al hijo tan anhelado. Aunque haya siempre afirmado lo contrario, Evangelia ha preferido indiscutiblemente a la mayor de sus hijas que, ella, al menos, no la había decepcionado, mientras que María había ocupado indebidamente el lugar del elegido. Esa frustración, que tan vivamente impresionó a

María ya en su niñez, puede explicar, si no justificar, su comportamiento futuro hacia su madre.

A la mañana del quinto día, Evangelia se aviene a razones y reclama a esa hija a la que intentará amar...

Para comenzar, hay que poner un nombre a esa visitante inesperada; no habían pensado en ello, puesto que era un niño lo que debía de nacer. Cuando las enfermeras le preguntan qué nombre deben inscribir en el pequeño brazalete de identificación de la recién nacida, la madre no sabe qué responder, luego se decide por Sophia; Georgios prefiere Cecilia... Finalmente, encuentran una solución: la pequeña se llamará María... Provisionalmente al menos, pues sus padres no se han puesto aún de acuerdo. Y hasta que no tenga tres años no la bautizarán en la iglesia ortodoxa de la calle 74. No perderá nada por haber esperado tanto, porque de golpe le imponen cuatro nombres: Cecilia, Sophia, Anna, María... Sólo el último pasará a la posteridad. Por supuesto, el querido Leonidas ha sido elegido padrino, primera manifestación de la fidelidad y de la atención que no cesaría de prodigar a María durante toda su vida.

En aquel año de 1926, la pequeña no sólo recibe una serie de nombres, sino que también hereda el nuevo apellido familiar. Los Kalogeropoulos han decidido cambiarlo por el de Callas, menos complicado de pronunciar por sus amistades americanas. Además, en estos tres años, su situación ha cambiado: Georgios ha podido comprar una farmacia y hallar cierta holgura que permite a la familia mudarse de piso. Así pues, ya tenemos a los Callas confortablemente instalados, no sólo en su nuevo estado civil sino también en un apartamento situado en la calle 192, en Washington Heights, en pleno corazón de Manhattan; tienen una criada y cada domingo reciben a sus amigos, griegos preferentemente pues la madre patria sigue aferrada en el corazón de esos neoamericanos.

Hubiera podido esperarse que aquel regreso a la prosperidad uniera al matrimonio; desgraciadamente, no fue así. En la rica tierra de América, como antaño en la Grecia pobre, Evangelia y

Georgios siguen tratándose como extraños. Los sueños de grandeza han perseguido a la esposa hasta las tierras del Nuevo Mundo, pero ahora alimenta la convicción de que su marido no los satisfará tampoco de este lado del Atlántico. Georgios, por su parte, se consuela de su soledad conyugal según su costumbre: buscando fuera lo que no encuentra en el hogar.

Mientras tanto, María crece. Y sobre todo, engorda. Primero fue lo que se llama un hermoso bebé, luego se convirtió en un bebé gordo. Y ahora es una niña gordinflona a la que un apetito permanente garantiza una crasitud llena de futuro. Todo lo contrario de su hermana mayor Jackie, que, a sus diez años, promete convertirse en una criatura espléndida; promesa que cumplirá.

¿Y la música en todo esto? Porque, naturalmente, hay que dar a la leyenda su ración de maravilloso. ¡María hubiera sido, sino, una niña como las demás! A los tres años, Mozart se alzaba de puntillas para alcanzar con sus manitas las teclas del clavicordio; a esa misma edad, Saint-Saëns escribía notas de música, sin siquiera saber el alfabeto... ¡María, a los ojos de la posteridad, no hubiera estado a la altura de sus colegas los niños prodigio! Su madre se ha encargado de tranquilizarnos:

«Cuando tenía cuatro años —escribe en sus *Memorias*—, María me sorprendió. Teníamos una pianola; era un piano mecánico que tocaba unos rollos perforados que se accionaban mediante unos pedales. A María le encantaba escucharlos. Aquel día, estaba yo en la cocina, amasando pan, cuando oí la pianola; corrí al salón, con las manos llenas de harina, para ver quién podía tocar... Era María, estaba agachada debajo de la pianola y apoyaba sus manitas en los pedales, pues era demasiado pequeña para sentarse en la banqueta y alcanzarlos con los pies. Escuchaba boquiabierta la melodía... La llevé a la cocina para lavarle las manos, pero en cuanto la puse en el suelo desapareció de nuevo bajo la pianola.»

¿Hay que creer al pie de la letra tales confidencias, redactadas *a posteriori*, cuando ya la pequeña María se había convertido en la gran Callas? ¿O es porque en la mente de Evangelia comenzaban a forjarse los sueños de gloria? ¡Qué importa! *Si non e vero...*

Lo más probable, en todo caso, es que Evangelia ha adivinado los dones excepcionales de su hija y presentido su destino prodigioso. ¿O sólo cree en él con la fuerza de sus esperanzas fracasadas? ¿O porque, a través de su hija, desea desquitarse de un destino frustrado y no quiere pensar en el fracaso? Más adelante, María Callas reprochará a su madre esa fe ciega en su éxito futuro y las obligaciones que dimanarán de él y «que me privaron de mi infancia», como dirá ella. ¿Se habría convertido en la Callas si esa madre abusiva, ávida de gloria para su hija, de la que ella fue privada, no la hubiese guiado, casi a la fuerza, por los caminos del éxito? El caso no es único: basta con asistir a cualquier concurso de televisión para ver a unas madres endomingadas empujar hacia el micro a unos desgraciados niños a los que han atiborrado previamente de cancioncillas insulsas. Sólo que ninguno de esos aprendices de monos sapientes llegará a convertirse en la Callas.

Muy tempranamente emprenderá Evangelia su personal «operación desquite». Y satura a sus dos hijas con la misma música que a ella le prohibieron. Pues al principio también Jackie tendrá que soportar el peso de las esperanzas, que sólo María justificará. Un accidente a punto estuvo de poner un final brutal a los hermosos proyectos. Un día de julio de 1928, María, vestida de azul según su costumbre, se hallaba en la calle con sus padres, junto al portal de su casa, cuando, de repente, ve a Jackie al otro lado de la calle. Desde que nació, siente por su hermana verdadera adoración —más adelante, dispondrá del tiempo suficiente para cambiar de sentimientos—. Aquel día, pues, al ver a Jackie María escapa corriendo y atraviesa la calle en el preciso momento en que pasa un coche. La niña es atropellada brutalmente; trastornados, Georgios y Evangelia corren hacia su hija y la llevan, desvanecida, al hospital Sainte-Elisabeth, en Fort Washington Avenue. El primer diagnóstico es muy pesimista; afortunadamente, hay un médico, griego evidentemente, que tranquiliza a los padres:

—El miedo casi me enloqueció, me desmayé... Pero el doctor Korilos me tranquilizó cuando me dijo que María sufría únicamente un *shock* nervioso —contará más tarde Evangelia.

La pequeña permanecerá veintidós días asistida por las religiosas del hospital. Cuando regresa al hogar, su madre comprueba que su humor ha cambiado; se ha vuelto irascible y «ha perdido sus hermosos colores»... pero no su apetito.

Ese accidente significa para los Callas la señal de un cambio en su destino. Aquel jueves negro provoca en Wall Street un maremoto que se abate sobre la economía americana; por primera vez, el espectro de la quiebra se yergue en el cielo de los Estados Unidos. ¡El dólar no se recupera! Sólo los multimillonarios pueden pagar la factura del *crac* bursátil, los pequeños empresarios figuran entre las víctimas del pánico que se ha apoderado del país: Georgios Callas debe vender su negocio y emplearse como representante de productos farmacéuticos, lo que le obliga a recorrer las calles para colocar sus mercancías, y a estar durante tiempo ausente del hogar. Este nuevo estado favorece su apetito de faldas, pero no refuerza, en absoluto, los lazos conyugales cada vez más distendidos; Evangelia se zambulle con más determinación que nunca en los sueños que persigue en nombre de sus hijas. Los Callas han tenido que abandonar su cómodo apartamento por otro más exiguo; no importa, la señora Callas ha traído consigo el famoso piano mecánico al que ha añadido un fonógrafo, eso le permite escuchar con arrobamiento los fragmentos de sus óperas favoritas... pero provoca un conflicto más con su marido ¡que sólo quiere escuchar folklore griego! La TSF —aún no se la llama radio— proporciona también efluvios de *bel canto* a la familia y contribuye, parece ser, a la iniciación de María en su arte futuro. Aquí, de nuevo, la leyenda retoma sus derechos y la señora Callas-madre la palabra:

«Descubrí a una profesora italiana para las pequeñas, la *signorina* Sandrina. María no tomaba lecciones de canto, pero desde aquel momento, a sus ocho años, aprendió ella sola *la*

Paloma. Y a los diez, cantaba fragmentos de *Carmen*... Entonces, llegó un día que no olvidaré jamás, un día de calor, teníamos las ventanas abiertas... María cantaba *la Paloma*, su canción favorita, acompañándose al piano, mientras un ligera brisa agitaba los visillos de encaje... Al echar una ojeada a la calle vi mucha gente, agrupada delante de la casa, escuchando la canción de mi pequeña María. Era una masa inmóvil que escuchaba y aplaudía, no querían marcharse mientras María cantara...»

En el mismo orden de ideas, la señora mamá nos dice que su «pequeño genio», cuando oía en la TSF a alguna cantante que «descarrilaba», se levantaba furiosa y subrayaba el pasaje en el que la dama había desentonado.

Incluso si damos por ciertos esos recuerdos hermoseados por Evangelia, hay que reconocer que María manifiesta, a sus diez años, unos dones extraordinarios y deja oír a la familia una voz natural de una intensidad y de una cualidad excepcionales en una niña de su edad. A partir del momento en que la música se apodera de su destino, nunca más María bajará del pedestal en el que se ha subido. Y pese a que sigue insistiendo, con más vehemencia que nunca, que quiere estudiar para convertirse en cirujano-dentista, ya es la presa más o menos consciente de un arte que exigirá de ella la totalidad de sus fuerzas, y hasta su vida misma. Pero ahí está su madre, centinela implacable, que vigila al fenómeno que ha engendrado para que no se descarrile de su ruta. Esto da lugar a nuevas disputas sórdidas entre los esposos Callas. Georgios tiene serias dificultades para conseguir lo necesario para vivir, y dilapidar unos dólares para pagar lecciones de piano a sus hijas le parece una herejía. Pero hace tiempo que Evangelia ya no pide consejo a Georgios, cuando se trata de orientar el futuro de su progenitura. Y ella misma nos explica que fue ella quien pagó con sus economías las primeras lecciones de piano. ¿Había conseguido ahorrar? También nos dice que María, ante el teclado de un piano, demostró, desde temprana edad, ser una excelente ejecutante, lo que el futuro se encargaría de confirmar. Durante su vida, sobre todo en los momentos de crisis moral o de extrema fatiga, María hallará en ese instrumento un refugio, un consuelo incluso...

No había que obligarla a sentarse ante el teclado mágico, ni que aprendiera a descifrar el lenguaje musical que, muy pronto, le será tan familiar como el griego o el inglés. Por otra parte, tampoco se hace rogar cuando, en la iglesia ortodoxa griega de Saint-Spiridon, le piden que, cada domingo, cante los cánticos.

¿Cómo era en aquellos días la futura estrella del *bel canto*? Una foto nos la muestra a los once años, con el rostro enmarcado por un pelo negro, la mirada miope tras unas gafas de gruesos cristales, una tez rubicunda en la que aparece ya un acné prometedor, y una silueta robusta, enfundada en un vestido que muy pronto le quedará estrecho... En resumen, y para emplear una expresión corriente, un físico ingrato. A su lado, cuán grácil y esbelta aparece su hermana, a sus diecisiete años. ¡Cómo parece estar ya destinada al sino victorioso de las mujeres hermosas! ¿Se da cuenta María de esa injusticia de la naturaleza? Sin duda alguna. Pero como siente gran ternura hacia Jackie, lo acepta como una fatalidad inmutable. ¿Sufre por ello? Más adelante, cuando ya se haya convertido en la soberbia criatura que todos hemos conocido, María dejará escapar alguna que otra confidencia que aclarará la amargura que, entonces, escondía en su corazón infantil. Una paradoja más en esta mujer: cuando ya nada tiene que envidiar en ningún sentido, es precisamente cuando manifiesta hacia su hermana un rencor que explota como bomba de relojería, y acusa a su madre de haberla desatendido, en razón de aquel físico desgraciado. ¡Acusación que Evangelia protestará con desesperación!

Así pues, a los once años, María se sabe fea y se esfuerza por aceptarlo. Como exutorio a ese fallo de la suerte, posee la música por supuesto, pero también su glotonería. De la mañana a la noche se atiborra de todos los dulces de que el folklore gastronómico griego hace alarde: caramelos, pasteles de miel, *rahat-lokum*; durante las comidas devora la *macarronada*, derivado heleno de los macarrones italianos; muy pronto —nadie se ceba mejor que uno mismo— se dedica a la cocina y se inventa un plato por el que se chifla: dos huevos fritos recubiertos de queso griego.

No es que todo eso sea muy ligero, pero hay que alimentar bien la voz excepcional de la pequeña; el mito de la cantante entrada en carnes está en su cenit lo que explica que la madre no haga nada para frenar la bulimia de su hija. No hay que detenerse ahora si se quiere acceder al triunfo. Así pues, lanza a María al ruedo. Un ruedo modesto: una especie de concurso organizado por una emisora de radio en el que, en un gran cine de Broadway, el público se divierte de lo lindo ante las expresiones descompuestas de los desgraciados candidatos que abandonan la sala acompañados por los abucheos. Pero María y su *Paloma* se mantendrán hasta la última nota. Más aún, ella es quien gana el primer premio: un reloj chapado en oro, primer anticipo del éxito en su camino hacia los millones de dólares... Evangelia está exultante y María es tan feliz... que pierde el apetito. ¡Aquella noche ni *macarronada* ni huevos fritos! ¿Puede dar testimonio más elocuente de su emoción?

Renovarán la experiencia en Chicago. Esta vez, María gana un dije.

Esta primera señal del destino convence a Evangelia que un futuro maravilloso espera a María y que hay que procurarle los medios para expresarlo. Pero Georgios jamás consentirá en ofrecer a su hija los costosos profesores que exige la ambición de su madre. Por otra parte, el matrimonio se disgrega cada vez más, las disputas son frecuentes y, consecuencia directa, las ausencias de Georgios se multiplican. Por su parte, Jackie ha huido del hogar familiar y ha regresado a su Grecia natal; la señora Callas arde en deseos de hacer otro tanto. Está convencida de que en la tierra de sus antepasados el talento de María alcanzará su apogeo. Además, en la familia, todo el mundo, hermanos, hermanas, primos, aman la música; unos y otros se maravillarán de oír cantar a la pequeña, y la apoyarán. Pero la decisión definitiva de regresar al redil viene propiciada por una intervención extraterrestre: una noche, si damos crédito a las confidencias de Evangelia, se le aparece el espectro de su padre. Hay que suponer que la estancia en el Más Allá ha modificado seriamente el punto de vista del «coronel cantante» con respecto a la respetabilidad de las carreras artísticas, pues recomienda a su hija que regrese a la tierra natal a fin de encarrilar el éxito de María. Evidentemente, hay que obtener el permiso del marido, lo que no ofrece serias dificultades. Según Evangelia, «se sentía tan feliz por deshacerse de nosotras que consintió en pagar nuestro viaje... Mi marido aceptó enviarme a Grecia 125 dólares al mes, lo que no hizo; me envió una vez siete dólares, otra diecisiete y eso fue todo...».

María debe sentirse feliz por abandonar América, pues canta sin cesar mientras ayuda a su madre a empaquetar las cosas. La señora Callas parece ser tiene intención de regresar un día a los Estados Unidos, porque guarda sus muebles en un guardamuebles y sólo se lleva lo estrictamente necesario. Pues bien, María y su madre se embarcan un día de marzo de 1937. María se ha empeñado en llevarse a sus tres canarios que, por lo visto, cantan divinamente, lo que carece de importancia por parte de las volátiles alimentadas por mano de una futura *prima donna*.

María y su madre viajan en clase turista; los dos primeros días la mar está tan movida que se sienten verdaderamente enfermas; por el contrario, *David*, uno de los tres canarios, no cesa de cantar. Por fortuna, en la mañana del tercer día, la furia de las olas se apacigua y María puede mostrar a los pasajeros de clase turista de lo que es capaz. Aquella misma noche, en el salón, fascina a su auditorio al interpretar *la Paloma* —evidentemente— pero también el *Ave Maria* de Gounod. Pronto se extiende el rumor de que hay, a bordo, una joven prodigio y el comandante en persona pide a la muchacha que cante el domingo siguiente, durante el oficio religioso; ella se niega rotundamente. Ya la Callas asomaba en María...

Sin embargo, cuando el comandante vuelve a la carga, ella acepta, pues esta vez se trata de cantar para los oficiales, en presencia de algunos pasajeros de primera clase. ¡A sus trece años y medio la futura estrella del firmamento lírico sabe ya lo que quiere y lo que no quiere!

La noche del concierto, María lleva un vestido azul con cuello blanco y sus cabellos negros armoniosamente caídos sobre los hombros; se ha quitado sus gruesas gafas de miope y ha cubierto su cara con una capa de polvos para disimular el acné. Sin duda, cuando se sienta al piano para acompañarse no resulta una muchacha hermosa, pero lo será a medida que cante y que la música la trascienda. Ha comenzado por la inevitable *Paloma*, luego sigue con el *Ave Maria*, para terminar con la famosa habanera de *Carmen*. Ésta no es precisamente la clase de canción que las muchachas de su edad suelen cantar, pero la interpreta con tanta pasión, tanto deleite, tanto calor en la voz que sumerge a su auditorio en la admiración. Transportada por el ardor de su personaje, con el que se integra con toda la fuerza de su ser —como hará más tarde en los escenarios— y tal como Carmen se lo ofrece a Don José, así María coge un clavel que languidece en un jarrón y se lo arroja al comandante. Éste, al día siguiente, se lo agradecerá regalándole una muñeca, que ella guarda cuidadosamente en su maleta como si de una reliquia se tratara. En efecto, es la primera vez que alguien le regala una. Sin duda, Evangelia estimaba que un genio no debe perder el tiempo en distracciones fútiles.

Así, casi sin darse cuenta, María comienza a deslizarse en su personaje de estrella, siempre impulsada hacia delante por Evangelia. De sus años de niña prodigio guardará, no obstante, un recuerdo amargo que alimentará su rencor hacia su madre.

—Un hijo al que así se trata envejece antes de hora —repetirá María en varias ocasiones—. No se debería privar a un niño de su infancia. Sólo me sentía amada cuando cantaba...

Siempre esa necesidad de amor que la obsesiona y la obsesionará hasta el final, y que ni siquiera consigue con las alegrías que obtiene en los escenarios.

Otro tema de amargura, otro tema de reproche para con su madre: la falta de instrucción que su inteligencia natural le hace

30

resentir. Contrariamente a lo que Evangelia siempre ha afirmado, María estuvo más alimentada con pasteles que con literatura o matemáticas, y la modesta escuela de Amsterdam Avenue, a la que asistió, sólo le ha dejado huellas superficiales. Es verdad, Evangelia nunca se preocupó de los estudios de su hija; quería hacer de ella una estrella, no una sabihonda. Sólo las dotes musicales de la niña merecían ser alentadas; la cultura del espíritu no ofrecía, en verdad, interés alguno. Misma actitud hacia Jackie, pero en ella la belleza, la gracia, el encanto, que le permitirán encontrar un marido rico, la dispensarán de obtener diplomas.

Al marcharse de Nueva York, María abandona unos estudios que jamás proseguirá. Por supuesto, mientras navega rumbo a Grecia no le preocupa esa clase de frustraciones. Su prestación musical le vale unas atenciones que le encantan; la tratan como a una pequeña reina, y cuando el *Saturnia* —el buque en el que madre e hija han viajado— aborda el puerto de Patrás, el comandante y sus oficiales las escoltan hasta el pie del pantalán.

Su primer contacto con la tierra ancestral tiene visos de flechazo. Conocía Grecia sólo a través de las costumbres que sus padres habían traído consigo; pero ahora por sus venas corre, al despertarse de repente, la sangre de la Grecia eterna, la de la Grecia de la mar, la de la Grecia de los héroes míticos.

Durante el viaje en tren —un pequeño tren trepidante y humoso como sólo existen en esos países de calma— que la conduce hacia Atenas, María no puede despegar sus grandes ojos negros del paisaje de luz que va desfilando, o dicho sea de paso —y no exageramos en absoluto—, sólo renuncia a su contemplación admirativa para engullir las copiosas provisiones que Evangelia ha traído. En cuanto ha satisfecho las exigencias de su apetito, María vuelve a pegar su nariz en la ventanilla del compartimiento. Le gustaría que el viaje no acabase nunca, pero ahí está, en el andén de la estación, la familia al completo que ha venido a esperar el regreso al rebaño de las dos ovejas extraviadas. Están los tíos Filu y Efthimios, las tías Kalia, Pipitsa y Sophia, y también Jackie, así como una retahíla de primos y primas, curiosos por ver de cerca a las «americanas». Sólo la abuela —la viuda del coronel— se ha quedado en casa preparando los pasteles y las golosinas sin las cuales una fiesta, en Grecia, no es una fiesta y sobre los que, evidentemente, María se abalanza en cuanto pisa el suelo de la casa familiar. Situada no lejos de la Acrópolis, es un vasto edificio en el que reina esa penumbra bienhechora que caracteriza a las mansiones burguesas de los países de sol ardiente. Con su embaldosado de mármol, su escalera principal, sus techos altos, sus amplias habitaciones, sus profundos lechos que exhalan perfumes de naftalina, la casa no deja de impresionar a María, habituada al barullo de los inmuebles neoyorkinos. Se diría el decorado fantástico de una de esas óperas que interpretaría más adelante. Pero lo que más le seduce es... ¡la cocina! La cocina, cuyas inmensas proporciones le anticipan promesas de abundantes comidas. Evangelia, por su parte, presume, ante la familia, de su elegancia de ciudadana del Nuevo Mundo. Pero en seguida entra de lleno en la cuestión: la carrera asombrosa prometida a su hija. Y obliga a María a exponer de inmediato el abanico de sus talentos vocales, a lo que María accede sin gran entusiasmo pues, si bien le gusta cantar, no soporta que la obliguen. Pero el veredicto de la familia decepciona a las dos mujeres. Es cierto, la niña posee una voz extraordinaria para su edad, pero ¿no sería más oportuno considerar ese don del cielo como un pasatiempo y encaminarla hacia una carrera más seria? Sólo su tío Efthimios —tal vez porque también él posee una hermosa voz natural— comparte el parecer de su hermana. Y él, precisamente, será el que la conducirá a casa de María Trivella, una antigua cantante de ópera, de carrera lírica más bien oscura, pero hoy profesora del Conservatorio nacional.

Cómo tiembla, en aquella mañana de septiembre de 1937, esa niña que aún no ha cumplido los catorce años y que se dispone a dar sus primeros pasos de adulto. Con su vestido de organdí blanco, su flequillo bien peinado, sus calcetines bien estirados, se siente como cordero ofrecido en holocausto, como Daniel penetrando en el foso de los leones. Está aprendiendo a conocer ese miedo que jamás la abandonó y que sólo cesaba cuando el telón se levantaba. Para agravar su sentimiento de pánico, gran parte de la familia ha venido en comitiva. Ella se pasaría muy gustosamente de los consejos que, a última hora, le prodigan sus tías, sus tíos, pero sobre todo Evangelia, que presiente que ha llegado el momento decisivo, el momento en el que sabrá si su esperanza está justificada, o por el contrario, si no es más que una quimera...

¡Qué suspiros de triunfo por parte de unos y de otros cuando Madame Trivella, con ojos húmedos y tono emocionado, declara que jamás ha oído voz tan prometedora de glorias futuras! No sólo se compromete a dar clases a María sino que se las ingeniará para que pueda ser admitida en su curso. Para conseguirlo, falsificará lo necesario; la edad mínima de admisión en el Conservatorio es, en efecto, de dieciséis años —y María, ya lo sabemos, aún no ha cumplido los catorce—, ¡que eso pues no sea óbice! Entre María Trivella y Evangelia corrigen el carnet de identidad de María y, a comienzos del año 1938, María Kalogeropoulos comienza oficialmente sus estudios de canto. No nos sorprendamos por ese nuevo cambio de nombre. De regreso a su país natal, Evangelia ha juzgado más conveniente retomar su estado civil original, mientras que Georgios seguirá llamándose Callas. Un símbolo más del alejamiento de los esposos...

Desde su entrada en el Conservatorio, María demuestra sus posibilidades ilimitadas y la extensión de un registro que le permite cantar sin esfuerzo, con facilidad prodigiosa, unos papeles tan distantes los unos de los otros como Carmen o «la Santuzza» de *Cavalleria Rusticana*. Será precisamente con este personaje que María podrá exhalar ese sentido de la tragedia, revelar esa grandeza patética, esas sordas furias, esos gritos desesperados, esas llamadas apasionadas que ya evidencian una personalidad fuera de lo común en una adolescente de su edad.

Su encuentro con Madame Trivella es providencial —aunque no tanto como el que tuvo más tarde con Elvira de Hidalgo—

porque le permite descubrir sus profundos recursos. Ya no son los sueños más o menos quiméricos de su madre los que la impelen hacia su destino, sino el diagnóstico imparcial, tanto como admirativo, de una profesora que ha escuchado miles de voces pero que jamás se ha encontrado ante semejante revelación. Así pues, se lanzará al trabajo con una bulimia tan feroz como la que siente por la comida. Y no sólo logrará ser la primera, dominar su arte, sino que ahora está convencida de que lo conseguirá, que ningún obstáculo, rival o acontecimiento, por muy considerable que sea, podrá obstruir su camino hacia la victoria.

Singular estado de ánimo en una adolescente, que podría considerarse como fatuidad si no correspondiera a la plena conciencia que ella misma tiene tanto de sus propios medios como de su ardiente voluntad por lograr una meta que sabe al alcance de su ambición... Por eso, el trabajo al que se somete voluntariamente le parece poco astringente porque le apasiona. No sólo sigue con asiduidad tenaz las clases de Madame Trivella, en el Conservatorio, sino que, además, trabaja con ella en privado. Por la mañana, María acude al estudio de su profesora para disciplinarse con unas sesiones en las que, incansablemente, recomienza un ejercicio, aplica una directiva, asimilando con rapidez fulminante los consejos prodigados. De regreso a casa, se precipita al piano y se somete a nuevos ejercicios, nuevas repeticiones. A veces, olvida hasta las comidas, lo que, en ella, reviste un significado muy particular.

Por supuesto, este brote de ambición, esta sed devoradora de hacer más y mejor que nadie no dejarán de causarle estragos en el plano humano; no se sube a la gloria sin haber sembrado por el camino rencores y odios. ¿Justificados? Cedamos de nuevo la palabra a la señora madre, dejándole, evidentemente, la responsabilidad de sus juicios:

«Por aquella época, María dejaba ya traslucir otros rasgos de carácter menos admirables que anunciaban a la mujer en la que se convertiría después. De niña, era insolente y tacaña; ahora, esas tendencias no hacían sino acrecentar. Se había vuelto interesada y se comportaba groseramente con sus tíos y tías, incluso con Efthimios, que tanto había hecho por ella. Era también muy grosera con nuestros criados, se hacía la marimandona con los de más edad y abofeteaba a los jóvenes. Cuando yo le reprochaba su conducta, me respondía muy socarrona: "Bueno y qué". Sentía celos de las alumnas del Conservatorio, como en los años siguientes los tendría de otras cantantes, algunas de éstas la detestaban. ¡Cuando montaba en cólera, María se quitaba las gafas y arremetía, puños cerrados, como si fuera un muchacho!»

Hay que tener en cuenta que estas manifestaciones fueron hechas después de tales acontecimientos, en una época en la que madre e hija estaban definitivamente enfadadas; podemos igualmente suponer que Evangelia sentía cierta envidia instintiva al comprobar que otra mujer —María Trivella—, que era quien la guiaba hacia el éxito, la estaba reemplazando como madre.

No podemos rechazar completamente estas acusaciones. Algunas compañeras de María Callas, de cuando ella estudiaba en el Conservatorio, han confirmado que era de relación difícil. Lo que nosotros hemos sabido sobre sus reacciones posteriores no contradice, por lo tanto, las habladurías de su madre. ¡Además, imaginar a la futura reina de los más grandes teatros líricos del mundo dando de puñetazos, no deja de ser un espectáculo pintoresco!

3

REVELACIÓN DE UN HADA

A los dieciséis años, María ya no es una niña. ¿Lo fue realmente alguna vez? Sabemos que, a veces, añoraba su infancia perdida en el camino de la ambición, ¿pero hubiera llegado a ser la Callas de haber entrado en los usos? Ahora que el tiempo ha pasado, podemos asegurar que su madre fue el primer eslabón que la condujo hacia la meta que ella perseguía, cualesquiera que fuesen los desafueros y los motivos de Evangelia. María Trivella sería el segundo eslabón y, a su vez, Elvira de Hidalgo tomaría el relevo; la sucesiva comparsa de María, en la ruta hacia el éxito, serían los hombres, enamorados o no de la mujer o de la artista.

Es a partir de este momento, mientras absorbe con voracidad las lecciones de María Trivella, mientras cada día, en el Conservatorio, advierte, con evidente satisfacción, su superioridad sobre las demás alumnas, cuando María se percata de que en ella palpitan los fermentos del éxito y arde de impaciencia por llegar a él lo más rápido y completamente posible. Sin embargo, se siente incapaz de coger con las manos un destino tan fabuloso como el que se le ofrece.

Toda su vida le ocurrirá lo mismo; aunque de carácter fuerte —es lo menos que podemos decir— necesitará a su lado una voz que la tranquilice, una mano que, apoyada en su hombro, guíe sus pasos. Cuando todas las voces hayan callado, cuando todas las manos hayan caído, se sentirá perdida, como en medio de un desierto de soledad...

Por el momento, María trabaja sin interrupción, «sin aliento» me gustaría escribir, por tanto empeño que pone en hacerlo cada vez mejor. Admiremos de paso la voluntad y la aplicación de esta muchacha consciente de poseer unos dones excepcionales, que ha comprendido que, sin una abnegada obstinación, tales dones son insuficientes para asegurarse la supremacía total a la que aspira. Incluso si, en el aspecto humano, esta implacable tenacidad al servicio de un solo fin puede en algo incomodarnos, en el ámbito del arte se torna en una magnífica lección que muchos miembros de la familia teatral deberían meditar. Durante un año entero, la aplicación de María no va a conocer tregua. Se cree fea —¿lo sigue siendo en aquella época? es posible—, por eso se niega a los placeres habituales de las muchachas de su edad: nada de bailes ni de flirteos, y eso que las jóvenes helenas son de por sí de ojos lánguidos y serenatas fáciles, pero el físico de María la protege de cualquier intento. Sus distracciones, sus sueños, los realiza estudiando esos papeles líricos a los que, un día, ella otorgará una luz y un esplendor fulgurantes. Como su memoria va pareja con su sed de saber, aprende a un ritmo asombroso. Sucedía a menudo que María Trivella le confiaba por una noche una partitura con el solo fin de que la leyera; al día siguiente, ella aparecía sabiéndosela de memoria. ¡La regordeta y sonriente María Trivella no conseguía creerlo! Jamás había tenido alumna semejante, jamás tendrá otra igual. Lo más decepcionante para ella es que pronto la perderá, casi al día siguiente del primer triunfo oficial de su alumna, un primer premio de ópera que María obtiene con facilidad, durante un concurso en el Conservatorio. Victoria que le consolará de la marcha de su hermana. Los pronósticos de Evangelia, también en este campo, se han cumplido. A sus veintidós años, Jackie es una espléndida muchacha; nada de extrañar pues que haya encontrado un pretendiente... ¡y no uno cualquiera! Milton Embaricos es hijo de un rico armador griego —¡sí, ya un armador griego!—. Treinta años después, otro armador, mucho más rico aún, conmocionará el destino de María Callas...

Jackie y el joven Milton se prometen; el noviazgo se prolongará durante años y jamás desembocará en una unión oficial, pues la familia Embaricos mira por encima del hombro a esos pequeños burgueses de Kalogeropoulos-Dimitriadis. Pero como el novio de Jackie posee un yate, invita a su suegra y a su cuñada, a espaldas de sus padres, a un crucero estival por las islas; Evangelia acepta sin hacerse rogar y María la sigue. Serán sus últimas verdaderas vacaciones antes de mucho tiempo. A su regreso, se zambulle con frenesí en el estudio de sus heroínas, y vive, a través de ellas, unas pasiones tumultuosas impropias de su edad, pero que traduce, sin embargo, con tal fuerza de expresión que asombra a su auditorio y dejará estupefacta a esa Elvira de Hidalgo que acaba de entrar en la existencia de María cual mensajero del destino.

Elvira de Hidalgo —con semejante nombre no podía dedicarse sino al teatro— es una célebre cantante española, entrada en años, pero de muy buen ver todavía; ha triunfado en todos los escenarios del mundo y ha cantado con las voces más prestigiosas, el ilustrísimo Caruso entre otras. Habiendo llegado a Atenas por unos meses, con la sola idea de trasladarse a América, los acontecimientos que se desarrollan por aquel entonces en el mundo decidirán por ella. Estamos en 1939 y los Estados Unidos se repliegan en su aislamiento: sus barcos atraviesan el Atlántico con cuentagotas. Elvira queda pues bloqueada en Atenas, lo que no parece disgustarle, puesto que acepta dar clases en el Conservatorio nacional.

Siempre al acecho de lo que pudiera catapultar a su hija a la notoriedad, Evangelia arrastra a María a una audición, ante esa nueva profesora. Ésta queda desagradablemente impresionada por el aspecto de la candidata. ¡Qué idea querer interpretar a las heroínas líricas con semejante aspecto! Pero apenas María, sobreponiéndose al miedo atroz que la atenaza, abre la boca, Madame de Hidalgo queda subyugada. Lo confesará más adelante, orgullosa por haber contribuido en gran medida a hacer surgir a la mariposa de la crisálida:

«Oía una cascada de sonidos no muy bien controlados, pero cerré los ojos y me imaginé la alegría que tendría al trabajar un metal tan precioso. A moldearlo hasta la perfección, a dar a conocer a quien, sin saberlo, poseía unos recursos dramáticos excepcionales...»

También para María, Elvira de Hidalgo es una revelación. Sin pensárselo dos veces, pone su suerte entre las manos de esa mujer que, de inmediato, se convierte para ella en algo más que en una profesora: en la madre que le hubiera gustado tener de haber podido elegirla y que, por fin, acaba de encontrar con dieciséis años de retraso. Lo más curioso de María es que ese flechazo lírico durará toda la vida. Ella que, tan a menudo, quemaba alegremente lo que adoraba la víspera, jamás renegará de Elvira, jamás dejará escapar la oportunidad de proclamar bien alto que todo se lo debe a ella, incluso tiene fotografías de la cantante española en todas las paredes de las casas en las que vive.

Acepta pues de buen grado los trabajos forzados líricos a los que Elvira la somete. Lo confesará con una alegría nada engañosa:

«Yo era como el atleta al que le gusta ejercitar y desarrollar su musculatura, como el niño que corre y siente las fuerzas crecer en él, como la muchacha que baila y nota surgir en ella la danza mientras aprende. Asistía a sus clases particulares desde la mañana hasta la noche. Empezábamos a las diez de la mañana, parábamos para almorzar, generalmente un bocadillo, y proseguíamos hasta las ocho de la noche. Para mí era impensable volver a casa, simplemente no hubiera sabido qué hacer allí.»

Confesión significativa: María se percata de que entre su madre y ella el diálogo es cada vez más difícil, casi a punto de desembocar en incomprensión total. Evangelia siente amargamente ese alejamiento cotidiano, pero lo acepta, sabe que la gloria futura de su hija pasa por las lecciones de Elvira de Hidalgo. Por otra parte, aunque quisiera rebelarse poco podría hacer; María está literalmente subyugada por su profesora; con ella, no sólo sacia su sed de saber, sino también esa necesidad de amor que la persigue incansablemente, y que jamás halló en el corazón de Evangelia. Elvira no se limita a modular, como dice ella, la voz de María sino que se consagra a modelar su estado anímico, al tiempo que se esfuerza en modificar su aspecto físico. Después de pasar dos años bajo la férula de la española, la adolescente incipiente y llena de acné, la que su miopía y su timidez paralizaban, se convierte en una muchacha de aspecto agradable que aprovecha esa metamorfosis para obtener tal confianza en sí misma que ni ella se lo cree. Por supuesto, sus formas siguen siendo generosas; pues si, a menudo, se contenta con un bocadillo al mediodía, por la noche se resarce ampliamente y sus bolsillos siguen atiborrados de golosinas, aunque merced a los consejos de Elvira, María sabe ahora qué hacer con esa silueta rolliza, cómo desplazarla armoniosamente, cómo vestir ese cuerpo con elegancia. Se transfigura en una verdadera mujer al tiempo que se convierte en una verdadera cantante. Pues evidentemente, en el ámbito del canto también las enseñanzas de Madame de Hidalgo han producido los más halagüeños frutos, frutos bienhechores que permiten a María ir transformándose poco a poco en la Callas.

Al principio, María Callas es sólo un fenómeno vocal. Su registro abarca desde el de soprano ligera al de soprano dramática, pasando por el de lírica y el de mezzo-soprano, según el papel. Olivier Merlin escribiría sobre ella: «La Callas posee tres tonos: voz aguda, registro medio y voz grave, y en cada uno de ellos luce sus espléndidos trémolos». ¡Qué inmensos recursos para quien posee tales disposiciones! Por su parte, Pierre-Jean Rémy, en el excelente estudio que consagró a la diva, dice: «Sus defectos son asimismo importantes: una cierta aspereza de sonidos, un control insuficiente de volúmenes, es decir, un material vocal enorme que se escapa. Canta como si tuviera tres voces. El problema es que, entre cada uno de esos tonos, cuando pasa del agudo al registro medio, y de éste al grave, hay cortes y roturas, y pasar de una nota a otra puede constituir un peligro para ella...».

Esas «roturas», que sus detractores se complacen en denunciar, son las que, al final de su carrera y en los momentos de gran fatiga, María será ya incapaz de corregir.

Estos defectos originales son los que Elvira de Hidalgo intenta suprimir para que su alumna pueda dar libre curso a las cualidades excepcionales que posee. Al principio, la inicia en el estudio de papeles ligeros, luego explota sus cualidades naturales para finalizar con los secretos del *bel canto*, esa técnica tan en boga en el siglo XIX, pero en desuso desde entonces por las dificultades que presenta. Elvira de Hidalgo cree, y con razón, que su alumna puede conseguir las proezas vocales más inaccesibles y hacia ellas la encamina poco a poco hasta llegar a su total ejecución. Cuando María consigue el completo dominio de su voz, hace de ella un instrumento tan dócil a su voluntad como lo puede ser cualquier violín en manos de un virtuoso. Esto explica el prestigio que Elvira de Hidalgo adquiere a los ojos de María, que se ha constituido en su verdadera hija adoptiva. Consecuencia natural: a medida que la joven adopta a Elvira como madre, encuentra razones suplementarias para alimentar su resentimiento hacia su madre verdadera. Es en este momento cuando María comienza a desprenderse de Jackie, a la que acusa de acaparar el cariño de la familia. Aún no se trata de una ruptura definitiva, pero sí comienzan ya a germinar unas relaciones cada vez más distendidas de María con Evangelia y Jackie. Para compensar sus decepciones familiares —lo que ella juzga decepciones familiares— María se aprende, con más furia que nunca, los papeles de *Norma*, de *Lucia*, de *La Gioconda*, de las que será muy pronto su sorprendente encarnación. En efecto, desde sus primeros contactos con esos personajes, María se siente conquistada tanto por su carácter dramático como por su grandeza lírica; su instinto le dice que ella les conferirá, en un futuro próximo, una dimensión insospechada hasta entonces, al tiempo que, cada uno de esos personajes servirá de exutorio al exceso de sentimientos románticos que bullen en el fondo de su ser, y que expresará en los escenarios con más ardor aun que en su propia vida.

Es por esa época cuando inicia sus modestos comienzos profesionales merced a un pequeño papel en *Bocaccio*, una ópera bufa de Franz von Suppé, famoso por otra ópera, *Cavalleria Rusticana*.

Cuando María recoge sus primeros aplausos, la tragedia de la guerra ha llegado a su vez a los escenarios de Grecia. El heroico pequeño ejército heleno rechaza con coraje el ultimátum de Mussolini, repele la invasión de las tropas fascistas y penetra en Albania, conquistada el año anterior por Italia. Durante el mes de noviembre de 1940, en Atenas reina, al mismo tiempo que un legítimo orgullo, una fiebre de exultante patriotismo. Pero los acontecimientos externos, por muy palpitantes que sean, no consiguen acaparar la atención de María. Su exaltación la reserva para el teatro y para el éxito que acaba de obtener en la ópera, aunque se trate —repitámoslo— de un éxito aún limitado, en un papel que también lo es. Ese éxito María lo atribuye a los consejos de Elvira de Hidalgo, a la ternura manifestada por Elvira de Hidalgo, a la comprensión testimoniada por Elvira de Hidalgo... Cada vez más, Elvira suplanta a Evangelia. Ésta se lamentará más adelante:

«María necesitaba de cierto peso para sostener su voz. Las cantantes rara vez tienen figura de maniquí. Ella ha dicho siempre que si estaba gorda era por culpa mía y que si comía demasiado era para compensar el poco caso que yo le hacía. Su resentimiento hacia mí era consecuencia de esto y sus cóleras, injustificadas, estallaban en casa con cualquier pretexto.»

No es de extrañar la amargura de Evangelia: poco a poco ve cómo se le escapan los intereses del capital que ha invertido. Pero lo que a nosotros, los espectadores enamorados de la diva, nos interesa es el resultado. Aparte de otras preciosas enseñanzas, Elvira de Hidalgo enseña a su alumna cómo abordar cada nuevo papel; es más importante aprender el personaje que estudiar la partitura de la obra. En lo sucesivo, la Callas aplicará fielmente este método: cuando debe encarnar a una heroína en escena, primero estudia sus gestos, la manera de proceder, de andar, de vestir unas ropas; busca el modo de comportarse según la época, el medio y el estilo de la obra, luego pasa a estudiar el rostro, las expresiones y la mirada. En resumen, *piensa* su personaje antes de interpretarlo y hasta que no ha aprendido a vivir como él y con él no ataca la música. Un día, Jacques Bourgeois preguntó a María si le gustaría integrarse totalmente en su personaje o, por el contrario, hubiese preferido que él fuera ella; María tuvo esta respuesta significativa desde su óptica teatral:

—Me pregunto simplemente qué clase de mujer sería, si ella hubiese sido yo.

Y Jacques Bourgeois, comentando esta respuesta, añade:

«Ella *sentía* cómo debía de ser su personaje y qué género de materialización convenía darle.»

Desde sus primeros pasos en el teatro, María ratificará este don de la naturaleza. De la noche a la mañana, la hallamos catapultada a los escenarios del Teatro de la Ópera de Atenas y, esta vez, no en un pequeño papel casi anónimo, sino en el personaje central de la obra: ella será Tosca, una patética, una grandiosa, una inolvidable Tosca; aún no ha cumplido los dieciocho años cuando encarna por primera vez a este personaje y aquí su instinto le salva de su inexperiencia; pasa de los cuarenta cuando lo interpreta por última vez y hoy su voz ya no contiene las inmensas riquezas del ayer, pero fue con este papel que alcanzó una de las cimas más importantes de su carrera. Sabía exhalar tal pasión, tal violencia, tal desespero, que uno se pregunta cómo podía simular tanta convicción y ofrecer semejante impresión de veracidad. Yo asistí, emocionado, a una de sus últimas representaciones de la obra de Puccini, en París, en 1965, y puedo imaginarme la impresión que esta adolescente debió de causar en el público ateniense, en 1941, al traducir tan fielmente unos sentimientos que jamás había compartido.

Fue por casualidad —esa casualidad que sólo favorece a los poseedores del verdadero talento— cuando, en el mes de julio de 1941, María comenzaría su ascensión hacia la gloria. La cantante titular del papel se ha puesto enferma. Elvira de Hidalgo propone a su alumna... ¡No es de las que se equivocan fácilmente, Madame de Hidalgo! Debe de tratarse de algún mirlo blanco para que hable con tanto entusiasmo de esa María Kalogeropoulos. Pues bien, así es como María Callas fue propulsada a los escenarios de la ópera.

Su éxito no agrada a todo el mundo, evidentemente; entre otros, a Madame Fleury, la cantante reemplazada, que no ve con buenos ojos cómo esa intrusa recoge unos aplausos que le pertenecen a ella. El marido de la dama se halla entre bastidores; durante la representación no se reprime en manifestar su acrimonia, lo que da ocasión a María de demostrar que no reserva para la escena el ardor de su temperamento: una pelea entre ella y el marido recalcitrante da como resultado un ojo amoratado para María y unos arañazos en la cara del adversario. Otra vez es un tramoyista que, a raíz de una reflexión desagradable, se ve gratificado con un taburete en pleno rostro... ¡Unos incidentes que demuestran que la muchacha manifiesta un dinamismo poco habitual en una principiante! Pero la Callas jamás haría las cosas como todo el mundo...

Mientras, acontecimientos dramáticos se desarrollan en Grecia. Los italianos parecen definitivamente atorados. Hitler se decide a liquidar, en esa parte de Europa, una situación que se ha estancado para así poder atacar Rusia con toda tranquilidad. Acosado por los cuatro costados, devorado por la superioridad del número, el heroico ejército heleno sucumbe, sin que el flaco contingente británico, enviado a toda prisa, pudiera socorrerle. Los alemanes ocupan Atenas y el resto del país: sus aliados, los italianos, les autorizan a entrar en Grecia al mismo tiempo que ellos: óbolo personal de Adolfo Hitler a su amigo Benito Mussolini.

¿Cómo vivieron nuestras damas Kalogeropoulos la invasión de su patria y cómo aceptaron la lluvia de reglamentaciones y de prohibiciones que subsiguieron? Al igual que todos los pueblos ocupados, en tal triste situación, la primera preocupación de Evangelia y de sus hijas fue sobre todo de orden... alimenticio.

En los capítulos dedicados a sus *Memorias*, consagrados a esa época, Evangelia, con cierta ingenuidad, cuenta las expediciones a las que ella y sus hijas se dedicaban para buscar algo con qué satisfacer su apetito, particularmente el de María, que soporta muy mal las restricciones. Hace ya mucho tiempo que, por razones de incompatibilidad de carácter, las tres mujeres han abandonado el seno de la familia Dimitriadis, y se han ido a vivir al número 61 de la calle Patisson, a un vasto apartamento que a María no le agrada porque está situado en un inmueble moderno y carece de personalidad. Aquí vivirán los años de ocupación, en medio de unos acontecimientos de los que María no logra medir la tragedia, ella que, sin embargo, más que nadie, tenía el sentido de lo trágico.

Al acabar la guerra, también la señora Kalogeropoulos contará sus hazañas, relacionadas con la resistencia. ¿Quién no lo hizo en Europa, al final de las hostilidades? De creer todos los actos de heroísmo que cuentan sus autores, ¡qué calvario debieron de pasar las tropas nazis con todos esos millones de seres en contra de ellos!

¿Por qué iban a ser ellas la excepción a esta regla gloriosa? Evangelia nos cuenta que hacia finales del verano de 1941 un oficial aviador griego, amigo suyo, desembarca en la calle Patisson acompañado por dos oficiales ingleses que acaban de escapar de prisión; ella, espontáneamente, acepta cobijarlos. Pero dejémosle la responsabilidad del relato de sus «hazañas»:

«María y Jackie estaban encantadas de tenerles en casa, pues eran jóvenes y guapos. Uno de ellos, el teniente John Atkinson, era alegre y muy valiente. Yo le quería mucho, y le consideraba casi como a un hijo; me llamaba mamá. Escondimos a los dos hombres en la habitación del canario. No lo comentamos con nadie, ni siquiera con Milton, el novio de Jackie. Un día, Milton oyó cómo alguien ponía en marcha la radio; cuando me preguntó quién había en la habitación del canario, María, riéndose, se dirigió al piano y se puso a cantar... la *Tosca*... Y, cada vez que Milton estaba allí, a las 9 h de la noche, María cantaba...»

María tendrá oportunidad muy pronto de poner de nuevo el arte lírico al servicio de la resistencia. Tras varias semanas de estancia en la casa, los dos aviadores ingleses se despiden de sus bienhechoras, pero, he aquí que, al día siguiente, se presentan en la calle Patisson unos militares; esta vez no son aliados, sino italianos que vienen a perquirir. Evangelia había sido denunciada. Cedámosle la palabra:

«María nos salvó. Corrió al piano y entonó *Tosca*. Jamás la he oído cantar como en aquella ocasión. Los italianos, para escucharla, se sentaron en el suelo, alrededor del piano, y no se marcharon hasta que ella dejó de cantar. Al día siguiente regresaron; no para detenernos, sino para traer provisiones a María: pan, jamón, macarrones que amontonaron sobre el piano, como ofrendas propiciatorias a una diosa, luego ella cantó para ellos.»

Relato conmovedor que demuestra que *bel canto* y *macarroni* pueden a veces compaginar perfectamente; sólo es cuestión de circunstancias. Gracias a las cualidades vocales de María la pequeña familia logra asegurar su avituallamiento. Los italianos, ya se sabe, son fervientes admiradores del arte lírico; fue así como el coronel Mario Bonalti convirtió su admiración en pasta y en jamón de Parma, instituyéndose en protector de las damas hasta que, al cambiar Italia de régimen, el desgraciado fue arrestado por sus propios aliados y enviado a un campo de concentración.

Puesto que hemos abordado el capítulo de las relaciones de María Callas con los invasores, ¿por qué no llegar hasta el final de tan delicada cuestión? Tras la liberación del país, María fue acusada de haber cantado *complacientemente* ante unos auditorios compuestos en su mayoría por enemigos de su patria; éste será, por otra parte, el pretexto oficial que la dirección del Teatro de la Ópera argüirá para no renovarle más el contrato. ¿Qué sucedió exactamente? Es incontestable, pues María jamás ocultó el hecho de haber cantado en varias ocasiones en espectáculos organizados por las tropas italianas y alemanas; incluso se desplazó por dos veces a Salónica a petición de las tropas de ocupación, trocando en cada ocasión la comida espiritual que aportaba a los soldados del Eje por comida más terrenal; como vemos, el «colaboracionismo» de María es más bien de índole alimenticio. Fue así como, el 22 de abril de 1944, consiguió, en el Teatro de la Ópera, el primer papel de *Tiefland*, una obra germánica de Eugène d'Albert, alumno de Liszt, puesta evidentemente en escena para las tropas alemanas, y cuyo papel representó tan notablemente que el público le ovacionó delirante, llegando el eco de la noticia hasta Alemania, lo que le valió unos artículos muy elogiosos por parte de dos o tres diarios locales. Durante aquella jornada memorable, un oficial alemán, al enterarse de que Evangelia era la madre de la heroína, quiso besarla, a lo que mamá Callas se negó rotundamente: las estampas de Epinal pasan a veces por Grecia.

Otra iniciativa que se le reprochará también durante ese mismo año 1944: María había aceptado cantar el *Stabat Mater* durante un oficio religioso para los militares alemanes. ¿Debemos creer lo que, más tarde, Evangelia cuenta, no sin cierta intención pérfida, parece ser?

«Un joven y encantador oficial alemán la oyó cantar y le envió flores; tras lo cual, se presentó en casa. Era un muchacho de veinticuatro años que se llamaba Oscar Botman... Se divirtió muchísimo y las tres lo encontramos *muy simpático*. Él, por su parte, quedó *cautivado* por María. ¿María sintió algo por ese joven oficial que la admiraba tanto y al que las tres *queríamos* mucho? Me pregunto a veces si ella lo ha olvidado.»

Como vemos, los afectos de la señora madre observaban una perfecta neutralidad: tras los oficiales ingleses, sus homólogos alemanes también tenían sus derechos.

De ser cierto, ¿hay que reprochárseles? Después de la Liberación, la mayoría de los artistas se encontraron confrontados a esta cuestión. Sin haber por ello sostenido la causa del enemigo, con excepción de algunos casos, claro está, mucha gente del mundo del espectáculo había aceptado actuar en salas en las que el invasor estaba mayoritariamente representado; muchos tampoco se percataron de la especie de aval que la presencia enemiga significaba. Tal vez ésta sea la primordial crítica que se les podría hacer. Pero todos, absolutamente, desearon la derrota de Hitler y el retorno de la libertad, aun cuando no tomaran sino mínimamente parte en esa derrota y en ese retorno.

Para finalizar con esta cuestión, digamos que María Callas no hizo sino seguir al rebaño: ni el de los colaboracionistas, ni el de los héroes, sino el de los espectadores pasivos que esperaban «que aquella gente se marchara». En conjunto, éste fue el comportamiento de los pueblos europeos; así fue el de María Callas. Tras lo cual, las damas Kalogeropoulos acogerían con los brazos abiertos a las primeras tropas aliadas que llegaban para liberar su país. Como todo el mundo, en resumidas cuentas...

Adaptándose lo mejor que puede a toda clase de restricciones que pesan sobre su país, María prosigue una carrera que parece iniciarse bajo los mejores auspicios. Ha sido contratada por el Teatro de la Ópera de Atenas con un sueldo de 1.300 dracmas. No es una fortuna, pero sí un primer paso hacia ella, y eso es suficiente para colmar a su madre de orgullo y de esperanza. Y también, para las tres mujeres que tienen apremiantes necesidades, un dinero que llega como llovido del cielo, aun cuando Milton, el sempiterno novio de Jackie, contribuyera también en los gastos de la casa. El trabajo con Elvira de Hidalgo, el estudio de los grandes papeles operísticos, sus prestaciones en el Teatro de la Ópera hacen que María se olvide de comer. Obligada, por la fuerza de las circunstancias, a frenar su apetito, comienza a adelgazar y su aspecto físico se aleja del de hace unos años. A sus veinte años, María es una muchacha atrayente; su profunda mirada de miope, su espesa cabellera negra, su voz de inflexiones melodiosas prestan a su personalidad el encanto de Oriente. Pero sus modales siguen siendo bruscos, al menos según su madre: cuando acompaña a Evangelia al mercado de Atenas, María se niega a hacer cola y fastidia a los que tiene delante de ella para así poder llegar más deprisa al primer puesto. Y si alguna ama de casa, molesta, se arriesga a protestar, la arenga con un vocabulario tal que en nada anuncia a la mujer de mundo que será un día... ¡Eso, si no le propina un puñetazo!...

Podemos aceptar o no estas confidencias de la señora madre, pero las declaraciones de otros testigos son suficientemente claras como para creer que Evangelia no siempre exageraba. Sólo el amor de un hombre conseguirá apaciguar esa impetuosidad de yegua joven. Pero no siempre hubo amor en el corazón de María... Sin embargo, su nuevo aspecto, la fresca notoriedad que la aureola, comienzan a despertar el interés de los hombres, pero a ella no parece preocuparle; el coronel italiano Bonalti fue uno de sus admiradores, pero parece ser que perdió el tiempo.

¿Por qué razón misteriosa esta muchacha, que tiene tanta necesidad de ser amada, según su propia confesión, se niega a seguir el camino natural que emprende la mayor parte de las jóvenes de su edad? Nos encontramos ante un misterio que la propia Callas se ha negado siempre a revelar y, que es, sin duda, una de las heridas secretas de su corazón. No nos queda más remedio que jugar a las hipótesis, pero las hipótesis, cuando conciernen a esta mujer, resultan seductoras, tanto más cuanto que provienen de un estudio profundizado de su personalidad: a los veinte años, como durante su vida, María espera sin duda encontrar ese príncipe azul con el que cada muchacha sueña. Pero María es mucho más exigente que el resto de las jóvenes: no desea conseguir a su príncipe azul en las rebajas. Mucho más tarde, creerá haberlo encontrado en la persona de Aristóteles Onassis, pero ya sabemos lo que sucedió con tal deplorable confusión. A sus veinte años, otro obstáculo la frena en la ruta de los amores fáciles; aunque haya cambiado de aspecto, en el fondo de su ser sigue siendo la misma: la muchacha gorda y torpe que se come las uñas y que no sabe cómo disimular el acné que purpura su cara. No ha conseguido superar este complejo que tanto daño le ha causado ya y le seguirá causando, aun cuando multitudes enteras le griten que ella es hermosa y los hombres se lo confirmen con la mirada... En fin, y tal vez sea ésta la razón fundamental de su desafecto hacia los hombres, el teatro ha absorbido todos sus recursos emocionales. Esos personajes, de los que ella comparte sus estados anímicos, a fuerza de conocerlos, le han ofrecido otro objetivo a su exaltación. ¡Cuando se cree ser *Tosca, La Gioconda*, o *Lucia di Lammermoor* ya no es posible aceptar, decentemente, los galanteos de un tañedor de *buzuki* del barrio de Plaka! Durante mucho tiempo, esos personajes no le dejarán ver que hay otra verdad más allá del teatro, y cuando un día, cansada de fingir, quiera abordar la orilla de la vida real, será demasiado tarde.

Pero aún no hemos llegado ahí. Por de pronto, María se abandona cada día más a la embriaguez de su arte y cada día recoge más y mejores frutos. Durante el verano de 1944, mientras la suerte de las armas cambia definitivamente de campo y el aire huele más que nunca a batallas, María representará por primera y última vez *Fidelio*, la única ópera que escribió Beethoven y de la cual ella será su feroz heroína.

Cuántas veces me la he imaginado, en el grandioso marco del anfiteatro de Herodes Atticus, a esta muchacha de veinte años transfigurada por su personaje: ella no interpreta a Leonora, *ella es Leonora*. El público que asiste a esta ópera alemana está, evidentemente, compuesto por alemanes, soldados que viven sus últimos instantes de vencedores y que muy pronto conocerán a su vez la humillación del vencimiento y la nada de la derrota. Esta derrota es la que María les anuncia al encarnar a una mujer que ha arrancado a su esposo de las cadenas de la tiranía, esta libertad es la que María les echa en cara a los enemigos... Pero ha sabido dar a su interpretación tal dimensión, que al final el público, en pie, la aclama. Merced a la magia de la música y a su intérprete, mezclados en un mismo entusiasmo, oprimidos y opresores se confunden unos con otros: será el primero de sus triunfos «a lo Callas» que aprenderemos a conocer.

Este nuevo éxito y un humor constantemente belicoso estimulan, con más fuerza que nunca, el viento de celos que sopla a su alrededor. Entre María y sus compañeros —una apelación corriente en el mundo del espectáculo, pero que no hay que tomar al pie de la letra— el foso se abre cada vez más, pero a ella no parece preocuparle:

—Esa gente me aburre —confiará a su madre—, y no la temo.

¿Estaba ya aquejada por ese famoso «complejo de superioridad»? Pues no. Ese sentimiento no es el que le dicta una actitud a veces desconcertante, sino la conciencia que ella tiene de su destino. Ha presentado el papel que va a interpretar en la evolución del arte lírico y precisamente porque rechaza todo aquello que pueda apartarla de su meta, es por lo que se deshace de cualquier obstáculo que le sale al paso. Además, ese famoso complejo jamás lo ha tenido, ni siquiera cuando estaba en el cenit de su gloria, sus cambios de humor, sus bruscas rebeliones, sus repentinos cambios de ideas, no eran debidos a él, sino todo lo contrario, a la duda que jamás cesó de atormentarla y que con el tiempo sería cada vez más lancinante.

Por otra parte, cualesquiera que fuesen, por aquella época, los estados anímicos de María, no le apetece en absoluto abandonarse a ellos. Pese a que nuestras damas Kalogeropoulos atravesaron el período de ocupación enemiga sin grandes daños ni espantos, a partir de ahora van a conocer unas emociones que no les hubiera gustado nada vivir. Sin embargo, al principio, los acontecimientos parecen prometer un futuro maravilloso: los alemanes al fin vencidos, Grecia respira de nuevo aires de libertad. Los soldados aliados han desembarcado con los bolsillos llenos de esas golosinas que tanto gustan a María. Para agradecerlo, María canta a los recién llegados con la misma alegría que, meses antes, cantaba a los italianos. Es decir, que la fiesta continúa en la calle Patisson...

No por mucho tiempo. Cuando en Yalta americanos y rusos se reparten las zonas de influencia, se sobrentiende que Grecia queda incluida en la esfera occidental. Sólo que no contaban con el apetito de Stalin por los territorios, apetito que ya había sustentado al aliarse con Hitler y que espera seguir alimentando al convertirse ahora en su adversario... Así pues, intenta recuperar lo que no ha podido tragar en esa primera afrenta y lanza a sus fuerzas comunistas al asalto del poder. Grecia, tras los estragos de la ocupación, se ve envuelta en los de la guerra civil.

Con un frío glacial, el 3 de diciembre de 1944 —María recordará durante mucho tiempo su vigesimoprimer cumpleaños—, las milicias comunistas se lanzan al ataque. De inmediato, toman varios puntos de la capital y reclaman la abdicación del rey. Las tropas reales y los contingentes ingleses se repliegan en el centro de Atenas, junto a los grandes hoteles y a la embajada de Gran Bretaña, y desde allí retoman el control de la ciudad. Pero mientras tanto, los combates se recrudecen y el apartamento de la calle Patison se encuentra en el *no man's land* que se disputan los dos partidos. Si Jackie ha tenido suerte —Milton el sempiterno pero providencial pretendiente la ha instalado, cerca de él, en el Park Hotel, protegido por un importante cordón de tropas leales y británicas—, por su parte, durante tres semanas, privadas de calefacción, luz y agua, María y su madre vivirán en plena zozobra. No sólo porque las granadas y metralla retumban en sus oídos, sino también porque no tienen otra cosa que comer que unas latas de judías secas. Por supuesto, tal género de menú no debía de ser del agrado de María. Además, el espectáculo sangriento de la batalla no regocija en absoluto a una muchacha de veintiún años. Aunque no era de naturaleza miedosa, una noche, la vista del cadáver de un joven soldado inglés la llena de espanto. Por su parte, Evangelia, cuyo lirismo se desborda al narrar sus recuerdos, nos dice que vio, ante sus propios ojos, cómo mataban a tres hombres en la azotea de una casa vecina. Siguiendo ese mismo orden de cosas, siempre entre lo teatral y lo verídico, nos cuenta que, una noche, llegó a la casa un hombre para pedirle asilo: se trataba, ni más ni menos, del ministro del Interior del gobierno griego, el general Durentis, que los partisanos comunistas buscaban para matar.

Con más corazón que cabeza, Evangelia y María, con peligro de sus propias vidas, acogen al pobre general derrotado y comparten con él las escasas judías que les quedan. A pesar de ese sacrificio, el general resulta un huésped gruñón, y María, en absoluto impresionada por sus estrellas, no duda en ponerlo en su sitio.

Afortunadamente al cabo de unos días el general-ministro levanta el campo y las dos mujeres le ven marchar sin mucho disgusto. También ellas serán salvadas. Una mañana, un muchachito les trae una nota: un oficial inglés, amante del *bel canto* y admirador de María, invita a las dos mujeres a reunirse con él en el sector británico. Pese al riesgo que supone aventurarse por las calles de Atenas, María acepta y sigue al niño-cicerone; dos días más tarde, Evangelia se reúne con ella en la embajada de Gran Bretaña. Allí pasarán el día de Navidad, y allí también María verá por primera vez a un señor mayor, sonriente y dinámico, vestido con el *battle-dress* del ejército británico y fumando su legendario puro: es Wiston Churchill en persona, que ha llegado para comprobar la extensión del desastre. Evidentemente, la joven María no podía sospechar, en aquel momento, que, quince años después, la Callas reencontraría a ese mismo Wiston Churchill, en un crucero, a bordo del suntuoso yate de Onassis, en un momento de su existencia mucho más «histórico» que cuando su país escapó a la dictadura staliniana...

Tras semanas de duros combates, las tropas gubernamentales griegas y sus aliados ingleses triunfan sobre las guerrillas comunistas, y el país reencuentra al fin la calma. Para María, por el contrario, no serán tiempos de calma, sino de perplejidad. Como ya hemos visto antes, el argumento de sus prestaciones a favor del invasor será la excusa que la dirección del Teatro de la Ópera arguye para no conservarla en la compañía; de hecho, las enemistades que, parece ser, María ha sembrado, como por gusto, a su alrededor, constituyen la verdadera causa de esa evicción. Sea lo que fuere, se encuentra ante una encrucijada. ¿Qué camino tomar para subir un nuevo peldaño que la lleve al éxito? Elvira de Hidalgo le ha repetido hasta la saciedad que Italia, tierra de predilección del arte lírico, sería un magnífico campo para sus futuras proezas. Sin embargo, el destino se va a encargar de jugarle otra pasada. Georgios Callas —el padre olvidado— que sigue en América, se manifiesta. En ese país, la fortuna puede llegar de un día para otro, o también la ruina —al menos es lo que él dice—. Georgios ha conseguido comprar una nueva farmacia, envía cien dólares a su familia y expresa el deseo de que su hija menor vaya a reunirse con él. Mientras tanto, la embajada de los Estados Unidos ha informado a María que puede perder su nacionalidad americana —no olvidemos que nació en Nueva York— si no realiza una estancia de larga duración en suelo natal; la muchacha no sabe resistir a tantas coincidencias. Y por otra parte, no le disgusta en absoluto alejarse de Evangelia ni de escapar a una férula que le pesa cada vez más. Al fin, el repentino deseo de volver a ver al autor de sus días, que conoce poco y mal, se apodera de ella, y ya sabemos que cuando un deseo la obsesiona, le desagrada no poder satisfacerlo... Lo ha decidido: se marchará a Nueva York, y, de paso, desobedecerá por primera vez a Elvira de Hidalgo que sigue abogando por Italia.

Un último papel, en el mes de agosto de 1945, para ganar el dinero suficiente para el viaje, y María hace sus maletas. El alcalde de Pireo ha organizado, en su honor, una comida de adiós, comida a la que María no ha invitado ni a su madre ni a Jackie. Decididamente, ha cortado el cordón umbilical... Por eso, en aquella mañana de septiembre, en el muelle del puerto de Pireo, Elvira de Hidalgo es la única que ve alejarse al *Stockholm*, el modesto buque transatlántico que se lleva a María y a sus sueños...

4

UNA CANTANTE DE PESO

Mientras María navega rumbo al Nuevo Mundo, no deja de pensar en la personalidad de su padre. Una personalidad *quasi* mítica para ella debido a las desavenencias habidas entre sus padres, que le han impedido, literalmente, poder compartir sus sentimientos con su padre y con su madre, como es habitual en la mayoría de los niños. Conoce muy mal a ese padre lejano; en el fondo, lo poco que sabe de él es a través del retrato esbozado por Evangelia, un retrato a la vez poco lisonjero y de escaso parecido. En verdad, George Callas —llamémosle así, puesto que es el nombre que ha adoptado desde hace más de veinte años— no es en absoluto el monstruo que, con evidente satisfacción, ha descrito siempre su esposa. Es cierto, George es débil y le falta carácter y ambición, lo que, popularmente, se denomina un «buen hombre». Por eso no fue lo suficientemente competente como para apagar la sed de honores de Evangelia, lo que no impide, por otra parte, que a María le haga volar su imaginación. La impaciencia que siente por conocerle mejor adorna a este hombre, poco sobresaliente, con una especie de aura. Hasta ahora, no le había echado en falta, pero, de pronto, ha surgido en ella el deseo de volverle a ver. María será siempre así: un día, se entusiasma por una persona sin razón aparente, y al siguiente se desprende de ella sin motivo alguno.

Pocos días antes de embarcar, se preguntaba a sí misma si sería capaz de afrontar a ese padre tan indigno, como decía su madre. Ahora, cuenta los días que le separan de él. Hay también otra razón que le hace desear ese encuentro: el antagonismo existente entre su madre y ella que, sin darse cuenta, ha ido prosperando desde hace un par de años. Cuando, un día, los vínculos se hayan definitivamente roto entre ella y el resto de sus parientes, podremos comparar a la familia Callas con otra familia de compatriotas harto conocidos: los Atridas...

Otro tema de reflexión y de preocupación para María durante el viaje: su peso. Si las restricciones ocasionadas por la guerra han conseguido reducir benéficamente su figura, la euforia de la Liberación, con su cortejo de pasteles orientales y de caramelos americanos, ha recubierto de nuevo sus formas. Los testimonios, más o menos objetivos, discrepan sobre su aspecto físico de entonces: Evangelia le ha atribuido hasta 110 kilos de peso; Meneghini, su futuro marido, apenas más modesto, declarará más adelante a los periódicos —a no ser que fueran los periódicos los que le hubieran obligado a declarar a él— que María, cuando él la conoció, pesaba 105 kilos. Ésta es, por otra parte, la cifra más corrientemente citada. Cuando se ha preguntado a la Callas sobre tan delicada cuestión, siempre se ha negado a contestar, de lo que se desprende que no veía con buenos ojos la imagen que, hasta entonces, había ofrecido de ella misma. Tras varias comprobaciones, parece ser que la cifra de 105 kilos fue algo exagerada; por aquella época, María pesa *solamente* 95 kilos, lo que, para una joven de veintidós años, no indica que se halle precisamente en vías de contraer una anemia. Hasta ahora, no se había preocupado demasiado por sus formas generosas. Si alguna vez, en el Teatro de la Ópera de Atenas, oía alguna alusión pérfida sobre el tema, no se reprimía en responder agriamente, pero no por eso frenaba su bulimia. Sin embargo, a medida que se acerca a suelo americano, se siente embargada por una cierta inquietud. En las revistas ilustradas, ha visto fotos de las *pin-up made in Hollywood* y se pregunta si su silueta no representará una seria desventaja cuando trate de obtener un contrato. Pero, de momento, esa preocupación no le impide hacer copiosos honores a la comida del *Stockholm*. Así pues, esta jovencita en «plena forma» —tanto en lo propio como en lo figurado— desembarca en Nueva York y cae en brazos de un hombre de sesenta años, bastante gastados, pero que se esfuerza por mantener la galanura de una seducción caduca: su padre, George Callas. Pero la realidad, ay, no corresponde exactamente a lo que María se había imaginado: contrariamente a lo que dejaba entrever en sus cartas, George no es el propietario de la farmacia en la que trabaja, sino un modesto jefe de sección; vive en un apartamento exiguo de la calle 157 y la habitación que ofrece a su hija no tiene nada de suntuosa. Pero en la euforia de su cambio de existencia, María no repara en detalles. No olvidemos que llega de un país tradicionalmente pobre y que los desastres de la guerra aún lo han empobrecido más. ¿Por qué, pues, nuestra pequeña emigrante no iba a quedar deslumbrada por los millares de luces de Nueva York, por esos rascacielos gigantescos y por esas tiendas de la Quinta Avenida desbordantes de lujo? Es verdad que ya conoce América por haber nacido en ella, aunque la abandonó siendo niña, pero, sobre todo, tras los desastres que han ensangrentado a su país, al lado de esa Europa aún exangüe que busca desesperadamente renacer, ¡cuán triunfante, viva y encantadora le parece la joven América exenta de todo sufrimiento! Por eso, las luces de Nueva York le parecen aún más brillantes, los rascacielos más gigantescos, y las tiendas de la Quinta Avenida mucho más lujosas. Poder contemplar todos esos tesoros es como un cuento de hadas. María es feliz, sin pensamientos velados ni angustias secretas: un estado de ánimo que no es frecuente en ella para dejarlo pasar por alto.

Además, para mejorar lo ordinario de la vida cotidiana, ahí está el buen doctor Lantzounis, el amigo fiel de los días amargos, el padrino complaciente que se deja amablemente solicitar cuando es necesario. No sólo ha adquirido, cual patricio distinguido, una reputación que, en este país, se mide inmediatamente por la cuenta bancaria, sino que ha tenido la feliz idea de casarse con una de sus enfermeras, mucho más joven que él, apenas mayor que María, Anne-Sally.

En compañía de ella, María pasará sus primeras semanas en tierra americana, y paseará por la Quinta Avenida, Madison Avenue y Central Park. Parece sentirse a gusto en esa existencia inconsciente; se diría que ha olvidado el canto, sus ambiciones y la razón profunda de su presencia en América. Sólo es en apariencia; para María, los entreactos de la vida no deben prolongarse. Ha venido a América porque en Atenas el horizonte está más que oscuro; sólo en los grandes escenarios del mundo podrá conquistar su corona. El Nuevo Mundo es, para los astros, el más grandioso de los espejos, el más seductor de los espejismos. María ha desembarcado pues en su tierra natal con una buena provisión de ilusiones.

No tardará en desencantarse. Esa América, crisol en el que se forjan los talentos llegados del mundo entero, esa América no esperaba a María y así se lo hará sentir. Los empresarios, los directores, los agentes del espectáculo no parecen interesados por esa nueva candidata a la gloria. ¿A no ser que unos y otros se hayan impresionado por las imponentes proporciones de la joven diva? El puerta a puerta es una dura prueba para los principiantes, sobre todo cuando dan a uno con la puerta en las narices. Otra se hubiera descorazonado... Otra, tal vez, ¡pero no ella! María tiene esperanza en sus sueños, sabe que la luz le espera al final de ese túnel, aun cuando el final de ese túnel no se vea. No se librará empero de las vejaciones ni de las decepciones. Su resentimiento más cruel, su cólera más grande le llegará de la mano de un compatriota suyo. En Atenas, Nicola Moscona, cantante de cierto prestigio, le había prodigado vivos elogios. Al saber que él se encuentra en Nueva York, María, feliz y contenta, le solicita una entrevista: esto le proporcionará la oportunidad de valorar la esencia de la naturaleza humana. Moscona se escabulle, no contesta al teléfono; pero cuando María toma una decisión es capaz de derribar cualquier obstáculo puesto a su alcance.

Tras varias semanas de un duro «acoso», acaba por acorralar al fugitivo. ¿Qué espera de Moscona? Simplemente, que la recomiende a Arturo Toscanini... bajo la dirección del cual él ha interpretado varias obras. Pero el cantante no quiere comprometerse con el «papa» del arte lírico, y contesta a María con un sinfín de plantones; a cambio, él se ve recompensado... con un mar de imprecaciones:

—¡Jamás le dirigiré la palabra, en toda mi vida! —jura María.

Juramento que ella transgredirá años más tarde, en México, cuando Nicola Moscona sea su compañero de reparto.

Todavía no está al cabo de todas sus decepciones: tras numerosas gestiones, ha conseguido una audición con Giovanni Martinelli. Célebre tenor, Martinelli es, desde hace tiempo, una de las glorias del Met —el Metropolitan Opera de Nueva York—. Escucha a la joven con estudiada atención, luego, cual oráculo que anuncia un fallo irrevocable, desde lo alto de su grandiosidad deja caer:

—Tiene usted ciertos dones, pero debe aún trabajar mucho. Venga a verme dentro de un año.

Esta vez, María no se rebela como suele hacer a menudo. Ya es muy crítica consigo misma y la duda se ha apoderado de ella. ¿Y si los sueños concebidos por ella y Evangelia no fueran sino quimeras? A punto estuvo de renunciar, tal como se desprende de la confesión que, *a posteriori*, hizo a uno de sus íntimos:

«Me preguntaba si en verdad yo no sería sino una más del montón... Si los laureles que había recogido en la Ópera de Atenas no habían marcado ya el apogeo de mi carrera y si no sería mejor regresar a Grecia en el primer barco que zarpara.»

Sí, María se siente de pronto cansada por esa persecución de contratos, pero sobre todo está sola. Hasta ahora, había tenido siempre a su lado una voluntad más fuerte que la suya que guiaba sus pasos y la mantenía en la vía trazada. Toda su vida necesitará, junto a ella, la presencia de un ser enteramente volcado a su culto. Incluso cuando obraba a su antojo necesitaba, lo necesitará siempre, a ese mentor, ocupado únicamente en sus estados de ánimo, a la vez empresario, confesor y protector contra las agresiones del mundo exterior. Extraña dependencia de espíritu en esta mujer, de tan fuerte personalidad, extraña dependencia que permite comprender cuán perdida se encontró en los postreros años de su vida, cuando ya no había nadie que pudiera tenderle una mano. Hasta hora, Evangelia y Elvira han representado ese papel, un papel que su afable padre es incapaz de desempeñar. En primer lugar, porque al querido George no le interesa mucho el arte lírico y, sobre todo, porque desde siempre le ha horrorizado complicarse la vida; prefiere reservar sus últimas fuerzas en conquistar a las clientas del *drugstore* donde trabaja, pues no ha renunciado aún a lo que ha constituido la principal ocupación de su existencia. Y María, que se creía libre de la tutela de Evangelia, comprueba que ahora la echa en falta; ella que tanta premura tenía por alejarse de su madre, por escapar a esa especie de vasallaje en el que había vivido hasta entonces, ahora necesita a Evangelia, ¡y la necesita ya! Pero aún no han llegado los tiempos en los que los deseos de la diva eran órdenes... George no tiene prisa por reencontrar a su esposa. Además, no dispone de la suma necesaria para el viaje de su mujer. María deberá esperar. Pero he aquí que se produce un acontecimiento totalmente imprevisible, tal vez un signo del destino: cuando ya no lo esperaba, consigue una audición con Edward Johnson, el director general del Met, y le produce tal impresión que éste le propone actuar durante la temporada siguiente en *Madama Butterfly* y en el papel de Leonora de *Fidelio*. ¿Victoria? Todavía no, pues debe interpretar a estos dos personajes en inglés y esa lengua no permite a María expresar su talento con toda su plenitud. Por eso, según sus propias palabras, primero duda y luego rechaza esa suerte inesperada. Tal vez, también otras consideraciones han formado parte de ese rechazo que podría considerarse insensato por parte de una cantante sin dinero y sin empleo. La suma ofrecida por Johnson es modesta; pero María ya sabe con exactitud cuál es su «valor comercial». Además, el solo hecho de tener que interpretar a *Madama Butterfly*, delicada japonesita, le hace preguntarse cuál sería la reacción de los admiradores de Puccini al verla aparecer a ella con casi un quintal de peso.

En el mes de diciembre de 1958, en una entrevista concedida al *New York Post*, Edward Johnson, que ya no es director del Met, declara:

«Vimos en ella a una joven de grandes valores. Le propusimos un contrato que ella no aceptó, no sólo debido al papel, sino también a los términos mismos del contrato. Hizo bien en rehusarlo. Francamente, era un contrato para una principiante. Pero ella no tenía experiencia, poco repertorio, ninguna referencia.... Estaba excesivamente gorda, aunque eso no nos importaba. ¡Las cantantes jóvenes casi siempre suelen tener exceso de peso!»

Evidentemente, cuando Edward Johnson hace estas declaraciones, la Callas ya es una celebridad mundial, y juzga más prudente no revelar que, en aquel momento, los acontecimientos no se desarrollaron de forma tan relajada, sobre todo cuando abordaron la cuestión financiera... Tampoco confiesa que, molesto por su rechazo, despidió a la muchacha con palabras poco elegantes. Años después, al recordar las circunstancias que habían motivado su actitud, la propia María Callas facilitaría, sobre esta declaración, una versión tan idílica que merece figurar en el libro de oro del perfecto artista:

«Había decidido no aceptar cualquier cosa, aun cuando me muriera de hambre. El que quiere ser independiente siempre se muere de hambre, ¿no es cierto? Moralmente, al menos. Me negué a estrenarme en América porque no eran papeles de ensueño, ni condiciones de ensueño... Me tomaron por loca, y me decía a mí misma: "Jamás encontrarás una suerte parecida". Pero creo que esta decisión dice mucho sobre mi carácter: yo sé negarme, sé elegir, sé esperar, por muy angustiosa que sea esa espera. Cuando digo no, no obedezco a un capricho, sino a una decisión detenidamente reflexionada, a mi instinto, tal vez...»

En el transcurso de su carrera, la Callas rechazó bastantes proposiciones que nunca aceptó. La mayoría de las veces porque siente en ella esa ansia de perfección que la sustenta; en otras, porque quiere hacer pagar su talento por lo que vale, es decir, muy caro...

Para terminar con el episodio del Met, añadamos que María, con su sempiterno famoso espíritu combativo, espeta a Johnson, al abandonar el despacho:

—Un día, el Metropolitan me suplicará de rodillas que venga a cantar, y ese día no lo aceptaré por nada del mundo.

¡Pronóstico que se cumplirá con total exactitud! Mientras tanto, María sigue persiguiendo ese contrato mirífico que se le escabulle. Una nueva audición, esta vez con Gaetano Merola, el empresario de la Ópera de San Francisco, tampoco es fructuosa:

—Posee usted una hermosa voz —admite Merola—. Pero así, nadie la conoce. Hágase un nombre en Italia, y luego yo la contrataré.

Palabras insolentes para con María, que pone al empresario, como a tantos otros antes que él y después de él, en su sitio:

—¡Cuando yo tenga un nombre en Italia, ya no le necesitaré a usted! —le replica María.

Poco tiempo después, los sueños de grandeza de María reciben refuerzos: Evangelia regresa a Nueva York: como su marido seguía sin poder pagarle la travesía, han echado mano, una vez más, del amigo Lantzounis: el buen doctor ha prestado los 700 dólares, que no recuperará hasta años más tarde; María había «olvidado» completamente esa deuda.

A George no le agrada el regreso de su esposa y ésta tampoco siente gran entusiasmo por volverlo a ver. En sus *Memorias*, la señora madre precisa, muy puntillosa, «que duerme en la habitación de su hija». George Callas, por su parte, duerme la mayoría de las veces con una señora llamada Alexandra Papajohn, con la que se casará años después, cuando se haya divorciado de Evangelia; por lo que la Navidad de 1946, en casa de los Callas, no tiene nada de festiva.

Sin embargo, los primeros días que siguen al regreso de Evangelia son eufóricos. María reencuentra con evidente agrado el partidismo de su madre, convertida en obstinada hincha desde que fomentó sus primeras vocalizaciones. Evangelia comienza por enderezar una moral que empezaba a declinar: María no debe dudar de su destino, pues si un día fracasara, serían sus propios sueños los que se derrumbarían. María tiene plena conciencia de esa transposición de un personaje a otro, y esto es lo que la dispone, y dispondrá siempre, en contra de su madre, a la que acabará por detestar por haberla educado con un único objetivo, y sin embargo, en el fondo de sí misma, sabe que esa esmerada preparación es indispensable para alcanzar el éxito. Como ya hemos visto antes, no es nada sencillo desenmarañar los cables que se entrecruzan en su cabeza, ni fácil de desbrozar la senda que lleva hasta su corazón; eso explica su personalidad a menudo desconcertante, y también esa manera de entusiasmarse por una persona para luego rechazarla con el mismo ardor con que la amó. Obra así movida por un mecanismo de defensa, cuando se cree agredida o supone que van a aprovecharse de su prestigio. Ella misma lo ha explicado con franqueza. Cuando una vez le preguntaron cómo se podía perder su amistad, ella respondió:

«¡Aprovechándose de la Callas! Hay dos cosas ligadas, pero distintas: María y la Callas. No quieran nunca aprovecharse de la Callas; es el único medio de perderme. Sin explicaciones. Hay amigos que han perdido completamente contacto conmigo y no comprenden nada. Porque no han reparado nunca en lo que han hecho para herirme. No a mí personalmente, sino a la artista. ¡A la mujer se la puede escupir encima (*sic*)! Creo que soy la más afable del mundo, pero a la artista no hay que atropellarla ni hacerle daño. A menudo, me da pena tener que condenar a los otros por esa razón. Y como *yo no creo en las explicaciones, ni en los diálogos*, llevo una vida *muy aislada* debido a esto, pues tarde o temprano alguien me hará daño.»

Confesión significativa, aunque no refleje completamente la realidad; a María, no más que a la Callas, tampoco le gustará que le «escupan» encima sin protestar, pero es verdad que hace, y hará siempre, pasar a la artista por delante de la mujer, por la sencilla razón de que la mujer no existe si no es a través de la artista. Cuando su arte ya no pueda legitimar más su existencia, abandonará la vida. La postrera frase de su declaración merece ser tomada en consideración: si María, en los últimos años de su existencia, se fue retirando poco a poco del mundo, es porque el mundo le daba miedo, porque temía sus agresiones; de ahí la hipótesis que yo he apuntado al principio de este estudio: la suma de sus angustias es lo que la mató, y en ese crimen, los unos y los otros, grandes personalidades de la actualidad o figurantes anónimos, tuvieron su parte de responsabilidad.

En resumen, si es relativamente fácil granjearse la amistad de María, sobre todo cuando su juventud la arrastraba a la confianza, conservar esa amistad constituye una operación más que delicada. El matrimonio Bagarozy pasó por esa experiencia.

En Nueva York, esa ciudad hostil que no le deja ejercer su arte, María necesita más que nunca agarrarse a algún clavo ardiendo; una vez más, está dispuesta a ofrecer, a quienquiera recibirlas, las riquezas afectivas que se esconden en ella. Es en este momento cuando Louise Caselotti y su marido, Edward Bagarozy, irrumpen en su destino. Son un matrimonio, como tantos otros llegados a esa tierra americana, patria de todos los buscadores de fortuna. Eddie Bagarozy es abogado, un abogado sin muchos pleitos, que se interesa más por el arte lírico que por los trapicheos sumariales. Sin duda, debido a su mujer: Louise Caselotti posee una hermosa voz de opereta, y ha rodado en Hollywood varias comedias musicales; después de haber abandonado California, se han instalado en Nueva York donde Eddie espera descubrir el filón que le asegure fortuna y éxito. Cuando oyen cantar a María, los Bagarozy están convencidos de que acaban de descubrir la gallina de los huevos de oro.

Su entusiasmo llega en el momento justo: devuelve a María la confianza perdida por sus fracasos sucesivos, y una nueva «luna de miel» comienza para la muchacha. Se arroja a los brazos de esos recién llegados con ese ardor, ese calor demostrativo, como ya manifestó anteriormente con Madame Trivella y luego con Elvira de Hidalgo. De resultas, Evangelia pierde una vez más su papel de directora espiritual y se encuentra, de repente, relegada al olvido.

Interpretando la ópera *Tosca*.

Grace de Mónaco y María Callas saliendo de una gala. Detrás, el principe Rainiero y, parcialmente oculto, Frank Sinatra.

María Callas en el papel de Medea.

Interpretando *Norma* en la Ópera de París.

María Callas descansando durante el rodaje de *Medea,* mientras
se prepara la siguiente secuencia.

Cada mañana, María desembarca en casa de sus nuevos amigos, que extreman su buen gusto hasta el punto de no vivir demasiado lejos de los Callas, en la esquina de Riverside Drive con la calle 145; allí, ella pasa sus días hablando de música, y también trabajando, pues Louise, que conoce las limitaciones de su propio talento, ha decidido ayudar a jóvenes artistas, y se ha instituido en la nueva profesora de María, que vivirá momentos exultantes con este matrimonio. Como buen abogado, Eddie le ha propuesto un contrato en unos términos en los que María les abonará el diez por ciento de todos los contratos que ella obtenga; María lo firma con los ojos cerrados, sin percatarse de las complicaciones que ese gesto irreflexivo le causará en el futuro, tan convencida está del interés demostrado por los Bagarozy. No está del todo equivocada, pues el matrimonio no tiene sino una sola idea en la cabeza: dar a conocer a la expectante América la rara *avis* que acaban de descubrir. Y de repente, la idea que buscaban surge en el cerebro de Eddie: dará un nuevo lustre al Teatro de la Ópera de Chicago, al crear una nueva compañía, la United States Opera Company, que estará compuesta únicamente por artistas llegados de la vieja Europa que quieran revelar al Nuevo Mundo el abanico de sus talentos. La primera obra que representarán será *Turandot*, la última obra compuesta por Puccini.

La fe de Eddie y su espíritu emprendedor resultan de lo más contagioso, y éste consigue enrolar bajo su bandera a una pléyade de artistas de valor, muchos ya coronados por el éxito, como Max Lorenz o Any Konetzni, y otros más jóvenes, pero de talento prometedor, como Galliano Massini y Nicola Rossi-Lemeni, el yerno del gran director de orquesta italiano, Tullio Serafin.

Por supuesto, Eddie no tiene ni un centavo para montar la ambiciosa operación que proyecta, pero no va a detenerse por un detalle tan mezquino; con él, toda la compañía comparte su entusiasmo y su confianza, María la primera. Hay que decir que sus nuevos compañeros no le escatiman los cumplidos; el director de orquesta designado, Sergio Failoni, asegura que jamás ha oído voz tan hermosa. ¿Cómo, en semejantes condiciones, María no va a caber en sí de gozo? Con el fin de atraer al indispensable mecenas, Bagarozy se propaga en entrevistas en los periódicos, hablando con palabras encubiertas «de una misteriosa soprano que ha descubierto y que conmocionará a las muchedumbres, pero de la cual no puede aún revelar su nombre»; y «a ella le he destinado el personaje de *Turandot*», declara.

Como Eddie no tiene medios para alquilar una sala de ensayo, amontona a los dieciséis cantantes de su compañía en las tres habitaciones de su piso, y todo ese mundillo se pone a ensayar con esa fiebre que anima a los verdaderos artistas cuando emprenden el sendero de la guerra.

Desde los primeros ensayos, María revela la extensión de su fuerza dramática, afirmando una personalidad violenta, sensual, romántica, que ni de lejos manifiesta en su vida cotidiana. Eddie Bagarozy está literalmente fascinado por ella, lo que molesta bastante a Louise Caselotti, pero parece ser —al menos, María lo ratificará más adelante— que no hay nada entre el abogado-empresario y la aprendiz-de-diva excepto una gran amistad, nacida de un amor común por el *bel canto*; por aquella época, María reservaba para los escenarios los desahogos y los ardores de su naturaleza.

En un ambiente de total alborozo, los ensayos se repiten durante semanas con, por un único espectador, *Balby*, el perrito de Louise. Eddie Bagarozy ha fijado la primera representación para el 6 de enero de 1947, pero el sindicato del espectáculo se alarma y reclama el pago de una suma provisional que garantice la retribución de los miembros del coro. Pese a sus esfuerzos, Eddie no ha conseguido encontrar un socio, que es lo que más le urge a él, y debe posponer la representación de *Turandot* para el 27 de enero. Desafortunadamente, llega la fecha pero no el dinero, con gran desesperación por parte de Eddie. Para sanear una parte de las deudas contraídas, vende su coche, una casa que posee en Long Island y hasta las joyas de Louise. Los cantantes contratados, la mayoría procedentes de Italia, tienen serias dificultades para pagarse el viaje de regreso, y hasta la propia Louise Caselotti tiene un ataque de nervios cuando comprueba que sus esperanzas de volver a los escenarios se han evaporado. En medio de esta tormenta, sólo dos únicos rescatados salen a flote: Eddie Bagarozy, cuyo sempiterno optimismo mantiene su espíritu aventurero, y María Callas, que, contra viento y marea, conserva su confianza en su futuro.

Al día siguiente de su común fracaso, María restablece con los Bagarozy sus relaciones de calurosa amistad que tanto aprecia. Cada día, pasa largas horas trabajando con Louise, mientras Eddie busca una idea para relanzar su «gallina de los huevos de oro».

La salvación llega del exterior. En el mes de febrero, el joven Rossi-Lemeni, que no guarda rencor a los Bagarozy por la desventura a la que le han arrastrado, les anuncia, y también a María, la presencia en Nueva York de Giovanni Zenatello. Tras una hermosa carrera como tenor internacional, Zenatello, de setenta años, es hoy el director del festival anual de Verona. Ha llegado a Nueva York con el propósito de contratar a una soprano para el papel principal de *La Gioconda*, de Ponchielli, que piensa poner en escena, meses más tarde, en la ciudad de Romeo y Julieta. Tiene ya a dos artistas en perspectiva, entre las que duda: Zinka Milanov y Herta Welle. Rossi-Lemeni, decididamente muy servicial, le convence para que aplace su decisión hasta no haber escuchado primero a una muchacha de gran talento: María Callas. El hombre consiente, y días más tarde se decide a recibirla. María llega a casa de Zenatello con Louise, que la acompañará al piano. La futura *prima donna* está nerviosísima, pero, al mismo tiempo, animada por una esforzada determinación, e inicia la audición cantando a pleno pulmón. Después de unos compases, Zenatello la interrumpe, abre la partitura y canta con ella el dúo de *Gioconda* y de *Enzo*, con una fuerza de voz inesperada en un hombre de su edad.

Apenas han acabado de cantar que, con ardor italiano, Zenatello coge a María en brazos y le declara en tono emocionado:

—Hija mía, usted es una revelación como nunca había oído a lo largo de mi carrera.

Tras una declaración tan perentoria, no es de extrañar que la contratase de inmediato para *La Gioconda*. Y así fue, tal como había profetizado Elvira de Hidalgo: en tierras italianas, María Callas iniciaría la conquista de la celebridad.

Durante los meses que preceden a su regreso a Europa, María está enfebrecida. Trabaja con ahínco, pues sabe que va a jugar una partida decisiva. Al mismo tiempo, aunque continúa pasando sus días en casa de los Bagarozy, se evade imperceptiblemente del estado de dependencia en el que ella misma se ha metido. ¿Presiente que el afecto que le demuestran sus amigos no es tan desinteresado como pretenden? ¿O bien, como a menudo le sucedía, tras los primeros momentos de entusiasmo, empieza a cansarse, a desear otras cosas? ¿A otras personas? Con respecto a Evangelia, adopta la misma actitud; de nuevo, el foso se abre entre madre e hija, aunque, en apariencia, continúe comportándose como una hija modelo. Pero sus pensamientos están en otra parte, en las perspectivas que se abren ante ella, y ya no tiene sitio para Evangelia. Sin embargo, ésta se agita alrededor de su hija con más frenesí que nunca, pues está convencida de que ese viaje a Europa es el inicio de la marcha hacia la gloria, y, aunque ella se quedará en Estados Unidos, espera un día poder recoger su parte. Cuida de los mínimos detalles, especialmente del guardarropa de María. En aquella época, María no se preocupaba mucho por su elegancia; Evangelia se esfuerza por componerle lo que ella llama un ajuar. Pero una vez más, el dinero falta, y una vez más, también es al doctor Lantzounis al que acuden, que se deja convencer, sin que la suma prestada permita hacer grandes locuras. María partirá con un vestido y un traje sastre, estilo colegiala... lo que no anuncia, en absoluto, a la clienta asidua de los grandes modistos que sería años más tarde.

Quedaba entendido que María viajaría con Nicola Rossi-Lemeni, y que Louise Caselotti les acompañaría. También la esposa de Eddie espera obtener algún contrato en su país natal pero, sobre todo, los Bagarozy han juzgado más prudente tener a María bajo vigilancia. Días antes de la marcha, Eddie le ha hecho firmar un contrato nuevo, mucho más completo que el precedente, y que confirma su derecho al diez por ciento de todas las retribuciones percibidas por la cantante, durante un período de diez años. A Eddie le ha costado conseguir la firma de su protegida; María encontraba continuamente pretextos para retrasarlo. Ya asomaba en ella esa desconfianza de la que la Callas dará pruebas en toda circunstancia, desconfianza a menudo justificada, a fin de cuentas, pero que contribuiría también a turbar la paz de su corazón.

Por fin, un día de finales del mes de junio de 1947, en un muelle del puerto de Nueva York, María dice adiós a su madre y a Eddie, un adiós bastante distante y el *Russia* zarpa con destino a Nápoles, llevando a bordo a una joven artista que no tiene por fortuna más que su incomparable voz y por esperanza una fe inquebrantable en su éxito. Cuando un día regrese a Nueva York, lo hará con honores de reina.

5

ENTRADA EN ESCENA DEL SEÑOR MENEGHINI

Bien modesto es el hotel Academia en el que María y Louise se alojan a su llegada a Verona. Ya el viaje, desde Nápoles y en segunda clase, en un tren repleto y sofocante, no evoca, sino de lejos, el periplo de una estrella, y María, de pie, en el pasillo, ha creído asfixiarse en más de una ocasión, pero lo ha soportado con indiferencia, de tan ensimismada que se halla por la prueba que le espera. Es consciente de que su carrera va a decidirse en esa Italia, cuna de todas las artes, y en particular del arte lírico; de la impresión que produzca en la Arena de Verona depende, en buena parte, el seguimiento de su gran aventura. Presa de una timidez que raya en la angustia, María acompaña a Louise al restaurante Pedavena, para cenar. Esa cena servirá para tomar contacto con los diferentes miembros de la compañía, y en especial con Tullio Serafin, el director de orquesta que dirigirá las representaciones de *La Gioconda*. Serafin ronda los setenta años y se halla en la cumbre de su notoriedad. En todos los escenarios líricos del mundo ha dirigido con éxito a los más prestigiosos intérpretes, en particular a la americana Rosa Ponselle, a la que, a veces, compararán a María. No es pues de extrañar que María se ponga a temblar como una hoja cuando el viejo maestro, sonriendo, le anuncia que espera mucho de su joven talento. Y Gaetano Pomari consigue azararla aún más cuando declara a Serafin que, según Zenatello, la recién llegada va a conmocionar a las masas. Curioso personaje ese Pomari, a la vez organizador de espectáculos y... restaurador. Como Zenatello está por norma ausente, sobre él recae la dirección del Festival de Verona.

También es propietario del restaurante Pedavena, en el que ha convidado a los artistas que acaba de contratar. En los bajos del restaurante, en una pequeña habitación ambientada por los olores de la cocina, Pomari tiene instalado su despacho desde el que monta los espectáculos.

Durante toda la cena, impresionada por esos italianos exuberantes que desconoce, María observa un mutismo *quasi* completo. Sin embargo, conoce a la perfección la lengua italiana, estudiada merced a los papeles trabajados, y perfeccionada durante la ocupación de su país... gracias a los soldados de Mussolini. Pero su silencio, para quien sabe de su carácter, no tiene nada de sorprendente: siente, lo sentirá siempre, un temor instintivo hacia los desconocidos. Con los años, esta extraña reacción aumentará y, a medida que pase el tiempo, le convencerá de que todo aquel que se le acerca tiene intenciones malévolas. ¡Y a veces, tenía razón!

Está pues muy quieta y tranquila en su rincón cuando, de repente, la hora está muy avanzada, oye cómo Gaetano Pomari exclama:

—¡Vaya, mirad quien acaba de entrar!

Y comenzó a gritar al recién llegado:

—¡Battista! ¡Ven a cenar! ¡Ven con nosotros!

Al que así dirigen la invitación es un hombrecillo rechoncho, de unos cincuenta años, cuyo aspecto físico no llama en absoluto la atención. Tras hacerse rogar, el pequeño quincuagenario se sienta a la mesa, justo enfrente de María. Y fue así como, bajo unos auspicios más culinarios que artísticos, Giovanni Battista Meneghini entra en la vida de María Callas.

Hay que preguntarse qué es lo que empujó a esta muchacha de veinticuatro años a caer en brazos de ese hombrecillo barrigudo, treinta años mayor que ella; cuando se les veía juntos, parecían una de esas parejas salidas de las manos del humorista Dubout. Tal vez María se sintió atraída precisamente por la carencia de seducción de Meneghini, una carencia que la tranquilizaba y le hacía olvidar sus propias dudas. Con su aspecto de buen burgués acaudalado, sus ademanes suaves y su voz acariciadora, Meneghini posee las cualidades idóneas para calmar las angustias ocultas de un corazón agitado. Guiado por una intuición que le hace adivinar las necesidades secretas de María, usa de las palabras adecuadas y adopta una actitud de adoración y de admiración que sorprende y embelesa a la muchacha. Todas esas deferencias y atenciones de las que es objeto ¡cuán novedosas resultan para ella que ha vivido hasta entonces en la ignorancia y en el temor hacia los hombres! Y qué bien sabe actuar nuestro querido Meneghini: pues, aunque viva en la ciudad inmortalizada por los héroes de Shakespeare, no deja de ser un Romeo provinciano, aunque eso sí, nada neófito con las mujeres. Rico industrial —ha heredado de su padre una pequeña fábrica de ladrillos que ha convertido en una gran empresa—, se interesa desde hace mucho tiempo por la ópera... a través de sus cantantes y de sus bailarinas, lo que no deja de ser una manera como otra cualquiera de «acceder» al arte lírico. Y por añadidura, niño de mamá, y de una mamá abusiva. Es el mayor de once hermanos y ha rechazado desde siempre la idea del matrimonio, por lo que se lo pensará mucho antes de casarse con María. De momento, se va a instituir en el acompañante asiduo de la joven, y a decretar que tiene talento, antes incluso de haberla oído. Sin embargo, si damos crédito a sus *Memorias*, que redactaría años después de la desaparición de su ex mujer, parece ser que, María, en aquel momento, no le impresionó tanto:

«Sentada en su rinconcito, parecía tímida, aunque fuera maciza y opulenta, pero de pie, daba pena verla. De la cintura a los pies era deforme. Sus tobillos estaban hinchados, tan recios como las pantorrillas. Caminaba torpemente, con dificultad. Me quedé desconcertado y las sonrisas irónicas, las miradas despreciativas que sorprendí en algunos de los invitados eran significativas. También ella se había dado cuenta, por eso se mantenía aparte, con los ojos bajos, silenciosa.»

Con el paso del tiempo, Meneghini tiende a exagerar, aunque sólo sea para magnificar su propio papel, pues, si bien siente una gran inclinación por las jóvenes entradas en carnes, la apariencia física de María no despierta sus sentidos, como tampoco la de él despierta los de María. Entre ellos, el fuego carnal permanecerá siempre en estado de llamita latente; María no descubrirá las exigencias de su cuerpo más que con Aristóteles Onassis. Pero en Verona, en aquel verano de 1947, no es esa clase de amor a la que aspira, y lo que le ofrece Meneghini corresponde exactamente a lo que ella espera. Si bien, en pocos días, sus relaciones van a pasar del terreno de la simpatía y de la confianza al de la ternura.

Parece ser, según cuenta Meneghini en sus *Memorias*, que de inmediato abrió para María los cordones de su bolsa, comprometiéndose a procurarle un sustento de manera totalmente desinteresada. Actitud caballeresca, aunque, según estas declaraciones del «señor Callas», hay que resaltar la autocomplacencia y el ardor italiano que usó para relatar sus propios gestos y hechos. Meneghini, al redactar sus recuerdos, intenta defender su imagen de cara a la posteridad, una imagen que necesitaba por haber sido seriamente menoscabada por numerosos testimonios. Por otra parte, conociendo el carácter de María, y sobre todo su orgullo, es difícil de admitir que ella hubiera aceptado espontáneamente la ayuda material de un hombre que apenas conocía.

Por supuesto, no hay que negar la importancia del papel que Meneghini desempeñó en la carrera de María. Aunque ese papel haya sido a veces nefasto para la reputación de la diva o le haya impulsado a cometer ciertas tonterías, es incontestable que María necesitó a Meneghini tanto como necesitó a Evangelia, a Elvira de Hidalgo y a los Bagarozy, en razón de esa curiosa obsesión que le incitaba a buscar sin cesar el apoyo de un hombre amigo. Ahí, repitámoslo, radicaba el drama de su existencia: esta mujer orgullosa, independiente, salvaje, esta artista admirable, en plena posesión de su arte, esta estrella llevada a la gloria por el público de dos hemisferios, era incapaz de seguir por sí sola el hilo de su destino; al igual que esos niños que tienen miedo de la oscuridad, ella tenía también necesidad de auxilio. Esto basta para explicar la victoria de Meneghini, y también los diez años que prosiguieron, aunque, contrariamente a lo afirmado por él, no fueron años de luna de miel, pues parece ser que el hombre tuvo que tragar bastante quina, si bien —es un hecho— su esposa jamás pensó en abandonarle hasta que encontró a Onassis; más bien le manifestó siempre un afecto notorio, algo teatral, sin duda destinado a impresionar a la galería. Tras la muerte de la diva, Meneghini no se reprimiría en exhibir las cartas de amor que María había escrito a su «Titta», así como otros tantos certificados de buenos y leales servicios; ni dudaría en relatar escenas de su vida conyugal, de hablar con ternura de los platos que María le preparaba ni de insistir sobre los regalos suntuosos con los que la inundaba, pero se olvidó sin embargo de precisar que ese maná procedía tanto de las ganancias de María como de sus propios denarios.

Pero durante aquel verano de 1947, ella es la principiante y él el hombre afortunado, de lo que se aprovecha para deslumbrar a la aún inocente María. Los paseos en coche a orillas del lago Garda, las visitas a Venecia y sus tesoros, las veladas en góndola, no hacen sino arrancar a María gritos de admiración y reforzar cada día más la influencia y la importancia de Titta. Hay una consideración que también juega a su favor: en Atenas, mientras su silueta se afinaba por culpa de las restricciones de la guerra, María había sorprendido más de una vez en la mirada de los hombres un cierto interés, pero sigue padeciendo, desde su infancia, ese gran complejo de inferioridad debido a su físico; por lo que si un hombre como él le hace unas declaraciones apasionadas con ese énfasis que permite la lengua italiana, no deja de sentirse atraída y sorprendida, y si su enamorado es mucho más mayor que ella, eso la tranquiliza: así corre menos riesgos de que se burlen de ella. Pues si ella está gorda, él es viejo: de alguna manera, están en paz.

Mientras tanto, los ensayos de *La Gioconda* prosiguen febrilmente; María presiente que va a jugar una partida capital y las palabras de aliento, tanto de Meneghini como de Tullio Serafin, son un bálsamo para combatir su angustia. El anciano director de orquesta también está hechizado; entre él y la Callas será el inicio de una complicidad que durará hasta la muerte del músico, en 1968; complicidad no exenta de altibajos. Años más tarde, durante un cierto tiempo, la Callas reñiría con Serafin: pero el enfado no duraría mucho, existían demasiados lazos entre estos dos auténticos artistas como para que prescindieran el uno del otro.

Serafin, totalmente seducido, no duda en proclamarlo:

«En cuanto la oí, comprendí que ella poseía una voz excepcional. Algunas notas eran inciertas, pero supe de inmediato que me hallaba en presencia de una futura gran cantante.»

Por supuesto, cuando escribe estas líneas, el éxito ha consagrado ya a la Callas, y Serafin acude al encuentro de la victoria, pero, al principio, cuando aún era una desconocida, parece ser que el músico no malgastó con ella ni cumplidos ni halagos.

En cuanto a esto, Meneghini nos da otra versión de los hechos pues afirmó que Serafin había sido difícil de convencer cuando oyó a la muchacha por primera vez: nuestro querido Meneghini no dejaba escapar nunca la oportunidad de subrayar que él había sido el único Pigmalión de esa Galatea lírica.

A medida que los ensayos prosiguen, María se integra en su personaje con más entusiasmo y pasión que nunca. Pero he aquí que llega la catástrofe. La víspera del ensayo general, el 3 de agosto, María, que su miopía envuelve en un velo de sombras en cuanto se quita las gafas, no ve un escalón al salir de escena y cae, haciéndose mucho daño. Durante toda la noche, Meneghini le prodiga unos cuidados muy solícitos. María se siente turbada por tantas atenciones, hasta tal punto que, con ese énfasis oriental que siempre coloreó sus declaraciones, confesará poco después:

«No fue sino un pequeño episodio, pero muy revelador del carácter de mi marido. Por él, yo daría mi vida sin dudar, y con alegría. A partir de aquel momento, comprendí que jamás encontraría a un hombre más generoso. Si Battista quisiera, yo abandonaría mi carrera sin arrepentimiento, pues en la vida de una mujer el amor es más importante que todos los triunfos artísticos.»

Tal vez era sincera cuando escribió estas líneas, pero ya sabemos lo que suele suceder con los juramentos apasionados. Para María Callas, la eternidad no tenía continuación... Tal vez, porque la noche siguiente a la caída, canta con una pierna vendada y un miedo atroz, pero si su prestación es estimable no pronostica de momento las proezas de las que pronto sería capaz. Su voz estalla triunfante y dominadora, pero las estridencias, que su técnica no ha conseguido aún hacer desaparecer, comprometen de vez en cuando su expresión. En conjunto, las críticas son elogiosas, pero muy lejos de anunciar el torrente de alabanzas que caería sobre ella en un futuro próximo. Por otra parte, pese a las cinco representaciones dadas en la Arena de Verona, las propuestas no llegan, y el nuevo pilar, en el que se apoya ahora María, se convierte en un soporte valiosísimo: Meneghini no economiza los superlativos y le declara, a lo largo del día, que ella es la cantante lírica más grande de todos los tiempos. Y se lo demuestra consagrándole lo mejor de sí mismo, comenzando por su tiempo. Esto es lo que María buscaba, lo que siempre necesitará: para tranquilizarla, reconfortarla, colmar sus deseos, veinticuatro horas sobre veinticuatro no son suficientes.

Esta movilización total de Battista al servicio de su diva no es bien vista —no lo dudamos— por la familia del industrial. Empezando por *la mamma*, que acepta todas las aventuras de su hijo a condición de que sean continuas y sin exclusividad; también los hermanos y hermanas piensan lo mismo y el clima que impera es de tensión. En cuanto a los compañeros de juerga de Meneghini están desagradablemente impresionados por el físico «desbordante» de la amiguita. Titta nos cuenta que uno de ellos, para calificar a María, llegó incluso a decir: «¡Pero si parece una patata!». Juicio poco adulador si la declaración es correcta, a no ser que, aquí también, enmascarado por la ternura protectora, Meneghini hubiera cedido a la tentación de saldar cuentas con una mujer que le había abandonado por otro.

Pese al clima familiar, Meneghini sigue en sus trece. En él, el amor y el orgullo se mezclan para hacer de María esa diosa que, en un futuro muy próximo, quiere dar a conocer a los ojos del mundo entero, pero que, de momento, sólo los suyos pueden contemplarla.

Los escasos veinticinco mil espectadores que han asistido a cada una de las representaciones de *La Gioconda*, la han acogido bien, pero sin más. En cuanto a los especialistas, si bien seducidos por la personalidad de la muchacha, expresan sus dudas. El cantante Mirto Picchi señala que «aquella noche era imposible adivinar lo que sería de la carrera de la Callas. El público no estaba preparado para recibir ciertos sonidos, a veces velados, a veces estridentes, típicos de la voz de esta artista de elección». Mismo juicio mitigado por el doctor Milani, una autoridad del *bel canto* en aquella época: «Voz sólida, pero a veces estridente, con golpes guturales». Harold Rosenthal, célebre musicólogo inglés, fundador de la revista *Opera*, que se muestra de inmediato ferviente admirador de la cantante, habla también de «timbre metálico, que revela no obstante una musicalidad poco habitual».

Presa de una duda permanente, jamás satisfecha de lo que hace, esas críticas hubieran resultado trágicas para ella de no haber tenido a Meneghini a su lado, que se apresura a borrar esas impresiones enojosas. El pequeño quincuagenario lucha como un demonio, acosa a todos los empresarios, llama a todas las puertas de los directores de los teatros líricos; parece como si hubiera olvidado por completo su fábrica y sus ladrillos para consagrarse al culto exigente de la nueva diosa.

«He conocido a un hombre que está locamente enamorado de mí. Quiere casarse conmigo. No sé qué contestarle. Tiene cincuenta y tres años, es muy rico y me adora. ¿Qué opinas?», escribe María a su madre, movida más por el deseo de hacerle saber que es capaz de conquistar a un hombre, que por el de pedirle consejo.

Ahora ya acepta sin reticencia la ayuda material de su Titta. ¿Por qué no admitirla puesto que las cinco representaciones de

La Gioconda no le han reportado más que unos miles de liras? Meneghini invierte, sin hacerse rogar, en el porvenir de la futura estrella y, para comenzar, la provee de un guardarropa de *prima donna*.

Espera ser recompensado por sus esfuerzos: María pasa una audición con Mario Labroca, director artístico de la Scala de Milán, para un papel en *Un ballo in maschera*. Pero el papel se le escabulle de las manos. ¡No importa! Infatigable, Meneghini propone su cantante a la directora del teatro de Pavía, la *signora* Fraschini, pero se marcha dando un portazo cuando le ofrece 15.000 liras por representación.

A todas estas contrariedades se añaden las tiranteces de las que Meneghini es objeto, cada vez más, por parte de su familia. Situación tan nueva como enojosa para el pobre hombre que ya no sabe qué camino tomar. De repente, a María le entra pánico. En pocos meses, Battista ha llenado de tal manera su vida que está aterrada ante la idea de verse abandonada y de quedarse otra vez sola, en un país que, hasta ahora, no le ha sido nada propicio. Por lo que comienza a bombardear a Battista con cartas apasionadas, el cual tendrá mucho gusto en publicarlas tras la muerte de la Callas, como si esas cartas constituyeran un desquite póstumo de cara a Onassis:

«La otra noche y todo el día de ayer fue un suplicio para mí. Había decidido marcharme, pues creía que te habías cansado de mí. Hasta hice la maleta, pero luego me arrepentí. Dejarte sería infligirme un castigo demasiado duro. Te necesito, a ti y a tu amor...»

Como aún no viven juntos, María no tiene sino una sola idea en la cabeza: que Meneghini se quede a pasar la noche con ella. A menudo lo consigue, y manifiesta su alegría sin falso pudor:

«¡Me hubiera sentido tan desgraciada la noche pasada si te hubieras marchado! Necesitaba refugiarme en tus brazos, sentirte junto a mí. Eres todo mío y te lo agradezco. Sólo deseo tu amor y tu ternura. Battista mío, todo mi ser te pertenece, hasta el más pequeño de mis sentimientos, el más recóndito de mis pensamientos. Sólo vivo para ti...»

La imagen de esta alta y robusta muchacha refugiándose en los brazos del pequeño quincuagenario puede hacer sonreír, —además, qué mal se corresponden, no es cierto, esos reproches de amor con la opinión que tenemos de la futura estrella internacional, de la mujer orgullosa, violenta, independiente...—. Pero ésa era la cara oculta de su personalidad compleja: a lo largo de su vida, la florecilla tímida y la florecilla salvaje, es decir, María y la Callas, vivirán inseparables, lo que no dejará de ser una complicación para ella y para los que estén a su lado.

Se agarra pues a Battista, como el náufrago a un clavo ardiendo, durante esos días en los que parece como si el destino no quisiera pronunciarse, como si los sueños de gloria, forjados a su alrededor, para ella, no quisieran concretarse. Y de nuevo, la suerte se presenta en el momento menos esperado. Un acontecimiento imprevisto va a proporcionar a María la oportunidad de convertirse en la Callas: Nino Cattozo, el representante de la Fenice de Venecia, le ofrece el papel de Isolde en *Tristan und Isolde*, la ópera de Wagner. ¿Quién fue el promotor de todo esto? Meneghini afirma que fue él, Serafin hace otro tanto, mientras María declara que la iniciativa la tomó ella por haber telefoneado a Cattozo. Lo que es cierto es que el primer contacto se debe a Meneghini: éste, cuando salió del despacho de la *signora* Fraschini, preso de una furia italiana, cerró la puerta con tanta indignación que no se percató de que Cattozo se hallaba detrás. ¡Y el desgraciado veneciano recibió la puerta en plena cara! Meneghini, según su costumbre, exagera cuando dice que el golpe rompió la nariz a Cattozo; pero aunque esto no sea exacto, la imagen no deja de ser curiosa en todos los sentidos...

En todo caso, el incidente debió de recordar a Cattozo a la joven cantante que se había presentado poco antes en la Arena de Verona, puesto que comunica a Serafin que va a contratarla. Por cierto, ¿conoce ella el papel?, pregunta Serafin. María no duda en mentir, respondiendo que sí. Llámese a este gesto osadía, «cara dura», o inconsciencia, esta mentira no deja de ser significativa: María, que jamás está satisfecha consigo misma, que el miedo atenaza cuando tiene que salir a escena, que en su vida manifiesta una timidez y una incertidumbre extremas, María está tan poseída por su arte, tan segura de no haber venido al mundo sino para cantar, que no duda en provocar un desafío: aprenderse en dos días un papel agotador, a cantar unos fragmentos ante Serafin y a entusiasmar hasta tal punto al anciano maestro, que éste telefonea de inmediato a Cattozo para darle la orden de que contrate a la joven. Cattozo obedece y María firma un contrato de 50.000 liras por representación; el estreno tendrá lugar el 30 de diciembre en la Fenice de Venecia. El camino hacia el éxito está trazado.

Al mismo tiempo, se va a desencadenar una ronda infernal, una carrera desenfrenada, en la que María irá de un papel a otro, de un personaje a otro, en una sucesión de desafíos librados a un público que exigirá que la cantante se lance a la batalla y demuestre sus increíbles medios vocales: de esta manera, María pasa del registro dramático al registro ligero con un virtuosismo y una seguridad tales que desarman los comentarios e inflaman floridos ditirambos. ¿Qué es lo que hace correr así a la Callas? ¿El ansia de la fama? ¿La sed del dinero? ¿A qué motivos profundos obedece para lanzarse a esa búsqueda incesante de las heroínas más famosas del repertorio lírico? ¿Ofrecerse a sí misma a Verdi, a Wagner, a Puccini, a Bizet, a Rossini, a Bellini, a Donizetti para otorgar a cada uno de estos compositores la huella de su propio genio?

Para responder a estas preguntas, muchos biógrafos de la Callas han hablado, y con razón, de «bulimia» —y es verdad que hubo, en esa manera de devorar los papeles, como una especie de corolario al ansia por la comida, manifestada ya en su infancia—. Pero hay también otra razón, más profunda y más secreta: el canto constituye la base de la existencia de María Callas. Un poco más arriba he hablado de «misión», el término no me parece muy exagerado pese a su apariencia prodigiosa. De no haber estado animada por ese fuego ardiente, jamás la Callas hubiera llevado a cabo las proezas que realizó ni jamás hubiera ofrecido, en tan numerosas ocasiones, esa imagen de éxtasis como cuando estaba en escena. La guiaba una fuerza irresistible, una fuerza que ni ella misma era capaz de controlar y que la sublimaba. Cuando esa fuerza la abandonó, o mejor dicho, cuando ella quiso substraerse a las exigencias de su destino para intentar convertirse en una mujer como las demás, cuando quiso abandonar la desenfrenada carrera, agotó a un mismo tiempo todas las razones de su vivir...

No hay pues por qué medirla con el mismo rasero que a los otros artistas; sus imperfecciones y los defectos que jamás lograría hacer desaparecer, consiguió, no obstante, hacerlos olvidar porque ella se situaba en un plano diferente y porque el espectáculo de su arte borraba cualquier otra consideración. Incluso, si durante su existencia, la mujer no llegó a estar nunca a la altura de la artista, o si los sentimientos de los que alardeó en su vida privada tampoco fueron los demostrados en escena, no hay por qué condenarla. ¿Cómo hubiera podido llegar a ser tan turbadora en su vida real como lo fue en *Tosca* o en *Norma*? Lo que nosotros le exigimos, la Callas nos lo dio; generosamente. Así pues, debemos considerarla a través de las heroínas que encarnó, porque fue a través de ellas que expresó su verdad profunda. Qué importan pues ciertas mezquinerías, ciertas cóleras, ciertos caprichos... La verdadera Callas vivió en los escenarios, no fuera de ellos...

Este estado de ánimo puede justificar la furia con la que María Callas emprende, a partir de finales de 1947, una carrera, a la vez de fondo y de velocidad, que duraría cerca de veinte años. Ella lo explicó una vez, al recordar sus comienzos:

«Yo estaba orgullosa, llena de fuerza y ya de experiencia. Tenía que conquistar a un público muy mimado. Por otra parte, no me gusta que me regalen nada. Yo lucho por el arte, no por mí. De haber querido aprovecharme de mí misma, hubiera sido más fácil. Pero no me gustan los efectos fulminantes, ni los éxitos personales, me atengo a las reglas del arte. Por eso encontré tantas dificultades... Comprendí que estaba hecha más para dar que para recibir. Me gusta también recibir, pero por desgracia doy demasiado, y a los demás parece ser que no les gusta dar...»

Sin embargo, en los albores de 1948, el público veneciano no escatima su entusiasmo a la recién llegada, y como tributo a ese éxito fulgurante, durante todo ese mismo año, tendrá que representar siete veces más *Tristan und Isolde*, dieciséis veces *Turandot*, siete veces *Aida*, cuatro veces *La forza del destino*, dos veces *Norma*; y prodigarse en los escenarios de Venecia, Udine, Roma, Verona, Génova, Florencia, Trieste, Turín, Rovigo... ¡Qué cabalgada más desenfrenada! Casi nos falta el aliento a nosotros, en cambio ella no lo pierde... A cada personaje le confiere una fuerza dramática y un poder emocional que, por lógica, sólo se obtienen tras el fruto de una larga experiencia, en cambio ella los interpreta por primera vez. Así, a lo largo de su itinerario y en cada uno de los teatros por los que pasa, va sembrando unos triunfos que el temperamento italiano hace todavía más calurosos. Única nota discordante en este concierto de alabanzas: las manifestaciones de Louise Caselotti, que juzga que «el agudo, menos fácil que cuando estudiaba, comienza a oscilar y que el registro medio, igualmente debilitado, la arrastra por un mal camino».

Esta opinión debe ser considerada con reservas, pues Louise había caído en desgracia: María escuchaba ya sus consejos de manera distraída, y Meneghini, que no desea compartir sus funciones de mentor con ella, ha propuesto a María un nuevo profesor, el italiano Lusinati. Louise acumula además otras decepciones: no ha encontrado en Italia los contratos que esperaba. Cuando, estimulada por Meneghini, María le sugiere que regrese a América, junto a su marido, Louise consiente, no sin haber previamente percibido el porcentaje al que por derecho le otorgaba el contrato que María había firmado, recordémoslo, con Eddie Bagarozy, antes de marcharse de Nueva York.

La intervención más consecuente para su carrera, en ese año

1948, María la debe, sin duda alguna, a Francesco Siciliani. Éste acaba de dejar la dirección del teatro San Carlo, de Nápoles, para tomar la del Maggio Musicale, de Florencia. Cuando Serafin le presenta a su protegida, María, como siempre le sucedía, incluso en pleno éxito, atraviesa un período de incertidumbre. Con aprensión, canta un fragmento de *I Puritani*, de Bellini. Siciliani queda tan subyugado que cambia de inmediato la programación de la temporada teatral; había previsto dar *Madama Butterfly* al público florentino, pero decide reemplazar la obra de Puccini por *Norma*. Así pues, el 30 de noviembre, bajo la dirección de Serafin, la Callas canta la primera de las noventa *Norma* que ella interpretará a lo largo de su carrera, obra que le ofrecerá, sin duda álguna, el más magistral de los papeles y con el que mejor podrá lucir todos los recursos de su excepcional personalidad.

Siguiendo a María en su loca carrera hacia el éxito, advertimos una serie de cuestiones evidentes: ese derroche de proezas, esos papeles de tonalidades tan diferentes, esos nuevos personajes que hay que descubrir y a los que hay que entregar no sólo el cuerpo sino también el alma y el corazón, ¿no exigen ya de la joven una suma de esfuerzos perjudiciales? A partir de los años sesenta —ella no ha cumplido aún los cuarenta—, cuando se percata de que no dispone ya de la plenitud de sus facultades, ¿no está pagando ya la factura de su loca prodigalidad? ¿No había algo de demencial en aceptar todas esas proposiciones? ¿Por qué cantar a Wagner lo mismo que a Bellini, Puccini o Verdi? Las dolencias, cada vez más frecuentes, y las representaciones que deberá anular ¿no son la consecuencia de esa sucesión de proezas a las que se había condenado? Hacer las preguntas es responderlas. Hay imprudencias, locuras, que hasta un hada no puede permitirse.

En esta orientación de la carrera de la Callas, Battista Meneghini tuvo incontestablemente su gran parte de responsabilidad. A partir del momento en que se consagra por entero a su esposa, abandonando sus negocios por ella, acepta la gran cantidad de ofertas porque todas ellas vienen avaladas con unas ganancias sustanciales.

—¡Para tener a la Callas, hay que pagar! —decía él.

Y fue así como la cantante se prodigó por los cuatro puntos cardinales. No obstante, debemos atenuar en algo la responsabilidad del marido. La misma María estaba devorada por una incesante necesidad de actividad. Cuando, fatigada, ella experimentaba el deseo de volver a casa, al cabo de pocos días ya no aguantaba más y ansiaba el próximo papel que debía interpretar. Ese sentido del aburrimiento, ¿no provenía del hecho que, pese a sus ansias de amor, no sentía en absoluto hacia Battista ese frenesí, ese deseo impaciente, esa emoción que son las señales de la pasión? Es verdad que ella necesitaba de la presencia de Battista, que él era el brazo en el que ella se apoyaba, que él la tranquilizaba, la sostenía, la fortificaba, pero eso era todo...

Al principio, no sabe distinguir entre el verdadero amor y lo que se le parece. Sin duda, cree que Meneghini representa ese sentimiento ignorado hasta ahora por ella, y que no existe nada más, nada más fuerte. Necesitará, doce años más tarde, encontrarse con Onassis para que descubriera al ser carnal que se escondía en ella. Por el momento, Battista, si bien no se parece en nada a un príncipe azul, quizás *porque él* ni de lejos tiene el aspecto, basta para colmar sus aspiraciones sentimentales. Por otra parte, durante ese mes de noviembre, las nuevas pruebas a las que se somete —va a cantar *Norma*— ocupan todo su ánimo. Testigo, esa carta que ella dirige el 11 de noviembre a Battista:

«Malas noticias; en *Norma* debo llevar una peluca. ¡Me quieren rubia, pelirroja, qué horror! Llevaré una especie de sostén y el talle desnudo. El vestido será muy transparente... Pobre de mí, pobre de ti, ya que lo pasarás mal...»

En la víspera de la representación de lo que va a constituir el papel primordial de su carrera, María funde, literalmente, su personalidad en la de *Norma*; analiza sus reacciones más íntimas, diseca sus impulsos más secretos; se diría que presiente que ese personaje se le va a meter dentro de la piel hasta el fin de su existencia:

—Puede que en Norma haya algo de mi carácter —dirá más adelante María—. Es una mujer demasiado orgullosa para mostrar sus verdaderos sentimientos; hay que esperar al final de la obra para que se muestre tal como es. En una situación en la que es fundamentalmente responsable, no puede ser ni mala ni injusta. Cuando canto *Norma* parece como si fuera siempre la primera vez.

Podemos comprender su angustia en la víspera de lanzarse a esa gran aventura. Antes que ella, las cantantes más prestigiosas han cantado la obra maestra de Bellini, desde su creación en 1831, primero fue Guiditta Pasta, su creadora, luego Giulia Grisi, Adelina Patti, y Rosa Ponselle, es decir, María no tiene derecho al menor fallo.

Pero triunfará, y demostrará al mismo tiempo la inmensidad de sus recursos vocales. El 30 de noviembre de 1948, dirigida por Tullio Serafin, aparece una estrella en el firmamento lírico. Los críticos no se equivocan y cubren de elogios a María, que confirmará su éxito el 5 de diciembre siguiente, durante una segunda representación de *Norma*. El artículo que le consagra entonces un periodista de *La Nazione* analiza con pertinencia la impresión que le ha producido:

«María Callas nos era desconocida. Pero desde su salida a escena, hemos comprendido que teníamos ante nosotros a una soprano de gran calidad. Una voz potente, segura, sonora en el *forte*, muy dulce en los matices; una técnica sólida y perfectamente dominada, con un color de voz bien particular. La Callas ha creado un personaje lleno de feminidad sutil y emocionante al presentarnos, en *Norma*, además de a la sacerdotisa implacable, a la mujer enamorada y decepcionada, a la madre, a la amiga.»

Así acaba este año 1948 que marca la revelación de María Callas; en el camino hacia su apogeo, no cesará, durante los próximos quince años, de acumular los éxitos y de multiplicar sus hazañas. La mujer se eclipsa cada vez más detrás de la artista...

6

CUANDO DOS MONSTRUOS SAGRADOS
SE ENCUENTRAN

Ese año de 1948, que finaliza con las triunfales representaciones de *Norma*, que ella ha literalmente resucitado, ofrece a la Callas un nuevo y apasionado admirador: Luchino Visconti, que desempeñará un papel determinante en la evolución de su interpretación escénica. Al principio, Visconti sólo es un espectador fascinado, deslumbrado, que manifiesta su entusiasmo con el ardor propio de todo artista italiano.

—Después de cada representación, me enviaba toneladas de flores. Al principio, yo pensaba: está loco —dirá más adelante la cantante.

Visconti, por su parte, es de la misma opinión y lo ratifica sin economizar ditirambos:

—En las noches que ella cantaba, yo reservaba un palco; debía de parecer un loco furioso cuando ella recogía los ramos de flores.

Cual entomólogo que estudia con ojo experto el comportamiento de un insecto, así Visconti analiza, penetra, escudriña cada movimiento, cada expresión de María:

—Sus gestos nos hacían estremecer. ¿Dónde los había aprendido? En ninguna parte; por sí misma.

Por aquella época, recordémoslo, la diva acusa en la balanza un peso que se aproxima a los 100 kilos, pero ése es un detalle insignificante para el ilustre director de cine:

—Qué hermosa estaba ella en escena; me gustaba esa gordura que la hacía imponente. Ya no se la podía confundir con nadie.

Opinión que no carece de ingenuidad, pero Visconti ve más allá de las apariencias; presiente lo que va a poder hacer con «esa materia en fusión».

Así aparecen las primicias de un flechazo que, por parte de Luchino Visconti, jamás se desviaron del terreno del arte, mientras que en María, sin quererlo, le produjeron las heridas de una pasión romántica. Hay que precisar que esos sentimientos confusos y sorprendentes conservaron siempre un carácter platónico: en Visconti, las mujeres jamás provocaban una pasión carnal.

Mientras esos dos personajes de excepción quedan a la espera del encuentro en el que forjarán su sangre y su alma en el crisol de la comunión más absoluta, Visconti contempla y admira una vez más a María, y ésta se lanza a uno de esos desafíos de lo imposible, que le proporcionará tanta embriaguez como orgullo íntimo.

Entretanto Meneghini parte hacia Verona, donde le esperan los chillidos, las discusiones y los chismorreos de su familia, la señora madre en cabeza. María se traslada a Venecia en donde, a petición de Serafin, abordará el repertorio wagneriano. Para ser Brünnhilde, la heroína de *Die Walküre*, esta hija del Mediterráneo deberá componer un personaje totalmente diferente de lo que ha sido hasta ahora, pero a María le atrae ese género de desafíos. Y además Tullio Serafin lo ha querido y, en esa época, María no discute la voluntad del maestro.

Al mismo tiempo que *Die Walküre*, Serafin ha inscrito también en el programa de la Feria *I Puritani*, de Bellini, con Margherita Carosio como Elvira, el papel principal de la obra. Durante los días que preceden al estreno de *Die Walküre*, María trabaja su personaje de Brünnhilde con esa conciencia y ese rigor que la caracterizan, cada vez que se lanza a una nueva aventura musical. Una vez más, la extensión de sus medios vocales le permitirá interpretar a un personaje que, evidentemente, no está hecho para ella. En su habitación del hotel Regina, en el que se ha instalado, se ha hecho llevar un piano ante el cual pasa largas horas al día. El invierno ha caído sobre Venecia, prestando a la ciudad de los Dux un aspecto taciturno. María apenas si sale de su habitación. La tarde del 7 de enero, para evadirse un instante de las sonoridades wagnerianas, se divierte interpretando la partitura de *I Puritani* —no olvidemos que es una excelente pianista—, y poco a poco se deja arrastrar y termina cantando a plena voz una de las arias de Elvira. Sin que ella se dé cuenta, tiene una audiciencia fascinada: la propia mujer de Serafin. Un poco más tarde, el maestro llega a su vez y, enterado por su esposa de lo que acaba de oír, pide a María que cante de nuevo la misma aria.

María accede de buena gana, sin percatarse de que acaba de caer en una trampa... Pero se trata de una de esas trampas que tanto le gustan. Una hora antes, Serafin había recibido el aviso de que Margherita Carosio no podría cantar *I Puritani*: la humedad invernal que reina sobre Venecia ha provocado una epidemia de gripe, y la célebre soprano ha caído víctima de ella. Para Serafin es una verdadera catástrofe. Durante toda la noche ha estado cavilando en el modo de paliar esa defección de última hora; luego, toma una decisión.

Son las diez de la mañana del día 8 de enero. María ha decidido quedarse en la cama. Esa misma noche es el estreno de *Die Walküre* y quiere hacer acopio de fuerzas. De repente, el teléfono suena: Serafin le pide que se levante deprisa y acuda a su habitación.

—¡Pero tengo que vestirme! —protesta María.

—¡No es preciso! —replica el músico, en tono perentorio—. ¡Ven, tal cual!

María, en bata, acude a la habitación de Serafin y vestida así se entera de que va a cantar el papel de Elvira, en *I Puritani*, una semana más tarde.

«En aquel momento —contará María más adelante—, me sentí invadida por el pánico. Debía cantar *Die Walküre* aquella misma noche, y luego otras dos veces más. Además, yo no conocía nada de *I Puritani*... Ni el libreto, ni la música... Pensé que sería una empresa imposible. Pero Serafin me aseguró que *él sabía* que yo era capaz de hacerlo... ¿Fue su confianza lo que me inspiró? ¿O fui tentada por lo que tenía de insensato aquella aventura...? De repente, me sentí atraída por ella, como el precipicio atrae al aquejado de vértigo. Y aposté...»

Esa apuesta, María la va a ganar. En una semana, se aprende la obra de Bellini, mientras interpreta la de Wagner con un brío incomparable. Un simple vistazo al programa, al que ella estaba sujeta, explica mejor que cualquier otro comentario la hazaña que consiguió realizar: el miércoles y el viernes ella canta el papel de Brünnhilde, mientras se aprende febrilmente el de Elvira; el domingo por la mañana, en el ensayo general de *I Puritani*, interpreta el papel de Elvira, y esa misma noche vuelve a ser Brünnhilde en la última representación de *Die Walküre*. Dos días después, el martes 19, ella canta el papel de Elvira, por primera vez, ante un público entusiasta y un Tullio Serafin estupefacto por la holgura de su hazaña. Aunque esa primera representación no estará exenta de sobresaltos: María ha logrado aprenderse, es cierto, la partitura, pero tiene «agujeros» en las palabras, por lo que, esa misma noche, con una habilidad de verdadera profesional, consulta frecuentemente al apuntador. Este peligroso ejercicio provocará ciertas confusiones jocosas: en un momento dado, debe cantar *sono vergin vezzosa*, es decir: *soy una virgen encantadora*... O es el apuntador que articula mal, o María que oye otra cosa, la cuestión es que se la oye cantar *sono vergin viziosa*, es decir: *soy una virgen viciosa*... Si este lamentable *lapsus* provoca algunas risas, no ensombrece en absoluto el inmenso triunfo que la acoge, éxito que aumenta aún más la proeza realizada. Además de la dificultad de integrarse en un papel tan vasto como el de Elvira, mientras canta el de Brünnhilde, la interpretación de esos dos personajes ha obligado a María a cantar *en dos registros diferentes*.

No es de extrañar pues que la prensa italiana trenzara coronas de laureles para la nueva reina. Un artículo pone de relieve los increíbles recursos vocales y dramáticos de la diva:

«Hace unos días, mucha gente se habrá sobresaltado al leer el nombre de la magnífica Brünnhilde junto al de Elvira. Ayer por la noche todos lo hemos oído, si bien, desde las primeras notas hemos comprobado que no nos hallábamos ante la clásica soprano ligera tradicional, los escépticos han tenido que admitir que el milagro había sido realizado por María Callas, merced a la flexibilidad de su voz límpida, de agudos deslumbrantes. Y además, su interpretación ha sido tan cálida y tan humana que sería inútil buscar en el estado cristalino del registro a otras Elviras.»

Opinión que puede compararse con la que María tiene de su propia personalidad artística. Un día, ella hizo a su gran amigo Michel Glotz, que me la contó más tarde, esta declaración significativa:

—Yo no soy una cantante que interpreta una comedia, soy una comediante que canta.

En cuanto a Franco Zefirelli, que en los próximos años va a «frotar» su personalidad con la de la diva, se sintió tan subyugado por la proeza de María que, desde entonces, conserva un recuerdo indeleble:

«Lo que María hizo en Venecia fue realmente increíble. Hay que ser un verdadero entendido en ópera para poder medir en toda su amplitud la hazaña que acababa de realizar aquella noche. Es como si alguien pidiera a Birgit Nilsson, célebre por su voz wagneriana, que reemplazara de un día para otro a Beverly Sills, una de las mejores sopranos de nuestra época.»

Por su parte, María saborea su triunfo. Pero se siente más orgullosa por lo que ha representado su esfuerzo personal, que por las felicitaciones que llueven sobre ella. Cuando años más tarde recuerde los acontecimientos de aquella noche histórica, seguirá estremeciéndose por las emociones que había sentido:

«Al principio, acepté la petición de Tullio Serafin por ser *él* quien me lo pedía, y porque era impensable desobedecerle. Pero luego comprendí que el verdadero motivo de mi consentimiento radicaba en el hecho de que tenía la obligación de llegar hasta el final de mí misma, de extraer del fondo de mí misma unos recursos cuya existencia hasta yo ignoraba. Experimentaba naturalmente un miedo atroz ante lo que me esperaba pero, al mismo tiempo, ese miedo me producía una especie de embriaguez. Lo más maravilloso que hay en este oficio que hago es que precisamente es el único que puede producir semejantes sensaciones.»

En estas pocas frases, María nos entrega mucho de sí misma; esa necesidad imperiosa de ir siempre más lejos, más arriba, de percutir más fuerte, de dar más, explica el lugar que aún ocupa en el recuerdo de la gente, y explica también por qué ella prefirió renunciar cuando creyó que ya no poseía el deseo de responder a las exigencias de su leyenda.

Mientras tanto, tributo al éxito, María recorre de un lado a otro la península, recibiendo calurosos aplausos tanto en Palermo, como en Turín, como en Nápoles —en el prestigioso teatro San Carlo—, como en Roma, en donde presta todos los recursos de su exaltación a la mágica Kundry, en *Parsifal*, otra ópera de Richard Wagner. Luchino Visconti, que se halla en la sala, manifiesta su fervor sin economizar los superlativos, tal como solía hacer:

—En el segundo acto, ella estaba medio desnuda, cubierta sólo con unos harapos, su sensualidad hacía totalmente olvidar su cuerpo imponente, envuelto en muselinas transparentes: una prodigiosa tentación, una odalisca... Llevaba sobre la cabeza una especie de pequeña pandereta que se le escurría hasta la frente cada vez que daba una nota alta, y debía continuamente ponerla en su sitio...

Impresión vivaz y calurosa que el hombre del espectáculo nos ofrece, deslumbrado aún por la emoción que le ha causado la visión que acaba de contemplar. Pero, pese a las alusiones de sensualidad turbadora que dice se desprende de María, Visconti la admira como esteta, nada más que como esteta, que nadie

91

caiga en el error... En cambio, en aquel momento, María se equivoca y confunde las alabanzas del artista con los deseos del hombre... Confusión lamentable que ensombrecerá sus relaciones y que dejará huellas en el corazón de la mujer.

Por cierto, ¿qué ocurre con la mujer en medio de esa vorágine de música, bravos y trabajo a la que la arrastra la artista? En verdad, casi no tiene tiempo ni descanso para manifestarse: el teatro se ha apoderado de esa presa excepcional y no tiene intención de soltarla. El tiempo de María está totalmente subordinado a los imperativos de su profesión. Para vigilar una salud que no es tan sólida como parece —la muchacha sufre ya de trastornos circulatorios de los que jamás se repondrá—, Tullio Serafin le exige que se acueste a las diez de la noche. Ella finge obedecer, pero se levanta de inmediato para trabajar sus partituras, y a menudo estudia hasta el amanecer.

Esta embriaguez que la anima, ¿deja sitio para Battista en el corazón de la Callas? En el libro de circunstancias que ha consagrado a su esposa, Meneghini se esfuerza por hacérnoslo creer así, pero testimonios imparciales aseguran lo contrario. Citemos de nuevo a Michel Glotz, cuya opinión nos es preciosa, puesto que sostuvo con María largas conversaciones a corazón abierto:

«Ella sentía hacia Meneghini un incontestable afecto; en él, había encontrado al padre que le faltaba y que no podía amar sino de lejos, puesto que vivía en América. Meneghini había pues, en la mente de María, sustituido al padre ausente, pero ese sentimiento no debe ser confundido con una relación pasional.»

Sin embargo, tras la muerte de María, Meneghini se empeñará en demostrar su aflicción con el solo fin de convencer a la galería de que fue amado por la diva. Incluso llegará a meterse en la cama de María, en el hotel Regina de Venecia, la noche en la que Serafin pide a la joven que acuda a su habitación. En aquel momento, Meneghini se hallaba en Verona intentando apaciguar los ánimos familiares, y María estaba sola en la ciudad de los Dux. Por consiguiente, ella recorrió Italia sin Meneghini y, aparentemente, no se lo pasó tan mal. Pues en aquel entonces, ella se hallaba bajo la tutela de Serafin que dirigía tanto su comportamiento personal como las obras que interpretaba. No necesitaba pues de otro tutor, al menos en aquel momento. Por otra parte, ella misma se va a encargar de suministrarnos una sonada demostración, al día siguiente de su boda. Pues, por fin, Meneghini juzga prudente dar a su toma de posesión un carácter más oficial, aun a costa de romper con su familia. En cuanto a María, aparte del afecto que le demuestra, estima que el fervor que Titta le testimonia desde hace dos años, bien merece un agradecido reconocimiento. Y además, no se ve con fuerzas para continuar ella sola su existencia. Sabe que la protección de Serafin no puede ser sino provisional, y limitada únicamente a las obras que cante bajo sus auspicios; los lazos del matrimonio le asegurarán la fidelidad de Battista. Pero lo que precipita la decisión de María, así como la de Meneghini, más que las consideraciones de índole sentimental, es el florecimiento repentino de la carrera de la joven. Como reguero de pólvora, el rumor de su éxito, tras haber recorrido Italia, ha traspasado las fronteras; el prestigioso teatro Colón, de Buenos Aires, la reclama para interpretar tres obras: *Turandot*, *Norma* y *Aida*. Cantar a Puccini, Bellini y Verdi en poco más de un mes, ante un público entendido, y en unos escenarios que han visto desfilar a todas las glorias del teatro lírico, constituye para María un nuevo y apasionante reto, aunque al mismo tiempo una nueva prueba para sus nervios.

La marcha ha sido fijada para el día 21 de abril de ese mismo año 1949. Pero Meneghini no puede acompañarla en el viaje, así que deciden celebrar antes el matrimonio, lo que no dejará de acarrear ciertas peripecias rocambolescas: la boda de la Callas recuerda, por su desarrollo, una de esas películas cómicas de los tiempos del cine mudo, en las que los protagonistas corrían sin cesar, tras un objeto tan inaccesible como indispensable.

En efecto, no sin dificultades, María ha conseguido los certificados de su estado civil que ha tenido que pedir simultáneamente a Estados Unidos y a Grecia; Meneghini, por su parte, ha solicitado una dispensa al Vaticano: María es ortodoxa y él católico romano, el matrimonio religioso no puede celebrarse sin esa dispensa: en Italia era impensable. Pero el Vaticano hace tantos oídos sordos que Meneghini acaba por descubrir el pastel: uno de sus hermanos ha intervenido ante la Curia romana y ha logrado bloquear el expediente: cada vez que Battista telefonea a Roma le dan la misma respuesta: una vez, falta poner un sello, otra vez la firma de un monseñor... El desgraciado novio ya no sabe a qué santo encomendarse —¡nunca mejor dicho!—. Pues aunque multiplica sus gestiones ante el personal eclesiástico y las rogativas a la Virgen, la tan esperada dispensa no llega. En cambio, lo que sí se acerca es el día 21 de abril, el día de la marcha. María está cada vez más nerviosa. Y como es muy supersticiosa, en el retraso de su boda ve un mal presagio, y se pregunta si no debería anular pura y simplemente su contrato con Argentina. Nos imaginamos la reacción de Serafin cuando ella se lo comunica por teléfono. En resumen, un drama a la italiana... Pero el milagro se va a producir: viene de la mano de un fabricante de hornos eléctricos llamado Mario Orlandi. Al mediodía, de aquel mismo 21 de abril, el *signor* Orlandi, con aire triunfante, entrega a Meneghini la famosa dispensa. Si los caminos del Señor, ya se sabe, son inescrutables, ¿qué caminos tortuosos debió de tomar el digno comerciante de hornos para obtener el exequátur? Nadie lo sabrá, ni siquiera en las antecámaras del Vaticano, la lira a veces obra milagros... Sea lo que fuere, la boda está fijada para las cuatro de la tarde, en la parroquia de los Meneghini, la iglesia de los Filippini. Allí, otra nueva complicación: el párroco, don Otarino —semejantes nombres sólo existen en los vodeviles—, frunce el entrecejo: ¡en su iglesia, no puede casar a una ortodoxa y a un católico! Afortunadamente, tiene una idea: la vieja sacristía, en la que guarda las estatuas inservibles y las sillas rotas, y que utiliza como cuarto trastero, no deja de ser un lugar sagrado; basta con un barrido y todo estará solucionado, es decir, podrá celebrar la boda. Y fue así como, en medio de los objetos más heteróclitos, María Callas se convierte en la *signora* Meneghini, en presencia de sólo dos testigos, uno de los cuales el *signor* Orlandi; el comerciante de hornos bien merecía ese honor...

Finalizada la ceremonia, los nuevos esposos abandonan Verona y llegan a Génova en donde Tullio Serafin espera a María con impaciencia y, a medianoche, el transatlántico *Argentina* leva anclas, rumbo a Buenos Aires, llevando a bordo a la nueva *signora* Meneghini. Y María se marcha en viaje de bodas... sin esposo. Más adelante, Battista escribirá:

«Uno de los adioses más desgarradores de mi vida fue el que intercambiamos María y yo en el muelle de Génova. Llevábamos casados sólo unas horas y aquello ya otorgaba a la situación un resabio de amargura.»

Es lo menos que podemos decir de esta extraña luna de miel. Una vez más, comprobamos que María obedecía antes a las exigencias de su carrera que a cualquier otra consideración. Ella misma se encargará de ratificarlo:

«No tengo vida privada y nunca la he tenido. Una artista se debe a su arte...»

Esto fue verdad... hasta que encontró a Onassis. Pero aún no hemos llegado ahí. Y trémula por la impaciencia, presa de esa deliciosa angustia que siempre se apoderaba de ella en el umbral de cada nueva aventura musical, María se embarca rumbo a América del Sur. Pero no se olvida de su querido Titta, quedado, allí, en el muelle de Génova: las cartas que ella le dirige así lo atestiguan, y que él se dará después el gusto de publicarlas, evidentemente, con la misma ostentación que un doméstico exhibe sus credenciales de buena conducta. Citemos al azar algunos de esos párrafos:

«Battista mío, ¿por qué me has dejado marchar? Espero que a partir de ahora no permitirás que me vaya sin ti, y por tanto tiempo. Tú sabes que yo sólo vivo de verdad junto a ti, mi hombre (*sic*).»

O este otro:

«¡Amor mío, amor mío, mi gran amor! Por lo visto, Dios desea torturarme todavía más en mi amor hacia ti. ¿Por qué debo estar separada de ti, si no soporto tu ausencia?...»

Esto que podría interpretarse como un gran impulso pasional no es sino una faceta del carácter enfático de María, y se debe a su sentido teatral que actúa sobre su comportamiento, aun incluso fuera de la escena. En verdad, según las confidencias que me hizo antaño Mario del Monaco, que la acompañaba en el viaje e iba a cantar junto a María, durante toda la travesía ella hizo alarde de un excelente humor, bromeó con sus compañeros y estudió incluso con ahínco, en compañía de Serafin, la partitura de *La Traviata*, que no tenía que cantar pero que se la aprendió «porque le apetecía»... Es decir, que en ningún momento se mostró como la esposa desconsolada, al contrario, más bien como una encantadora compañera de viaje; lo cual no deja de tener su mérito, pues el tiempo fue pésimo y ella sufrió durante varios días de un espantoso mareo. Cuando desembarca en Buenos Aires se la ve visiblemente fatigada. Se resiente de sus trastornos circulatorios, por lo que es normal que la primera representación de *Turandot*, en el teatro Colón, el 20 de mayo, no le proporcionara sino un éxito a medias. El crítico de *La Nación* —el gran periódico de Buenos Aires— señala «que ella ha superado las enormes dificultades del papel, pero no ha hecho olvidar a sus ilustres predecesoras». El crítico ha admirado el vigor de su registro medio, pero mantiene ciertas reservas sobre «los agudos algo forzados» —reproche que anteriormente ya le habían hecho a María y que le seguirán haciendo—, pero, no obstante, ha quedado tan subyugado por el hechizo de su excepcional interpretación, que añade: «Todo ha quedado compensado por su indiscutible presencia magnética».

El 17 de junio, la Callas recibe la unanimidad del público y de las críticas por su interpretación de *Norma*. Su actuación ha sido deslumbrante, tanto en el plano vocal como en el de la escenificación dramática. Su reputación de estrella internacional arranca de aquella noche, al tiempo que su personaje de Norma se convierte para ella en una especie de papel-mascota que, a lo largo de los años, será el origen de sus triunfos incesantemente repetidos.

María Callas. Fotografía de estudio de Cecil Beaton.

María Callas dándole la mano al senador por Nueva York Robert Kennedy, después de la representación de *Romeo y Julieta* en Atenas.

Con el autor Harold Rosenthal, durante la presentación en Londres de un libro sobre la historia de la Royal Opera House Covent Garden.

Junto al cantante Giuseppe di Stefano, en Londres, después
de un concierto en el Royal Festival Hall.

Las cenizas de María Callas son esparcidas en el mar. Preside
la ceremonia el ministro de Cultura de Grecia, profesor Nianias.
Junto a él, la pianista Vaso Devetzi, amiga íntima de María Callas.

El 2 de julio, cantará también en el teatro Colón, *Aida*, luego el día 9 ante las cámaras de la televisión argentina, y por fin el regreso hacia la vieja Europa... y hacia el viejo marido... Éste ha acondicionado, sobre las oficinas que tiene en Via San Fermo, en Verona, un vasto apartamento que da a la Arena. Zefirelli, que ha ido a visitar a los «jóvenes» desposados, encuentra desagradable el espectáculo que el apartamento de los Meneghini ofrece a la vista: una decoración macarrónica, con abundancia de dorados, tapicerías de color rosa, papeles pintados chillones y un mobiliario que mezcla todos los estilos, sin el menor recato ni armonía. ¿Hay que creer a Battista cuando dice, con mucho orgullo, que María es la responsable de esa mezcolanza heteróclita? Asegura que la *signora* Meneghini no quiso que nadie decorara el nido de amor conyugal, y que ella en persona eligió las telas, los muebles y las figurillas. Asimismo, se relame de gusto al recordar los menús suculentos que preparaba para él su diva-esposa. Según él, la Callas se descubrió una vocación de *cordon-bleu*, al pasar más tiempo en la cocina que sentada al piano. Pero si consideramos que, desde el 18 de septiembre, ella estuvo en Perugia para cantar un oratorio —el único de su carrera—, poco después en Turín para grabar dos discos —aún son de 78 revoluciones— para la firma italiana Cetra, y que el teatro San Carlo de Nápoles inauguró con ella la temporada lírica al confiarle el papel de Abigaille, en *Nabucco*, de Verdi, estaremos de acuerdo en que nuestro querido Titta, para satisfacer su apetito, debió de comer más veces en el restaurante que platos elaborados por su mujer. Y por añadidura, ninguno de los amigos de la Callas, a los que he interrogado, recuerdan que ella hubiera manifestado algún interés por las tareas culinarias. En la época en la que ella comienza a subir los peldaños del éxito, los tiempos en los que se preparaba huevos fritos con queso han pasado a la historia. Parece ser que, tanto en este ámbito como en otros, el *signor* Meneghini ha confundido deseos con realidades. No obstante, tampoco hay que deducir de todo esto que el matrimonio hubiera sido un fracaso; durante los primeros años de su unión, María y Titta ofrecieron todas las apariencias de una pareja unida por los lazos de una ternura evidente, a veces incluso demasiado demostrativa. Poco a poco, empero, sus posiciones respectivas van a ir evolucionando: a medida que se convierte en una estrella famosa en el mundo entero, la Callas ejerce cada vez más su autoridad, y Meneghini pasa a ser una especie «de empresario conyugal», con poder suficiente para discutir con los directores de los teatros líricos y argumentar los devengos de los contratos de su esposa, con una rudeza propia de mercader de alfombras.

Otra consideración respecto a la modificación de las relaciones entre el matrimonio Meneghini: la cantante gana cada vez más dinero, y el ex industrial posee cada vez menos. Battista, en efecto, va liquidando poco a poco sus asuntos para consagrarse a los de su esposa. Aun cuando sea él quien lleva las cuentas, eso no impide que, en cierta medida, tenga que depender de ella; con los pingües ingresos de la Callas construyen la villa de Sirmione, sobre el lago Garda, y esas mismas ganancias pagan la mayor parte de las suntuosas joyas que ella luce. Así, Battista Meneghini se convierte en una especie de «señor Callas». En compensación, durante diez años, homenaje simbólico a su viejo marido, la diva firma sus contratos como «María Meneghini-Callas».

¿Qué piensa Evangelia mientras su hija asciende por los peldaños de la gloria? Sin duda que su sueño se ha realizado: su hija se ha convertido en una estrella. Pero ha llegado a serlo sin ella, lejos de ella, casi contra ella. En efecto, las dos mujeres siguen escribiéndose a través del Atlántico, pero sus cartas son de una afligente banalidad. Ya sabemos que, poco después de su encuentro con Battista, María la había puesto al corriente de sus proyectos matrimoniales. Sin embargo, al día siguiente de su boda, mientras a Elvira de Hidalgo le escribe una carta larga y desbordante de afecto, a su madre le envía un telegrama lacónico, redactado en italiano: «Nos hemos casado, y somos felices». Evangelia cuenta en sus *Memorias* que le contestó enviándole flores blancas y una carta llena de recomendaciones significativas:

«Con todo mi corazón le deseaba que fuera feliz con ese hombre, pero le recordaba también que, antes que nada, se debía a su público, y no a su marido *(sic)*. María me respondió que Meneghini estaba de acuerdo en eso y que, precisamente, era lo que él deseaba para ella. Yo estaba encantada de que María hubiera encontrado un hombre de bien que velara por ella. Así se lo escribí a Meneghini, mi yerno, que era *más viejo que yo*. Me respondió que en lo sucesivo María tenía ya dos seres para amarla, "su madre y yo mismo". Jamás me encontré con Meneghini, pero estoy segura de que en aquel momento nos comprendimos y comprendimos a María. Sabíamos que mi hija, aparentemente segura de sí misma, necesitaría siempre de alguien para que la amara y se ocupara de ella.»

Evangelia, que conoce muy bien a su hija, no se equivoca sobre los complejos íntimos de María, pero le hubiera gustado ser la única tutora de la diva, y con un resentimiento que se esfuerza por disimular, ve aparecer a ese «yerno más viejo» que ella en el destino de María. Contrariamente a lo que afirma, está muy lejos de alegrarse por la boda de su hija. Del mismo modo, cuando cuenta que, en Nueva York, ha dado una recepción en honor del nuevo matrimonio, trata con esta artimaña hacernos creer que su corazón de madre está rebosante de alegría, lo cual no es verdad. En realidad, siempre consideró a Battista Meneghini como un rival y éste procedió en justa reciprocidad: el uno y el otro lo demostraron con toda evidencia a raíz de la muerte de María, al disputarse su herencia con una elegancia propia de dos verduleros.

Muy pronto, por otra parte, las exigencias de su carrera obligarán a la Callas a trasladarse al continente americano y a enfrentar a estas dos mujeres a las que todo debiera haber unido pero que, sin embargo, todo separa.

7

FURORES Y LÁGRIMAS

A su vez, México reclama a la nueva estrella y, mientras se dispone a aceptar la invitación, se produce lo que hubiera podido ser el gran acontecimiento de su carrera: la primera aparición de María en el teatro lírico más prestigioso del mundo, la Scala de Milán. ¿Pero por qué esa presentación en la Scala, verdadera apoteosis para todo cantante, tenía que convertirse para ella en un incidente, cuando el presidente de la República italiana, el *signor* Einaudi, y un elegante público, ansioso por oírla, llenaban el vetusto teatro, hasta el último piso? Varios hechos pueden explicar lo que puede considerarse una presentación fallida. En primer lugar, porque no se trata de un contrato; las puertas de la Scala sólo se entreabren para María: Antonio Ghiringhelli la ha llamado para sustituir a Renata Tebaldi en *Aida*, de Verdi. Renata —muy pronto, su gran rival— se ha puesto enferma, y Ghiringhelli se ha resignado a llamar a María. Digo bien «resignado», pues el director de la Scala no aprecia a la muchacha, aunque ésta tampoco a él; entre ellos, la antipatía es notoria y ninguno de los dos hace el menor esfuerzo para disimularlo. Curioso hombre, por otra parte, ese Ghiringhelli... Sus actividades le llevan bastante más a menudo por entre bastidores, junto a las bailarinas y las muchachas del coro, que a su despacho de director, y su «afición» hacia el personal femenino es archiconocida en Milán.

Otro elemento desfavorable, en el ánimo de la Callas: no le gusta el papel de *Aida*, y siente hacia esa ópera un entusiasmo limitado. Al menos, es lo que se desprende de la entrevista que concede a los periodistas deseosos de conocer sus impresiones:

—La Scala es un gran teatro —declara—, pero yo soy miope, así pues para mí todos los teatros son iguales.

Misma actitud dispensada hacia el público milanés:

—¿Qué quieren que les diga del público? Si canto bien, aplaudirán; si no les gusto, me silbarán, en cada ciudad es lo mismo...

Como quiera que uno de sus interlocutores le recordara ciertas irregularidades en su tesitura vocal, visiblemente molesta María le replica:

—Los críticos dicen siempre lo que quieren. Yo canto como canto y me da igual a quien no le guste.

Estas declaraciones poco afortunadas no contribuyen precisamente a reanimar ni la atmósfera ni al público que espera a la Callas. Se explican, en parte, por el miedo que la asalta ante lo que la aguarda y que trata de disimular bajo una desenvoltura aparente.

Mario del Monaco, que también formaba parte del reparto, me comentó cómo había sido ese primer contacto de María con la Scala:

—En el momento de salir a escena, la *poverina* temblaba como una hoja, pero con esa maestría de verdadera profesional que la caracterizaba consiguió dominarse y el público no se dio cuenta de nada. Ella cantó, por lo demás, de forma perfecta, pero no recibió la acogida triunfal a la que estaba acostumbrada cada vez que cantaba.

Los aplausos que recibe son correctos, sin más. Esta ausencia de calor es debida, evidentemente, a las declaraciones hechas a la prensa. Ésta, por su parte, limita las alabanzas. Ghiringhelli, por su parte, adopta una actitud glacial y no propone ningún contrato regular con la compañía, tal como María y su marido esperaban. Meneghini confiesa en sus *Memorias* haber espiado, a la puerta del camerino de su esposa, la llegada del director de la Scala, pero éste había pasado por delante sin siquiera detenerse. Del mismo modo, Meneghini cita con indignación este artículo del *Corriere Lombardo* expresado en tono venenoso:

«María Callas, ya veterana (!) en la carrera, pero nueva en la Scala, no nos ha entusiasmado. Si bien muestra mucho temperamento y una gran musicalidad, su registro carece de homogeneidad. La cantante parece improvisar de nota en nota, con una tesitura sin armonía en la emisión; cuando fuerza en los agudos, es en detrimento de la seguridad de la entonación.»

Mucho más tarde, en una entrevista publicada en *L'Express*, María Callas recordaba esa peripecia, con lucidez objetiva:

«No fue un fracaso. En aquella época, no era fácil entrar en la Scala; se llegaba ya mayor. Eso no me deprimió. (...) Yo tenía que conquistar a un público muy mimado. Siempre me ha gustado luchar. (...) Desde muy joven, he suscitado envidias. No gusta ver cómo una muchacha de quince años obtiene los papeles principales...»

Cuando afirma tan categóricamente haberse puesto siempre al servicio de su arte, cualquiera que haya sido el precio a pagar, María dice la verdad; por otra parte, en lo que concierne al Teatro de la Scala muy pronto se resarcirá clamorosamente por el agravio sufrido. Mientras espera, de nuevo «se arranca de los brazos de su marido» para volar hacia un contrato en el Palacio de las Bellas Artes, en Ciudad de México; pero ha decidido hacer antes un alto en Nueva York para ver a sus padres y al doctor Lantzounis, el padrino complaciente, al que la familia Callas debe aún los 700 dólares que permitieron a Evangelia y a María regresar a Grecia.

A María no le disgusta presentarse ante su madre con su nuevo aspecto de estrella; pero sólo su padre la espera en el aeropuerto. Evangelia está en el hospital, donde es atendida de una afección ocular. María visita a su madre acompañada por George Callas.

«Cuando María entró, apenas la reconocí —escribe Evangelia en sus *Memorias*—. Parecía transparente, estaba delgada, demasiado delgada para su gran voz. Cuando se sentó en mi cama, se animó un poco. (...) María me repitió su intención de llevarme con ella a México para que la oyera cantar, y me dio dinero para el viaje. Yo le dije que ese dinero lo tendría que destinar a pagar la clínica, pues era su padre quien pagaría la factura.

»—Yo se lo pagaré por ti —me contestó ella—, ese dinero es para ti...»

Tampoco estas declaraciones hay que tomarlas al pie de la letra. Cuando Evangelia redactó sus *Memorias*, evidentemente quería hacer resaltar el papel que había desempeñado en sus querellas con su hija; su alusión a la delgadez de María puede, especialmente, sorprender. Es cierto, ella ya había perdido varios kilos, pero de ahí a encontrarla delgada hay un abismo. ¡A no ser que la afección ocular de Evangelia le hubiera enturbiado la vista! Fue entre 1954 y 1955 cuando María operaría la mutación espectacular que transformó a la cantante entrada en carnes en una seductora mujer de silueta estilizada; del mismo modo, Evangelia sitúa el viaje de María a México en 1949, cuando éste se efectuó un año más tarde.

Durante la breve estancia de la Callas en Nueva York, acontece un incidente tragicómico, que hubiera podido tener funestas consecuencias. Una joven cantante, Giulietta Simionato, acompaña a María en su viaje; tras haber visitado a Evangelia, George lleva a las dos mujeres a su apartamento y como Giulietta tiene sed le da a beber... ¡un veneno para cucarachas! ¡Simplemente, al abrir la nevera se había equivocado de botella! ¡Craso error, para un farmacéutico licenciado! Por supuesto, la desgraciada se pone espantosamente enferma y María teme lo peor. Pero por lo visto, lo que mata a las cucarachas no es dañino para los humanos, puesto que, al día siguiente, las dos cantantes pueden proseguir su periplo.

«En Ciudad de México nos esperaba el director de la ópera, el señor Pani —escribe María a su marido—. En el hotel, he tomado un baño y he dormido hasta la una y media; luego, me han despertado porque me traían flores que el señor Pani me enviaba de parte del teatro. Todos tienen mil atenciones para conmigo, me gustaría que siempre fuera así...»

No será siempre así, puesto que dos semanas después de esta carta, María lanza una llamada de socorro a su Titta:

«Me siento sola, más sola que un perro. Por suerte, Giulietta está conmigo y nos hacemos compañía. No podemos trabajar porque no hay sala de ensayos. Te aseguro que aquí uno puede volverse loco. El otro día, *Aida* resultó de maravilla. El público deliraba. Nos aclamó triunfalmente a mí y a la Simionato, a los otros no, y están furiosos por esa preferencia. Intento con todas mis fuerzas no tener un ataque de nervios, sino pobre de mí y pobres de los que me rodean.»

Confesión significativa: María se conoce bien. Por una especie de maldición, la suerte parece encarnizarse con ella para crear a su alrededor una atmósfera de drama; incluso, aun con un humor bien estabilizado puede producirse cualquier incidente que abra las esclusas de la tragedia griega. Como sucedió en México: en *Aida*, María tiene como compañero de reparto al famoso cantante alemán Kurt Baum, con el cual no simpatiza y viceversa. En el primer acto, Baum tiene unas ganas locas de sobrepasar a María ante el público y sostiene las notas altas más tiempo de lo debido, lo que enrabia a la muchacha. Durante el entreacto, en el camerino, María urde una verdadera conspiración contra el alemán, pactando con Nicola Moscona, el mismo que, tiempo atrás, cuando ella era una principiante, la había tratado despectivamente. Se había jurado a sí misma no cantar nunca con él, pero no hay que tomar en serio los juramentos de una *prima donna*. Reconciliada pues con Moscona, en el segundo acto María lanza a la cara de Kurt Baum un mi-bemol sostenido que prolonga hasta el extremo límite de sus posibilidades. De resultas, el cantante monta en cólera; jura que *nunca más* cantará con María. Por supuesto, tampoco él mantendría el juramento. Mientras tanto, en el tercer acto, él intenta desquitarse cubriendo la voz de la Callas, pero ésta sobrepuja cada vez más; ya no es ópera, es un circo, y el público, que entra en el juego,

104

excita con sus aplausos a los dos acróbatas que acaban de rodillas en el suelo.

Este juego del escondite lírico puede parecer pueril por parte de unos artistas de reputación internacional; y efectivamente, lo es, pero no tiene nada de extraordinario. Estas competiciones bastante mezquinas, estas conspiraciones de entrebastidores, estas rivalidades «sangrientas», esas falsas amistades, con telón de fondo de comadreos y felicitaciones hipócritas, es lo que representa a menudo el reverso del teatro lírico. María Callas no fue la excepción a esta regla lamentable. Esta gran cantante, que dominó desde tan alto su época, intervino más de una vez en contiendas partidistas, indignas de su talento y de su personalidad. Para ser una estrella, no dejaba por eso de ser mujer...

Volviendo a un ámbito más personal, digamos que la estancia en Ciudad de México marca una fecha a retener: la del último encuentro con su madre. Evangelia, restablecida de su afección ocular antes de lo previsto, apenas en pie, salta a un avión. En el aeropuerto, al que su marido la acompaña, una disputa —una más— estalla entre los dos esposos: George, que no pierde nunca el sentido de la realidad, desearía que su esposa contratara un seguro de pasajeros; Evangelia, que siente un pánico atroz a los aviones, por primera vez en su vida cree que ese gesto podría ser de mal agüero y se niega categóricamente.

Sobre el recibimiento que María reserva a su madre, por una vez las dos mujeres son más o menos del mismo parecer. En sus *Memorias*, Evangelia nos cuenta:

«María me esperaba en el aeródromo. Me pareció algo distante. En apariencia, me trataba con dulzura, pero entre nosotras el calor de antaño había desaparecido. María me manifestaba un afecto elemental, a veces ostentorio, como hubiera podido hacer con una parienta lejana y amada a distancia...»

Por su parte, María confiesa a Meneghini:

«Mi madre ha llegado y estamos juntas. Es verdad que estoy muy nerviosa y que la tiranizo a la pobre. Estoy atravesando el peor momento de mi vida; hay que armarse de paciencia.»

La paciencia en efecto es una virtud indispensable para quien quiera mantener unas relaciones cordiales con María. Varios factores contribuyen en aquel entonces a ensombrecer su humor: en ese mes de junio de 1950, reina en México un calor sofocante que la agobia. Por otra parte, las discusiones con Kurt Baum, pero también con otros miembros de la compañía, incluida la fiel y dócil Giulietta Simionato, crean a su alrededor una atmósfera desapacible. Como si todas esas pequeñas desgracias no bastaran para desestabilizarla, una erupción de acné le purpura el rostro, erupción que el betún negro que debe ponerse en la cara para representar *Aida* no consigue disimular. Únicas satisfacciones: ha perdido algunos kilos de más y, sobre todo, que el público y la prensa le han acogido triunfalmente en cada una de las obras que ha interpretado.

Pese a sus lamentos, Evangelia siente un gran orgullo por su papel de madre de estrella, y recoge con satisfacción los homenajes que esa calidad le confiere. Más adelante, contará, no sin vanidad, que durante su estancia en México se dedicó en cuerpo y alma a su hija, haciéndole de doncella, lavándole medias y sostenes, y dándole masajes cada noche después de cada representación. Sus relaciones con su hija sufren, no obstante, de altibajos debido al humor de la diva, pero en conjunto el balance es más bien positivo, puesto que María consagra varios días a comprar un abrigo para su madre y no regatea la calidad; diez años más tarde, efectivamente, Evangelia lleva aún el famoso abrigo y dirá «que sigue haciendo efecto».

Tras una última representación de *Il Trovatore*, en la que María y Kurt Baum se entregan a su juego habitual de «quién cantará más alto, durante más tiempo», la cantante se embarca, a principios de julio, hacia Madrid, desde donde partirá para Milán. En el aeropuerto —¡ya era hora!— entrega a su madre los 700 dólares prestados años antes por el doctor Lantzounis, del que lo que menos podemos decir es que tuvo demasiada paciencia.

Evangelia se quedará unos días más en México, decidida a aprovechar hasta el último instante la vida regalada que le reporta la invitación de su hija. Al dejar a su madre, ¿sospecha María que se trata de un adiós definitivo? No lo sabemos, pero al menos no le desagrada marcharse. Entre las dos mujeres, los últimos lazos parecen decididamente a punto de romperse. ¿Quién podía imaginar entonces que, treinta años más tarde, la muerte de la hija haría de la madre una millonaria? La polémica, recreada por la prensa sensacionalista, abrirá aún más el foso entre ambas. Si bien María parece desinteresarse completamente por la suerte de Evangelia, ésta, que se queja de estar en la miseria mientras su hija gana millones de dólares, no duda, por una cierta suma de dinero, en redactar unas memorias en las que saldaría cuentas con ella. Más grave aún, Michel Glotz me contó que, durante la estancia de María en el Metropolitan Opera de Nueva York, él había visto con sus propios ojos cómo Evangelia abofeteaba a su hija con rabia... Pero la cosa no acaba ahí. También sabemos que, un día, María escribió a su hermana Jackie una carta que, luego, se convertiría en el regocijado punto de mira de todas las gacetas, porque su madre se apresuraría a publicarla: En la primavera de 1952, María se halla en Verona con su marido. Jackie le escribe para informarle que ha renunciado definitivamente a casarse con Milton, con el que, recordémoslo, se había «prometido» desde... hacía más de diez años. Y de paso, pide dinero a su hermana pequeña. Ésta, que no aprecia en absoluto este género de peticiones (según puede apreciarse por la respuesta), contesta a Jackie que: no le prestará ayuda alguna y le ruega que no la moleste más. Y termina la carta con esta «recomendación» significativa:

«Hace un tiempo espléndido, el verano está a punto de llegar. Ve a la playa a tomar el aire. Si luego sigues sin tener dinero, lo mejor que puedes hacer es tirarte al Avon y ahogarte.»

¡No se puede ser más directo! Es verdad que no hay que tomar en serio las declaraciones de la diva, su humor le hacía decir a veces ciertas cosas que no correspondían con sus sentimientos.

Para responder a las críticas, fruto de esta actitud, María procede a una puesta a punto con la prensa:

«Es verdad que, hacia finales de 1950, mi madre me pidió dinero y que yo se lo negué. Poco antes había estado conmigo en México, a mis expensas. Le compré un abrigo de visón y muchas otras cosas más. Pagué también una de sus deudas que ascendía a casi 1.000 dólares. Le di otros 1.000 dólares para sus gastos personales, con la recomendación de que los hiciera durar al menos un año. Ella podía conseguirlo, pues disponía de otros 1.500 dólares ahorrados. Para mimarla así, de los 3.000 dólares que yo había previsto traerme de México, no me quedaba siquiera uno. Pero me sentía contenta. Sin embargo, casi dos meses más tarde, mi madre me pidió otra vez más dinero, y yo me enfadé. Hacía un año que me había casado y no podía dejar caer todo el peso sobre mi marido. Luego, mi madre se divorció y dejó a mi padre, viejo y enfermo. Entonces es cuando dije basta.»

Sin declararnos a favor o en contra en una disputa tan enojosa como lamentable, este comunicado resalta dos cuestiones: los «casi 1.000 dólares» de deuda, reembolsados por María, eran en efecto los 700 dólares prestados por el doctor Lantzounis de los que también ella se había aprovechado, puesto que sirvieron para pagar el regreso de ella y de su madre a Grecia. En cuanto a George Callas, «el padre viejo y enfermo», su divorcio no le fue tan espinoso, puesto que se apresuró a casarse de nuevo. Dicho esto, si María Callas experimentaba tal resentimiento hacia su madre, es porque debía de tener sus motivos. Ya sabemos que, en su infancia, había sufrido por la falta de cariño. ¿Quién puede evaluar las lesiones que causa, en un corazón infantil, el saberse menospreciada en favor de una hermana más bonita y espléndida? Pese a que siempre lo negó, tenemos pruebas de que Evangelia amó más a Jackie que a María.

En cuanto a esas cuentas galanas, que María destina a la prensa, nos inducen a preguntar: ¿Era tacaña la Callas? Los que la han conocido bien, especialmente Michel Glotz y Jacques Bourgeois, dan una respuesta sin ambigüedades: sí, la estrella del *bel canto* era tacaña. Reminiscencias de los tiempos difíciles: María era presa de ese pánico de «carecer de» que experimentan normalmente los que han conocido una juventud sin dinero.

Estas contrariedades domésticas no influyen en absoluto en el curso de su carrera: ya está pisando la vía triunfal que la conducirá hacia su apogeo. En cuanto desembarca en el viejo continente, va a tener la oportunidad de proporcionarnos un nuevo ejemplo de la extensión de sus medios: Luchino Visconti, del que ya conocemos su fanatismo por la diva, la pone en contacto con L'Amfiparnaso. Se trata de un grupo de artistas e intelectuales romanos que constituyen una especie de «intelectualismo», cuyas opiniones se decantan claramente hacia izquierdas. El mismo Visconti hace abiertamente alarde de su adhesión al comunismo, aunque sea hijo de un duque, o tal vez porque esencialmente es hijo de un duque... Bravata de dandy.

Ya nos podemos imaginar que ese entorno intelectual no era precisamente el entorno en el que María se había desenvuelto hasta ahora. Sin embargo, entre ella y los miembros de L'Amfiparnaso se establece de inmediato una corriente de confianza recíproca y de cálida simpatía. El grupo ha decidido montar una obra de Rossini, *Il Turco in Italia* que, desde su creación en 1814, no había vuelto a representarse. La obra entraña esa gracia chispeante, ese fraseo espiritual que tanto caracterizan a las obras del compositor de *Il Barbiere di Siviglia*. La puesta en escena forma parte de una serie de manifestaciones organizadas por *L'Amfiparnaso* y será representada en el Teatro Eliseo, de Roma, que, con sus mil trescientas butacas, parece una salita íntima al lado de la gigantesca Scala.

El personaje que María debe encarnar es francamente cómico y será la primera vez que ella abordará ese género. Además, la partitura necesita de una soprano ligera. Pasar así de los repertorios de Wagner, Bellini o Verdi a una heroína de Rossini constituye una verdadera proeza, pero precisamente ese nuevo desafío es lo que más seduce a la Callas. Jamás estuvo tan alegre, tan entusiasmada... ni tan disciplinada durante los ensayos. A menudo, después de haber finalizado, pedía al director de orquesta

Gianandrea Gavazzeni trabajar durante una o dos horas extras. Una vez más, demuestra ese ardor por el trabajo que, al menos hasta su encuentro con Onassis, nunca la abandonó.

El resultado responde gratamente a sus esperanzas y a las que sus nuevos amigos de *L'Amfiparnaso* han depositado en ella: el 19 de octubre de 1950, el público del Teatro Eliseo descubre con asombro embelesado que la intérprete de *Turandot* y de *Tristan und Isolde* puede mudarse, con gracia, en una de esas coquetas voluptuosas y pícaras de las que tanto alardean las obras de Rossini. Se diría que María experimenta una especie de alivio al poder descubrir esa faceta cómica de su naturaleza, hasta entonces ignorada. Del mismo modo, en el plano vocal se siente tan cómoda en este papel como en los otros, tan diferentes los unos de los otros. Comentando la brillante prestación, el crítico italiano Beneducci escribe:

«Siempre nos habíamos imaginado que las sopranos de aquella época cantarían así; nos ha sorprendido a todos cuando ha emitido un *mi bemol* justo y bien preciso al final de un aria muy difícil.»

En 1954, esta vez en la Scala de Milán, María corroboraría y confirmaría que en ella existían esas dotes cómicas, raramente explotadas.

Otra consecuencia benéfica para María: *Il Turco in Italia* constituye las primicias de la prestigiosa comunión artística entre María y Visconti durante la temporada 1954-1955, colaboración que les supondría tantas satisfacciones... como sinsabores. En todo caso, María está tan entusiasmada con el director de cine que lo proclama a los cuatro vientos:

«Es una sensación maravillosa el sentirse guiada por un hombre de estas cualidades. Trabajar con Luchino es un singular deleite; cada gesto, cada entonación que él indica confieren al personaje un nuevo enriquecimiento. Con él, ensayaría muy a gusto durante horas enteras, sin siquiera darme cuenta.»

Por el momento, Meneghini no siente celos por el entusiasmo de su mujer; dispondrá de todo su tiempo, más adelante, para cambiar de punto de vista. Por otra parte, una nueva constelación aparece en el cielo de la Callas, ya que debe hablarse de constelación cuando se trata del *maestro ilustrísimo*, del *papa* de la música: Arturo Toscanini. Éste, hasta hora, había ignorado a María. Ligado a la Scala de Milán, su favoritismo se había orientado siempre hacia Renata Tebaldi. Seguimos en 1950. En el mes de septiembre, los Meneghini reciben un telegrama de la hija del maestro, comunicándoles que éste les espera en Milán, antes de partir para América. Desembarcan pues Via Durini, donde reside Toscanini. María está muy nerviosa, angustiada incluso, ante la idea de encontrarse con el *ilustrísimo* y de cantar para él. De creer a Meneghini —¿hay que aceptar lo que citará, treinta años más tarde, como palabras de Evangelia?— tras mostrarse reservado, Toscanini manifiesta un ardor muy italiano al oír a la diva interpretar unos fragmentos de *Macbeth*. Con ocasión del cincuentenario de la muerte de Verdi, que debe celebrarse al año siguiente, el director de orquesta quiere volver a representarla en la Scala, naturalmente con María, pues, según sus propias palabras —seguimos citando a Meneghini—, representaba «la mujer que él había estado buscando desde hacía mucho tiempo. Montaría pues *Macbeth* con ella, y al día siguiente vería a Ghiringhelli para que le enviaran un contrato».

María hace la observación al maestro de que ella no es santo de devoción de Ghiringhelli, lo que le vale al director de la Scala de ser calificado de *asno* por el *ilustrísimo*. Sin embargo, el proyecto no se llevaría a cabo, y María, muy a pesar suyo, nunca tuvo la oportunidad de cantar bajo la dirección del más célebre de todos los directores de orquesta contemporáneos. Según Meneghini, una maquinación hizo fracasar el asunto; puede ser posible, pero, pese a su entusiasmo inicial, Toscanini siguió tan de lejos el proyecto que difícilmente podía llevarse a efecto.

No importa, María vuela ya hacia otros laureles... y hacia México, que la reclama de nuevo con insistencia. Ante el público mexicano, preso de la más sublime de las emociones, María presenta una imagen tan subyugadora del personaje de Violetta, en *La Traviata*, que la obra de Verdi se ilumina con una nueva luz. Para encarnar a esa pobre muchacha, agotada por el amor, hasta tal punto que se la lleva a la tumba, María halla unas entonaciones arrebatadoras. Jamás había interpretado un papel identificándose tanto con el personaje que representa. Precisamente, en el libro que Pierre-Jean Rémy ha escrito sobre la diva, éste establece una estrecha relación entre la personalidad real de la Callas y la imaginaria de Violetta. Encuentra, tanto en una como en otra, una fragilidad que será fatal para ambas; fragilidad profunda del alma, que disimulan bajo un carácter altivo.

Durante las representaciones en el Palacio de las Bellas Artes —esta vez, se trata de *Aida*—, con su compañero de reparto Mario del Monaco, María reemprende la pequeña guerra de «la nota final que hay que sostener el mayor tiempo posible» y, ya con el telón bajado, y entre bastidores, las explicaciones entre los dos cantantes no tienen nada de artísticas. Una vez más, nos sorprende que unos intérpretes de esa talla puedan rebajarse a disputar como verduleros. La prensa está al acecho y no pierde detalle para sus grandes titulares; esto valdrá a la Callas, a lo largo de su vida, una desagradable reputación que seguramente no ha merecido, pese a su vocabulario.

Antes de embarcarse hacia Brasil, la cantante escribe a su padre para pedirle que acuda a México a reunirse con ella, así podrá conocer a su marido, pues esta vez Titta sí la acompaña en el viaje: parece ser que ha renunciado ya a sus actividades de industrial y ha decidido no dejar a su mujer ni a sol ni a sombra.

Al hacer venir a George Callas a México, no sólo María obedece a un impulso de su corazón —siempre ha sentido hacia su padre un profundo cariño— sino que, con este gesto, marca una ruptura casi definitiva con su madre y con su hermana. Una carta dirigida a su padrino, el doctor Lantzounis, nos ilumina sobre el clima que reinaba entre madre e hija:

«Mi madre me ha escrito una carta llena de imprecaciones,

según su manera habitual de obtener las cosas (cree ella), diciéndome que no me había traído al mundo para nada. Dice que yo he nacido para ayudarla. Estoy muy dolida, no puedo digerir esa frase. Quiero que sepas que he hecho, y haré, todo lo posible por ellos, pero no les dejaré que exageren. Debo pensar en mi futuro; además, también me gustaría tener un hijo...»

Notemos de paso esta alusión a «hijo»; de tanto en tanto, María tiene sus «crisis de maternidad», pero en el fondo no desea concretizar un proyecto que podría perjudicar su carrera. Notemos igualmente que, en sus *Memorias*, Evangelia no hace sino alusiones discretas a las peticiones de dinero que periódicamente hace a su hija. María había alcanzado una fama que había sobrepasado sus esperanzas de madre, y Evangelia se extraña de no recibir su parte del pastel. Por su parte, María se ponía verdaderamente enferma cada vez que tenía que soltar la pasta.

Mientras las relaciones entre madre e hija están tirantes, la estancia de George en México se desarrolla en medio de una gran euforia. Entre Meneghini y él se ha establecido de inmediato una corriente de simpatía, a pesar de que a los dos hombres les cuesta comprenderse: Meneghini habla muy mal el inglés y George no sabe una palabra de italiano. Con pesar, el matrimonio Meneghini se despide de George, que se queda unos días más en México, aprovechándose, tal como había hecho Evangelia dos años antes, de las ventajas que le proporciona ser... ¡padre de una estrella!

En Brasil, primero en Sao Paulo y luego en Rio do Janeiro, prosigue la gira de María Callas, custodiada por su marido, que ahora ya hace las veces de empresario, y lo hace tan bien que discute agriamente cada contrato y hasta consigue que a su mujer la paguen... en oro. Pues tiene una confianza límite en las monedas sudamericanas. Y no le falta razón.

Pero María llega a Sao Paulo en un estado poco floreciente; los trastornos circulatorios, que siguen importunándole cada vez más, le obligan a anular las representaciones de *Aida*. Sin embargo, su estado sí le permite cantar *La Traviata*, igualmente prevista en el programa, lo que va a darle la oportunidad de poder medirse con su gran rival, Renata Tebaldi. Se había previsto que las dos divas cantarían alternativamente el papel. Yo no sé quién tuvo la paternidad de esta idea insólita, pero equivalía a lo mismo que meter un elefante furioso en una tienda de porcelanas... Los periódicos sudamericanos, por su parte, alimentarían ese fuego, al criticar no sólo el delito de María, por lo de *Aida* —delito absolutamente justificado, repitámoslo— sino también al citar ciertos juicios emitidos por la Callas sobre la interpretación de la Tebaldi en el papel de Violetta. Sin duda, la prensa brasileña, con su volubilidad habitual, exageró la severidad de las declaraciones de María, aunque es verdad que la diva trató bastante mal a su colega. La sorda rivalidad que enfrenta a las dos mujeres estalla sin embargo un día; sobre todo, porque cada una de ellas posee su clan de fanáticos, y éstos no hacen sino espesar más una atmósfera ya de por sí bastante cargada.

La contienda se intensificará en Rio do Janeiro. El 14 de septiembre, durante una gala de caridad, en el Teatro Municipal, al que las dos artistas han sido invitadas, María, muy elogiada, hace un *bis* con un aria de *La Traviata*, pero Renata, asimismo aplaudida, comete un crimen de lesa majestad al hacer dos *bises*; no se necesita nada más para que estas dos damas, una vez entre bastidores, se insulten copiosamente. María no pudo soportar que su rival estuviera más tiempo que ella en el escenario.

Lo que complica las cosas es que las dos cantantes están obligadas a tratarse frecuentemente durante los siguientes días, así como satisfacer las exigencias publicitarias de su oficio. María, que debe cantar *Tosca*, acude a una cena a la que también asiste Renata. La cena transcurre sin tropiezos hasta que, al final, por una palabra, estalla la crisis; las injurias vuelan alegremente sobre la mesa, y a punto están de tirarse del moño cuando al fin intervienen unos comensales. Ya era hora...

María y su marido están convencidos de que se ha maquinado una conspiración contra la diva y que Tebaldi es la inspiradora. Aun cuando exageran la importancia del movimiento, sus sospechas están en parte fundadas: María tendrá la prueba de ello cuando, tras el estreno de *Tosca*, Barreto Pinto, el director de la ópera, la convoca a su despacho. María acude cual comando dirigiéndose a un asalto, y lo que le espera la va a sumir en la más indignada estupefacción. Barreto Pinto le dice que su prestación en *Tosca* ha sido mediocremente apreciada y, que por consiguiente, anula la segunda representación. Todos esperamos un estallido de cólera; pues no, no lo hubo. ¿Qué sucedió para que María «encajara» con tanta calma el agravio?

En ella, la mujer de negocios nunca está ausente; consigue dominarse y, con calma, pide el pago del contrato anulado; exige también cantar las dos representaciones de *La Traviata*, previstas en el contrato. De mala gana, Pinto accede.

Renata Tebaldi reemplazará a María en *Tosca*, y de resultas los Meneghini la acusan de haber sido el alma de una conspiración ejecutada por Pinto. La tensión sube peligrosamente durante los días siguientes. Pinto, que no se sabe por qué siente un odio feroz hacia la Callas, le lanza, a guisa de adiós, una observación acerba. En el momento de entregarle la suma de los contratos, le dice:

—¿Así pues necesita también dinero, además de gloria?

¡Es la gota de agua que desborda el vaso! María, que venía conteniéndose desde hacía varios días, abre todas las esclusas de su rabia: coge un pesado tintero que hay sobre la mesa del despacho, lo levanta y, a punto de arrojarlo a la cabeza del desgraciado Pinto, un testigo presencial consigue detener el gesto fatal. Meneghini dice que su esposa consiguió no obstante lanzar al estómago del director un rodillazo en el que volcó todo el peso de sus noventa kilos. Hay que añadir que frente a esa amazona desenfrenada, el pequeño Pinto no daba la talla.

Este género de incidentes es lo que contribuyó a acreditar la leyenda de la «tigresa»; a la prensa sensacionalista le encantaba subrayarlos y engrosar el menor extravío de conducta de la Callas, que muy pronto pasó por una furia a los ojos de sus numerosos detractores. Esta reputación que, dijera o hiciera lo que fuese, la acompañaría a lo largo de su vida, se convirtió para ella en una verdadera obsesión y quebrantaría aún más su equilibrio.

Es verdad que la propia María alimentó con sus impulsos la crónica de la malevolencia. Así, durante el *Maggio Musicale* de 1951, en Florencia, en donde interpreta *I vespri siciliani*, de Verdi, encuentra el modo de pelearse simultáneamente con el director de orquesta, Erich Kleber, y con uno de sus compañeros de reparto, el bajo búlgaro Boris Christoff; éste habla incluso de «asesinar a la Callas»... Por fortuna, en el teatro, los dramas sólo tienen la violencia del momento y todo el mundo acaba abrazándose. Hay que decir que durante la representación, María accede a un nivel de calidad no alcanzado hasta entonces. Desde un principio, su prestancia y su alta y orgullosa estatura causan una impresión profunda en la sala. Lord Harewood, el eminente crítico inglés, observa:

«Ella fascinó desde su entrada, antes incluso de cantar.»

A través del personaje trágico que encarna, María puede dar rienda suelta a su ejecución, de una rara intensidad dramática; su talento vocal está a la altura de su talento de actriz. En su voz, todos los matices del arte lírico se suceden: comienza atacando con un *si agudo* para, instantes después, pasar a un *do pianissimo*, al que sigue un descenso cromático en una escala de dos octavas y media, hasta llegar a un *fa diese* con color de contralto y, sin tomar aliento, entona el *Bolero* respetando todas las coloraturas y las agilidades requeridas por Verdi, coronando todo ello con un *mi bemol agudo* triunfante. Así, en una misma noche, ha cantado en una escala de tres octavas, aportando al mismo tiempo a la obra los recursos de una actuación tan armonizada como ajustada, raramente hallada en un escenario de ópera. Sin duda, alguien observa aún las estridencias de su agudo y las enojosas *roturas* entre sus diferentes registros, pero esos defectos incontestables desaparecen merced a las proezas vocales que realiza con tanto virtuosismo que si se tratara de la cosa más sencilla del mundo.

Esta vez, cualquiera que fuese el estado de ánimo del *signor*

Ghiringhelli, las puertas de la Scala de Milán se abren de par en par para María, victoria que viene acompañada de un contrato de 300.000 liras por representación. ¡Qué desquite para María! Lo saborea aún más porque Ghiringhelli, que un año antes la trataba con desdén, ahora se apresura a satisfacer el más pequeño de los deseos de la diva, lo que le valdrá, por parte de la Callas, este juicio sin apelación:

«Ghiringhelli, cuando necesita de alguien, se convierte en el más abnegado adulador; en caso contrario, lo despide sin miramientos. Si los artistas que han pasado por la Scala, en los años de la posguerra, tuvieran el valor de hablar, ¿de qué no nos enteraríamos?»

8

METAMORFOSIS Y TOMA DE POSESIÓN
DE LA SCALA

María y Battista se instalan en el Gran Hotel, de Milán, en Via San Raffaele. El hotel, cercano a la Scala, tiene sus referencias: ahí murió Verdi un día de 1901. Y ahí María va a preparar esas representaciones de *I vespri siciliani* que marcarán su gran comienzo en el teatro lírico más prestigioso del mundo.

Fiel a sus costumbres, María se ha hecho instalar un piano en la habitación, pues esa «devoradora» del canto no tiene bastante con los ensayos. Su conciencia profesional le dicta ir hasta el límite de sus fuerzas. Además, sabe que la están esperando; sus detractores, admiradores o no de la Tebaldi, no le perdonarán nada; debe prepararse pues, tanto en el plano moral como en el vocal, para recibir unas cuántas flechas envenenadas. A lo largo de su vida, tendrá otras oportunidades para demostrar esa facultad de «encajar», más propia de un boxeador que de una cantante. Años después, durante una entrevista concedida a Michel Clerc, comentaría las trampas que acechan a las artistas de fama internacional:

«Es verdad que no soy un ángel (*sic*); no me gusta que me pisen, razón por la cual monto en cólera. Pero no soy una *prima donna* por eso. ¿Sabe usted qué es una *prima donna*? Es la primera dama de la ópera, y yo me siento muy orgullosa de serlo. Mientras exista la ópera, existirá la *prima donna*. La *prima donna* es simplemente el primer instrumento de la orquesta. Están el piano, el violoncelo, los violines, y luego la *prima donna*. En *La*

Traviata puedo llevar al público a hombros; no quiero decir que eso sea demasiado pesado, lo que quiero decir es que una *prima donna* es todo lo contrario a un capricho. Su responsabilidad es enorme, debe someterse a una terrible disciplina: el trabajo, los ensayos, una exactitud absoluta, una constante vigilancia sobre sí misma.»

Durante otra entrevista concedida a *L'Express*, vuelve a insistir sobre su concepto del papel de la artista:

«Yo, lo que más aporto a las cosas es una fuerza de entusiasmo, y mi convicción, que la tengo, no puedo impedirlo. Es diferente de la voluntad; no quiero imponer mis ideas a los demás, pero puedo ayudarles a ver más claro y a conseguir lo que yo creo es mejor... Yo misma acepto los consejos de los demás, aunque depende de quién. Los grandes directores pueden darte algunas indicaciones sobre la manera de desenvolverte, pero no sobre los problemas técnicos. En la Scala, yo tenía siempre a alguien en la sala, que tomaba notas y luego me decía: "Ahí, te has equivocado". Necesitamos de un ojo crítico, de una ayuda, pues el escenario te hace adoptar malas costumbres; no es sólo por el éxito y los amigos que te dicen: "Ha sido maravilloso", cuando todo ha resultado un desastre...»

Siempre esta duda que no deja de obsesionarle, al igual que sigue obsesionándole el alcance de su reputación:

«Al principio, no tienes nada que perder —añade—, pero cuando la gente te ha otorgado tal notoriedad, habría que estar loco para no tener miedo. Yo no estoy loca, tengo siempre los pies en el suelo, pero ignoro lo que el público piensa. La gloria es peligrosa, sé muy bien que no siempre puedo estar a la altura de lo que esperan de mí. Hago mi trabajo lo mejor que puedo, pero soy un ser humano. Con la gloria llega el miedo: miedo de mí, miedo de los demás...»

Cuando el 7 de diciembre de 1951, el telón se levanta sobre el primer acto de *I vespri siciliani*, un torrente de sentimientos contradictorios invade el ánimo de María Callas; felizmente, no se refleja ni en su actuación ni en su voz. Y recibe, tanto del público como de la crítica, una acogida entusiasta, aunque no tan delirante como pretende Meneghini en sus *Memorias*, pero que presagia los triunfos venideros que conocerá, en ese mismo escenario, a partir de 1954. Entre otras críticas elogiosas está la de Franco Abbiati que escribe en el *Corriere Lombardo*:

«No ha temblado la voz milagrosa de María Meneghini-Callas, con su prodigiosa extensión y sus sonoridades, sobre todo en los registros grave y medio, de belleza fosforescente y gran agilidad, de mecánica más única que singular.»

La prensa no airea aún el milagro, pero no tardará. Antonio Ghiringhelli, con esa sagacidad tan florentina, ya ha olido el viento y ha cambiado su rumbo hacia la dirección en la que sopla; se desvive ahora por su nueva *prima donna* y se prodiga en declaraciones ampulosas en las que no deja de subrayar que, gracias a su fino olfato, ha podido descubrir a esa rara *avis*.

Sin embargo, apenas las siete representaciones de *I vespri siciliani* han acabado que la llama de la discordia arde de nuevo entre la diva y el superintendente de la Scala. María, en el momento de firmar el contrato, había manifestado su gran deseo de cantar *La Traviata*, durante la temporada; Ghiringhelli le había dejado entrever que el proyecto le parecía bien; en realidad, no se ha comprometido a nada, por varias razones, la principal porque tenía la intención de dar esa obra a Renata Tebaldi. Y ahoga sus excusas en un mar de floridas palabras, con el solo ánimo de ganar tiempo. Pero cuanto más se excusa, más María, de la que ya conocemos su obstinación, insiste y porfía, hasta tal punto que amenaza con renunciar a *Norma* y a *Die Entführung aus dem Serail*, que debe cantar durante la temporada siguiente. Entonces, interviene Meneghini. El marido de la diva posee, por fortuna, el sentido de la realidad; ha evaluado las nefastas consecuencias que el gesto de la Callas podría representar al cerrarse ella misma las puertas de la Scala que, precisamente, acababan de abrirse para ella. Su influencia sobre María, en aquella época, es aún muy notoria; consigue pues disuadirla, pese a que la empresa no resulta nada fácil. Aunque ha intervenido también otro elemento: Ghiringhelli ha pagado a María los emolumentos de esa *Traviata* que no ha cantado. ¡Para la Callas es un argumento de peso!

Aguijoneada por el éxito que cosecha en cada una de sus representaciones, María se lanza a una carrera demencial que se prolongará durante varios años. Tras *I vespri siciliani*, canta *I Puritani* en Florencia; luego, regresa a Milán para cantar *Norma*; mientras tanto, ha representado esa *Traviata*, que le había negado Ghiringhelli, en Parma y en Catania; luego, otras tres representaciones de *I Puritani* en Roma y tres más en Florencia; vuelve a la Scala para cantar cuatro veces *Die Entführung aus dem Serail* con un brío excepcional, pese a que encuentra la música de Mozart «aburrida porque no se mueve bastante», según sus propias palabras. Para terminar con ese verdadero maratón, sale hacia finales de mayo de 1952 hacia México, donde dará diecisiete representaciones con siete obras diferentes. Tras lo cual, regresa de nuevo a Italia, donde, sin casi tomar aliento, recomienza un nuevo periplo tanto o más extenuante.

Repitámoslo: esa actividad da vértigo; cuando se la considera a través del tiempo transcurrido, uno se pregunta si ahí no habría que buscar la causa principal de la angustia que, más tarde, se apoderaría de María y que le impediría proseguir su carrera. Pero esa ansia por cantar cualquier género de obra, esa necesidad de prodigarse allí donde la reclaman o aclaman las muchedumbres extasiadas, ¿no era el sustento indispensable para su talento? ¿Una Callas razonable hubiera llegado a ser *la* Callas? Seguramente no.

Muy pronto, el Metropolitan Opera de Nueva York va a solicitar humildemente la venida de María. Hasta 1952, Rudolf Bing, el director del Met, seguía aún escéptico sobre las cualidades de la diva. Lo comentará con franqueza en sus *Memorias*:

«La persona que vi en Florencia, durante la primavera de 1951, tenía muy poco en común con la María Callas mundialmente famosa poco después. Era monstruosamente gorda y torpe. Yo escribí a Bonard:[1] "La he escuchado y he tenido con ella una larga conversación. Sin duda, posee dotes excepcionales, pero aún tiene mucho que aprender para poder llegar a ser una estrella del Met. Tuvimos una conversación muy amistosa, pero sin llegar a ningún acuerdo. En septiembre o en octubre, le escribiré para preguntarle si puedo hacerle una oferta y de qué clase para la temporada 1952-1953; ella decidirá si puede aceptar... Esperemos unos meses".»

Efectivamente, tras los éxitos que la Callas conoce durante su primera temporada en la Scala, el querido señor Bing cree que ha llegado el momento de hacer venir a Nueva York a la nueva diva y le propone cantar *La Traviata*, durante la temporada 1952-1953, proposición... ¡que María rechaza! ¿Un capricho más? En absoluto. No se sabe por qué, pero a Meneghini le niegan el visado americano, y María no quiere viajar sin su Titta. ¿Razones sentimentales? Puede ser, pero sobre todo esa necesidad sempiterna de sentir junto a ella a un gurú protector.

El señor Bing, como tantos otros directores de teatro, no duda en adorar al día siguiente lo que ha despreciado el anterior, sobre todo cuando en el horizonte aparece la perspectiva de jugosas recaudaciones. A comienzos de 1954, el director del Met es decididamente tocado por el estado de gracia: se convierte en un entusiasta partidario de la Callas. Lo confesará así:

«En aquel verano, la señorita Callas había perdido al menos veinticinco kilos, y se había transformado en la mujer esbelta, fascinante y encantadora que conquistó el mundo de la ópera —y a otros muchos—. Parecía salida de un cuento de Andersen. Ella no presentaba ninguna de esas señales que, por lo general, se observan en una persona gruesa que ha perdido peso; parecía haber nacido para ostentar aquella silueta delgada y grácil que se movía con elegancia. Para el Metropolitan resultaba *urgente* contratarla...»

Ya hablaremos más adelante sobre el adelgazamiento casi milagroso de María, así como de su presentación en el Met. De

---

1. Lidivino Bonard era un agente artístico.

momento, volvamos a la Scala, el glorioso teatro donde va a recibir el cetro de estrella que algunos quisquillosos todavía le discuten.

Pierre-Jean Rémy ha dicho, y con justicia, que María puso tres años y diez obras para poder conquistar el teatro de la Scala, conquista que coronaría durante la temporada 1954-1955.

Durante este período es cuando la Callas accede verdaderamente a su rango de gran estrella internacional. Pero pese a convertirse simultáneamente en una mujer atractiva y en la más célebre cantante del mundo, no por ello abandonaría en el camino sus complejos de antaño: el miedo a los demás, la falta de confianza en sí misma y en sus medios, y la necesidad de una presencia constante a su lado. Hasta que, años más tarde, no se encontrara con Onassis, María no sería consciente de haberse convertido en una mujer deseable.

Volvamos a su nueva campaña mexicana, en junio-julio de 1952. En Ciudad de México ella canta por primera vez la ópera *Lucia de Lammermoor*. Fue el 10 de junio. La sala, enardecida, la aplaudió de pie durante veinte minutos, al caer el telón. Único comentario que en ella provocaría aquella acogida delirante:

—Por supuesto, la primera *Lucia*, en México, no estuvo del todo mal... Tuve algunos bonitos agudos pero, sin embargo, no estuve a la altura de lo que hubiera podido hacer...

Esta permanente insatisfacción podría interpretarse como una especie de orgullo o, más bien, como el famoso *fishing for compliments* que practican algunos virtuosos de la falsa modestia; sus detractores no se sentirán culpables al acusarla. En realidad, no es nada de todo esto. Si María no saborea el éxito que ha conocido con *Lucia* es porque la angustia de tener que cantar *Rigoletto*, una semana más tarde, la atenaza desde que ha desembarcado en México. Ella no «siente» el papel; quisiera renunciar, de ahí nace una nueva serie de disputas con Carazza-Campos, el director del teatro. Éste se mantiene firme: María tendrá que cumplir la totalidad del contrato. Canta pues, como previsto, el papel de Gilda. Pero no lo canta muy bien; por de pronto, la crítica emite algunas reservas que le fastidian su temporada mexicana. María olvida los elogios obtenidos en sus interpretaciones anteriores de *Lucia* y de *Norma* en detrimento de su fracaso, muy relativo, de *Rigoletto*. Razón por la cual decreta que jamás volverá a cantar en público la obra de Verdi; esta vez, mantendrá su palabra, limitándose, tres años más tarde, a realizar unas grabaciones con Di Stefano y Titto Gobbi, como compañeros. No podemos sino deplorar esta decisión, pues con un número de ensayos determinados hubiera sido una espléndida Gilda.

En julio de 1952, a su regreso de México, María recibe una carta de Evangelia en la que le anuncia su intención de divorciarse. La verdad es que desde hace tiempo no existe lazo alguno entre el matrimonio Callas. Pero eso no impide que a María le siente muy mal la noticia... tanto más cuanto que ésta viene acompañada de una petición de dinero, no sólo para Evangelia sino también para Jackie. Ya hemos visto antes en qué términos desagradables María había categóricamente rechazado tal solicitud. A partir de ese día, entre madre e hija la ruptura está consumada, pero sus reincidencias no dejarán de alimentar las crónicas y de proporcionar las suficientes habladurías a los detractores de la diva.

Afortunadamente, ese mismo mes de julio le reserva otras compensaciones; primero, un sustancioso contrato para cantar *La Gioconda* en la Arena de Verona; y luego, el contrato, mucho más sustancioso, que le ofrece la casa de discos EMI. Cuando María estampa su firma al pie del contrato, que la liga a la casa para la realización de una serie de prestigiosas grabaciones, Walter Legge, el director artístico de EMI, lanza un suspiro de alivio. Y no sin razón: desde hace más de un año y medio, los Meneghini vienen dando largas al infortunado productor. Cada vez que María estaba a punto de firmar, ella o Meneghini ponían objeciones, que, por supuesto, estaban dirigidas únicamente a obtener más dinero. En el libro que Ariana Stassinopoulos ha consagrado a la diva, cita estas palabras de Walter Legge:

«Todavía me duelen los brazos al recordar la cantidad de flores y de plantas que Dario Saria y yo transportamos hasta su apartamento de Verona.»

Por lo visto, los Meneghini eran insensibles al lenguaje de las flores, pues las negociaciones prosiguieron así durante meses. Legge tenía que haber conocido no obstante a las cantantes, puesto que estaba casado con la ilustre Elisabeth Schwarzkopf; por fin, dejó de desesperarse cuando recibió una llamada telefónica de Meneghini informándole que las últimas proposiciones formuladas convenían perfectamente a su esposa y que estaba dispuesta a firmar. Sin apenas dar crédito a lo que oía, el director de EMI retomó el camino de Verona y se presentó en casa de los Meneghini, provisto de un ramo de flores aún más gigantesco que los anteriores; sacó el contrato del bolsillo y tendió su pluma estilográfica a la diva... Entonces, el *signor* Meneghini se entregó a uno de esos ejercicios «a la italiana» o, más bien, «a la china», que practicaba con arte consumado y placer no disimulado.

—Mi mujer es muy supersticiosa —explicó—, por costumbre jamás firma un contrato que le acaban de presentar. Teme que eso pueda acarrearle alguna desgracia. Pero de aquí a dos semanas, a lo sumo, le enviaremos el contrato debidamente firmado. ¡Tiene usted mi palabra de honor!

Evidentemente, dos semanas más tarde, Walter Legge seguía esperando el contrato. Vuelve a Verona y entabla una nueva discusión cuyo fin sigue siendo el mismo: los Meneghini quieren más dinero. Al director de EMI no le queda más remedio que bajar las orejas y obedecer las argumentaciones de Battista.

Cuando más tarde, no sin interés loable, Battista Meneghini defienda sus pretensiones a la herencia de su ex mujer y dispute el pastel a Evangelia, no hace otra cosa que seguir comportándose como un empresario que reclama sus dividendos.

Otra consagración, esta vez totalmente artística, espera a María: la del público londinense ante el cual aún no se ha presentado.

Su llegada a Londres recuerda la de una reina: seguida de Titta, que trota a pasitos detrás de ella, y de dos secretarias, es recibida por un enjambre de periodistas que le disparan mil preguntas a las que contesta con paciencia seráfica. Se instala en una majestuosa *suite* del hotel Savoy y convoca una rueda de prensa. El 8 de noviembre de 1952 tiene lugar la gran gala en el Covent Garden, prestigioso monumento del arte lírico que ha visto desfilar a tantas celebridades. María canta *Norma* y le infiere tal intensidad dramática, su voz refleja tanta emoción, y su interpretación abarca tal escala de matices y de refinamientos que la ovación del público traspasa la sala del teatro. Las cinco restantes representaciones se ofrecen con el cartel de «no hay billetes» y la crítica británica se deshace en elogios:

«Grande y soberbia, como una de esas divas victorianas de los cuadros de Millais», escribe Philip Hope-Wallace.

Una lluvia de elogios cae sobre ella. Única sombra en el panorama: la silueta maciza de María es objeto de ciertas observaciones desagradables; aunque no se burlan de la cantante, sino de la mujer y ésta sí resiente cruelmente las alusiones que le lanzan como flechas envenenadas. Sin embargo, no es la primera vez que el contorno de cintura de la diva o la impresionante redondez de sus pantorrillas son así atacadas. Cuando María cantó *Aida* en Verona, un periodista italiano fue bastante mordaz:

«Era totalmente imposible distinguir la diferencia existente entre las patas de los elefantes que había en el escenario y las piernas de María Callas»,[1] escribió ese cretino.

Esta polémica sobre su físico la hiere cada vez más profundamente, sobre todo a medida que se va prolongando, hasta tal punto que, una vez convertida en la Callas sílfide, no pudo ya desprenderse de la Callas gruesa.

De todas maneras, es bien sabido que el público de lo «lírico» atribuye ante todo valor a la voz. Y está dispuesto a cerrar los ojos a las redondeces de una diva si ésta le deleita el oído. Con

---

1. Citado por Ariana Stassinopoulos en *Maria Callas par-delà sa légende*.

impaciencia, el público de Milán espera a María para su nueva temporada en la Scala. En ese mes de diciembre de 1952, se dispone pues a iniciar su segunda conquista del más prestigioso teatro lírico del mundo. Una batalla que, en perspectiva, se presenta ardua, pues los aficionados al *bel canto* están ahora agrupados en dos campos bien distintos: los partidarios de Renata Tebaldi y los de María Callas, y el ardor de unos y otros promete una atmósfera caliente en la sala. El jefe de la claque oficial del teatro, que debería mantenerse imparcial, va a aprovecharse de la situación yendo de un campo a otro: según la importancia de la cuantía desembolsada por los «Tebaldistas» o por los «Callasistas» dirigirá en uno u otro sentido las salvas de aplausos o de silbidos.

Para que la rivalidad de los dos bandos no se convierta en una batalla campal, el director Ghiringhelli usa una estratagema ingeniosa al dividir su temporada en dos partes: la primera estará asegurada por María, la segunda por Renata.

Por su parte, nuestra diva cantará tres obras: *Macbeth, Il Trovatore* y *La Gioconda*. María aborda, no sin cierto recelo justificado, ese primer papel de Lady Macbeth que, a la larga, le representará ciertos sinsabores. La obra de Shakespeare, a la que Verdi ha puesto música, no es particularmente alegre. En ella reina una atmósfera lúgubre que la partitura de Verdi, casi enteramente concebida de forma sombría, no contribuye a esclarecer. Pero María, acechada por un público y una crítica todavía no conquistados en su totalidad, conseguirá silenciar a sus últimos detractores, en esa noche del 7 de diciembre, que los milaneses, conocedores de ópera, recuerdan aún con emoción. Pierre-Jean Rémy, al referirse a la actuación y a la materialización vocal de la *prima donna*, durante la representación, habla «de un demonio poseído por el miedo, una soprano sobrehumana capaz a la vez de delirios monstruosos y de supremas dulzuras... Un fantasma que añade profundidad a sus frases y una gran dama que invita a beber en su castillo a los que quiere disuadir del recelo...». De la platea al último piso, durante veinte minutos, un estruendo de aclamaciones saluda el gran talento de la Callas.

Tampoco María olvidará la intensidad de aquella acogida. Años más tarde, durante una entrevista que me había concedido, rememoró no sin placer aquel recuerdo:

—Me había acercado hasta el foso de la orquesta y oía aquellos bravos que bajaban desde los pisos hasta mezclarse con los del patio de butacas, sin darme bien cuenta, en aquel momento, de que eran a mí a quien se dirigían... Era como el oleaje del mar rompiendo contra el muro de un dique... Sí, en verdad, tardé unos minutos en comprender que era yo la que estaba provocando aquella tempestad... Experimenté, es cierto, un sentimiento mezclado de orgullo, pero lo que más predominaba en mí era la satisfacción de saber que había saltado por encima de todos los obstáculos, que había sorteado las múltiples trampas que entrañaba mi personaje. Durante toda la obra, me había sentido identificada con aquella terrible Lady Macbeth y volver poco a poco a ser María Callas, es decir a una cantante de ópera que había cumplido su misión y dado felicidad a un público, me procuraba una satisfacción indecible... Me sentía tan dichosa que, cuando llegué a mi camerino, recuerdo que lloré durante largo rato...

En medio de ese concierto de alabanzas que acoge la prestación de la diva hay, sin embargo, algunas últimas notas falsas, como la de Rubens Tedeschi, el crítico de *L'Unità*:

«La señora Meneghini-Callas nos ha dado momentos de felicidad sustituyendo a otros que no lo eran tanto, pero no ha sabido encontrar esa expresión de majestuosidad sin la cual Lady Macbeth no podría existir.»

Por otra parte, los enconados detractores de la diva habían colocado en la sala a unos alborotadores con el ánimo de perturbar la representación; pero la intención resultó fallida: ahogados en un mar de admiradores apasionados, los infelices tuvieron que rendir sus espadas, tal como atestigua el periodista Teodoro Celli, que relata la famosa velada en el *Corriere Lombardo*:

«Puede que ninguna otra obra parezca hecha tan a la medida

de la Callas como *Macbeth*. Verdi ya tuvo que rechazar a una soprano por su armoniosa voz y elegir, sin embargo, a otra, la Barbieri-Nini, gran actriz, por ser capaz de emitir sonidos "casi diabólicos", según propias palabras de Verdi. Una elección que no olvidarán las dos o tres personas que, provistas de silbatos, intentaban después de la gran escena del sonambulismo menoscabar a la cantante, para, por único resultado, transformar lo que no hubiera sido sino una gran acogida cálida en una ovación triunfante e interminable.»

De este modo, la Callas conoce un triunfo, no sólo gracias a sus cualidades excepcionales sino también a sus defectos, que no lo son menos.

La segunda obra que representa en la Scala, *La Gioconda*, de Ponchielli, es menos evidente. A la diva se la ve fatigada: primero, a causa de unas representaciones que había dado mientras tanto, entre estas dos obras, en Florencia, Venecia y Roma. Siempre ese incorregible apetito de cantar... y de ganar dinero; pero, sobre todo, por la tensión que había soportado durante *Macbeth*, está a punto de estallar. De ahí, sus frecuentes malestares y sus eternos trastornos circulatorios. Afortunadamente, con la última serie de representaciones que da, entre febrero y marzo de 1953 en la Scala, María confirma su supremacía. Sus detractores, que habían recuperado la esperanza con ocasión de *La Gioconda*, deben una vez más guardar sus silbatos.

Esta vez, ella lo presiente, ha conquistado la Scala. Sin embargo, no ha recibido sino un anticipo sobre la gloria que recogerá más adelante en el teatro milanés. Es una estrella, pero no un ídolo todavía. ¡Paciencia! Aunque no esperará mucho. De hecho, ella y Titta se esfuerzan por conseguirlo. El antiguo fabricante de ladrillos se ha convertido en el rey de los empresarios.

Casi sin tiempo para saborear sus éxitos milaneses, María canta durante el *Maggio Musicale* de Florencia un nuevo papel a su medida —o más bien, a su desmedida— que le ofrecen: *Medea*, de Cherubini. La obra no ha sido representada desde hace medio siglo por la dificultad que entrañaba en encontrar a una artista capaz de encarnar a esta heroína de la antigua Grecia, que su pasión traicionada la empuja a las más crueles violencias. Hay que poseer el aliento de la tempestad, sentir circular por las venas la sangre de la tragedia y tener en la voz los acentos del paroxismo para poder restituir a ese personaje, fuera de lo humano, su talla y su amplitud. Con él, María podrá dar libre curso a sus delirios, remontar hasta las profundas fuentes de sus orígenes y liberar las aguas impetuosas de su temperamento. Un testigo privilegiado, que asistió al espectáculo de Florencia, se estremece aún después de treinta y cinco años:

«En el tercer acto, la Callas se había identificado tanto con su personaje que hasta yo me olvidé de que estaba asistiendo a una ópera. Ella era verdaderamente Medea, esa mujer poseída de pronto por la locura del crimen... En la sala, los espectadores contenían el aliento, subyugados por el espectáculo irreal al que asistían... Recuerdo que el sudor perlaba mi frente y me sentía jadear en medio de aquel tumulto que escandía la voz de la Callas.»

La prensa, unánime, saludó esa proeza cuyo alcance había comprendido al fin. Giuseppe Pugliese dice en *Gazzetino*:

«María Callas ha superado una prueba que tal vez hoy ninguna cantante hubiese sido capaz de aventajar. Se ha mostrado con generosidad vocal, tanto desde el punto de vista de la riqueza como del de la resistencia; es increíble.»

Giulio Coupalonieri pondera en *La Patria*:

«En escena, María Callas se ha mostrado una heroína espléndida, merced a su precisión musical, su comprensión del personaje y la intensidad de sus registros. Se diría que su voz, tan rebelde en las definiciones habituales, se ha adaptado muy bien a la maravillosa expresividad de Cherubini.»

Podríamos citar infinidad de artículos de la misma naturaleza e inspiración que, todos, insisten sobre la parte «fenómeno» que caracteriza la personalidad de la diva. Con *Medea*, esa obra imposible, María coronará su toma de posesión de la Scala, pues la elige precisamente para su presentación de la inauguración de la temporada 1953-1954.

Pero no será ella la que abrirá la temporada, sino su gran rival, Renata Tebaldi, aunque por última vez. Así ha quedado convenido entre los Meneghini y Antonio Ghiringhelli. Aquel 7 de diciembre de 1953, el matrimonio Meneghini hace una entrada señalada en el palco presidencial. Y cada vez que la Tebaldi sale a escena, la Callas aplaude estrepitosamente, y lo hace con tanta furia que las malas lenguas se preguntan si lo que desea realmente es demostrar, con ese estrépito, su admiración hacia Renata y manifestar así su *fair play*... o, por el contrario, molestar a su rival con esa demostración de tan sonoro entusiasmo...

Sea lo que fuere, María ha conseguido su propósito. La Tebaldi no hará durante la temporada siguiente más que una breve aparición en la Scala.

Cuando deciden programar *Medea*, surge un serio problema: ninguno de los grandes directores de orquesta está disponible. Ghiringhelli está a punto de renunciar, cuando María aporta la solución. Días antes, había escuchado por la radio un concierto de música clásica dirigido en directo por un joven americano del que ha retenido el nombre: Leonard Bernstein. El futuro compositor de *West Side Story* es todavía poco conocido, y Antonio Ghiringhelli tiene sus dudas; no le gusta tener que confiar la prestigiosa orquesta de la Scala a un músico cuyo potencial desconoce. Pero cuando la Callas quiere algo... ¡los empresarios teatrales se ven ahora obligados a ceder!

Contactado por teléfono, Bernstein comienza por rehusar; no conoce la obra de Cherubini y duda en arriesgarse a semejante aventura. María interviene; arranca el teléfono de manos de Ghiringhelli y se lanza a una larga explicación en inglés de la que, evidentemente, ni Ghiringhelli ni Meneghini entienden una sola palabra. Pero el resultado es espectacular: Bernstein acepta venir a Italia para dirigir *Medea*. El éxito coronará las esperanzas de los participantes y el joven director americano conseguirá elevarse a la altura de los más famosos directores de orquesta.

Las prestaciones de María en la Scala, durante el invierno 1953 y la primavera de 1954, son una sucesión de hechizos. Su interpretación de *Lucia di Lammermoor* es tan sobrecogedora como la de *Medea*. La escena de la locura le ofrece una nueva oportunidad para desplegar las dotes de actriz trágica que tanto subyugan al público; hay que hacer acopio de fuerzas para darse cuenta de que sólo se está asistiendo a una representación teatral, que la mujer que se desgarra en escena, que grita su sufrimiento, que se hunde en la más implacable de las noches, no es sino una artista que simula, una intérprete que *representa* un papel... El secreto de la Callas radica precisamente en esa facultad mágica que posee para poder salirse del marco del espectáculo, de hacer olvidar el cartón-piedra de los decorados, el oropel ficticio de la escena, la convicción a veces pueril de la acción dramática, emocionando de tal modo al espectador que éste se ve obligado a penetrar en el universo en el que ella se mueve. Pues, si razonamos fríamente, esos personajes que encarna, esas mujeres que mueren todas de muerte violenta, que asesinan con indiferencia a sus esposos, a sus amantes o a sus hijos, que un destino inhumano abruma con puntualidad desconcertante, esas heroínas de ópera quedan muy lejos ya de nuestra realidad: el melodrama, que les sirve de destino, fue concebido con el espíritu de los siglos pasados y se sitúa en las antípodas de nuestros tiempos. Y sin embargo, durante los años en los que consolida la plena posesión de sus medios, María Callas ha sabido conducir a su público a través de una carrera fantástica, exaltando sus sentimientos hasta el paroxismo, únicamente con la magia de su sola presencia y de las inflexiones de su voz.

Hay aún otro ingrediente en la poción mágica que nos sirve la diva: en medio de los más arcaicos conceptos del espectáculo, ella permanece extrañamente contemporánea. Los sentimientos caducos que expresa encuentran, a través de ella, el color y el vigor de nuestras propias pasiones; esa Medea asesina de sus hijos, esa Lucia de mente enajenada, transfiguradas por María, ya no son las heroínas desgreñadas de una historia imaginaria, sino mujeres de hoy, con sus sufrimientos y sus afrentas, con unas angustias que hieren nuestros corazones en lo más profundo, como un latigazo... Paradoja: la Callas, que ha restituido el *bel canto* al lugar que había perdido, que ha conseguido reconciliar el arte lírico con una tradición gloriosa, extraviada en el camino de la rutina, repinta ese arte con los colores de nuestro tiempo. Estoy de acuerdo, con todos los que han analizado el fenómeno Callas, en un hecho evidente: que después de ella, ya no se cantará más la ópera como se cantaba antes de ella.

Los músicos que trabajaron con María en aquella época así lo comprendieron, y el público también. Leonard Bernstein que, sin conocerla, tenía miedo a la diva, declara tras su primera colaboración:

«Para mi gran asombro, ella había comprendido por qué razón imperiosa quería yo transformar algunas escenas y cortar ciertos pasajes incluidos algunos de los suyos. Durante los ensayos, mantuvimos siempre unas relaciones muy cordiales. Ella comprendía todo lo que yo quería y yo comprendía todo lo que ella deseaba.»

Mismo parecer y mismo entusiasmo en el terrible Herbert von Karajan que dirige y pone en escena las representaciones de *Lucia di Lammermoor*:

«María daba pruebas de una holgura, de una disciplina, de una voluntad que raramente he encontrado en una *prima donna*. La aceptación de mis directrices no le anulaba en absoluto su espíritu de iniciativa, ni le enajenaba el sentido milagroso que tenía del gesto que debía de hacer en el momento oportuno. Sabía meterse dentro de su personaje sin dejar de ser ella misma.»

Ariana Stassinopoulos nos relata el punto de vista de Margerita Wallmann, que dirigió a María en *Medea*. A través del psicoanálisis, intenta explicar ese poder que la cantante poseía para conferir tal relieve a sus personajes:

«María se identificaba con *Medea*. Por aquella época aún era una muchacha joven casada con un hombre mucho mayor que ella. Estoy segura de que sus frustraciones sexuales encontraban un exutorio en su trabajo; su canto y su arte dramático le permitían expresar sus pasiones insatisfechas.»

Tal vez exista algún fundamento en la opinión de la señora Wallmann; aparentemente, María no podía conferir a sus heroínas una fuerza de tal intensidad si en su jardín no crecían las flores de la pasión. Por lo que ese estallido permanece de momento adormecido; las flores se mantienen cerradas en capullos: por lo visto, las frustraciones sexuales no deben de agitarla demasiado puesto que no ocupan su presente. Recordemos de paso que, desde su juventud, los placeres de la carne no le han tentado sino mediocremente y, por lo que parece, Gian Battista Meneghini tampoco va a ser el que la hará vibrar emocionalmente. Pero ella no lo necesita; al menos, por el momento. Sin duda cree que ha venido al mundo únicamente para servir al arte lírico; los sentimientos que expresa, a través de sus papeles, bastan a sus satisfacciones íntimas. Algo que apenas podemos comprender —y aquí tocamos uno de los misterios de este ser—: ¿Por qué oscura razón esta mujer, que manifiesta en escena tal ardor, con una fiebre permanente, es tan poco sensible a las tentaciones de la carne? ¿Por qué sigue insensible a las llamadas del placer? Posiblemente, en la devoción a su arte radique la causa, pero ¿la razón fundamental no residirá en su físico? Su corpulencia «elefantiásica», según algunos, y los complejos inherentes le han impuesto esta veda. Sabe, por la mirada de los hombres, que ella no los atrae. Un sentimiento tan profundamente arraigado en ella que seguirá subsistiendo aún incluso cuando ya no tenga razón alguna para dudar de su seducción.

Precisamente fue durante 1954 cuando comenzó su fulminante metamorfosis que la transformaría en una sílfide. En 1953, María Callas pesaba aún un quintal; en 1955 pesa 73 kilos, y dos años más tarde 57 kilos... ¿Cómo ha conseguido tal resultado? ¿Régimen alimenticio draconiano? Sin duda alguna. Pero la dietética no es suficiente para explicar un adelgazamiento tan rápido y tan duradero. Hay algo más, pero precisamente sobre ese «algo» el matrimonio Meneghini ha permanecido siempre silencioso. Ni la Callas ni su marido jamás han comentado los medios empleados. Así pues, reducidos a las suposiciones, no podemos sino pensar que María Callas debió de echar mano de la medicina para la transformación de su silueta. El resultado fue que, a los pocos días de su prematura desaparición, se alzaron voces para ver en esto la consecuencia lejana del tratamiento que había provocado ese adelgazamiento acelerado. Sea lo que fuere, el verdadero milagro fue que esa mutación no tuvo efectos sobre su voz, que no sufrió alteración alguna. La imagen de la cantante de formas corpulentas, tan arraigada en el espíritu del público, comenzaría a partir de entonces a borrarse. De hecho, desde la transformación de la Callas, el físico de las divas ha evolucionado. Ahora ya son más numerosas que antes las divas que son tan agradables de ver como de escuchar.

En 1954, para concluir su éxito en la Scala, María canta *Alceste*, de Gluck, bajo la dirección de Carlo Maria Giulini, un director italiano, lo que colma los deseos del público milanés. Giulini también es conquistado por su intérprete:

«En ella —dirá— había una afinidad absoluta entre las palabras, la música y la acción. Jamás he encontrado una artista de la talla de la Callas. Es justo que haya entrado viva en la leyenda.»

Su silueta estilizada suscita los comentarios más admirativos. Cuando aparece en escena, bajo su nuevo aspecto, provoca un atronador torrente de aplausos, que su interpretación de la reina de Feres no hará sino ratificar. Al mismo tiempo que la Callas pierde un número respetable de kilos, sus contratos, que siguen siendo ásperamente discutidos por Battista, ganan un importante número de ceros. Ya cobra 650.000 liras por representación. Algo considerable.

No hay que creer empero que estas victorias conseguidas han desarmado a sus detractores. Cierto, ya no son sino un corpúsculo, pero están en activo; en cada una de sus apariciones, se hacen recordar por medio de sus silbidos; claman alto y fuerte que la voz de la diva está decididamente «imposible», y que es incapaz de llegar hasta el final de un papel sin «descarrilar» en algún momento. Esas críticas injustificadas deberían dejarla fría; pues no. Ningún artista es insensible a las críticas, por muy injustas que sean, y en María, además, esos ataques alimentan las dudas que siempre la han atormentado.

Aún no se han marchitado los laureles cosechados en el teatro de la Scala, que ya María recorre otra vez Italia; de Milán a Venecia, de Florencia a Roma, de Verona a Nápoles, el meteoro ilumina a las muchedumbres extasiadas. Y luego, en Londres, donde el público del Covent Garden la espera con una impaciencia alimentada por los éxitos obtenidos el año precedente. Esta vez, no sólo aclaman a la *prima donna*, sino también a la mujer, de la que se enamoran, pues María, ahora escultural, ya forma parte de la galería de bellezas que la mitología griega, mucho antes que Hollywood y sus estrellas, nos detallaran sus encantos.

Así pues, qué importa si en *Aida* se vuelve a encontrar con ese Kurt Baum cuya presencia la exaspera, y si, entre bastidores, intercambian ciertas palabras a las que Verdi jamás hubiera puesto música; es en el escenario, frente a su público, donde se desarrolla la verdadera existencia de María Callas.

No es de extrañar pues que el Met y su todopoderoso director, el señor Bing, se manifiesten de nuevo. Rudolf Bing estima cada vez más lo absolutamente necesario que es mostrar el fenómeno a los neoyorkinos, pero todavía no se ha decidido a ponerle precio:

«¿Dónde estábamos? ¿Hay alguna posibilidad de que la podamos tener entre nosotros a finales de la próxima temporada? —escribe a su agente en Europa—. ¿Estaría disponible para varias representaciones a partir del 8 de noviembre y para un estreno con *La Traviata*, en la semana que comienza el 15 de noviembre? Por lo que se refiere a los honorarios, espero sus sugerencias. Me gustaría no tenerla que pagar más de 750 dólares por representación, pero si al final ella acepta (definitiva e irrevocablemente, y sin condiciones relativas a visados para maridos, amigos o concubinos [*sic*]) yo estaría dispuesto a subir hasta 800 dólares por representación.»

Bing es tacaño y tenaz, pero en el terreno del regateo no tiene la suficiente disposición para enfrentarse con el *signor* Meneghini. Éste no suelta a su estrella por menos de 2.000 dólares por noche; las discusiones entre los dos hombres —casi tengo ganas de escribir «las dos rapaces»— se prolongarán, intermitentemente, durante casi dos años, antes de concluir bajo el imperio de la necesidad. Por su parte, María no ha hecho nada para arreglar las cosas. Un día había declarado:

—¡Jamás cantaré en el Metropolitan Opera mientras Rudolf Bing sea el director!

Para no quedarse atrás, éste había comparado a la diva con «¡un elefante que se hubiera empeñado en cantar *Butterfly*!». Esta reflexión, de ser cierta, data del año anterior, cuando la silueta de María podía compararse con la de un joven paquidermo; desde entonces, el clímax había mejorado y en diversas ocasiones Bing creyó que la diva iba a decidirse, pero nosotros sabemos que, entre el momento en que María acepta el inicio de un compromiso hasta el momento de firmar el contrato, los nervios del productor están expuestos a una dura prueba.

Sin embargo, al final ella aceptará y se presentará en el país que la vio nacer, aunque comenzará su carrera americana en el teatro de la Ópera de Chicago. Dos jóvenes organizadores de conciertos, Lawrence Kelly y Carol Fox, supieron descubrir los argumentos «sentimentales» que enternecieron a Meneghini: 2000 dólares por representación. Por otra parte, la propia María ha elegido las obras que cantará: *Norma*, *La Traviata* y *Lucia di Lammermoor*; de igual modo, ha impuesto a sus compañeros de reparto: Tito Gobbi, Di Stefano y el amigo de los tiempos difíciles, Rossi-Lemeni. Ha apostado pues a su favor todos los triunfos con los que pretende conquistar el Nuevo Mundo, de la misma manera que, anteriormente, había conquistado el Viejo.

9

LA CRISÁLIDA SE TRANSFORMA EN MARIPOSA

—María es sin duda la profesional más disciplinada que jamás he tenido ocasión de dirigir. Hacía muchos años que yo ya la admiraba; desde el día en que, en Roma, la vi protagonizar a *Kundry* y a *Norma*. Me gustaban aquellas redondeces que la hacían tan imponente. Ya, tenía su propia personalidad. Sus gestos nos hacían estremecer. ¿Dónde los había aprendido? Por sí misma. Pero en *La Vestale* comenzamos sistemáticamente a perfeccionarlos. Algunos los imitamos de las grandes tragedias francesas, otros de las griegas. Con su largo cuello, su cuerpo, sus brazos, sus dedos, María era única. En un momento determinado, María comenzó a enamorarse de mí. Era estúpido; todo sucedía en su cabeza. Era posesiva. Hubo muchas y terribles escenas de celos. Pero yo se lo perdonaba, porque hacía cuanto le pedía con tanto escrúpulo, precisión y belleza que lo plasmaba sin jamás añadir nada de su propia iniciativa. A veces, durante un ensayo, yo le decía:

»—Vamos, María, haz algo por ti misma. Algo que te guste.

»Pero ella me respondía:

»—¿Qué debo hacer? ¿Cómo coloco la mano?

»En realidad, por aquella absurda admiración quería que yo le indicara hasta el más mínimo de sus pasos.

El que así habla sobre María es Luchino Visconti; con él, María mantendrá una relación afectiva que irá más allá de la colaboración artística. La comunión de estos dos seres en un mismo culto, en un mismo fervor, permitirá a María acceder a una especie de apoteosis, durante la temporada lírica de 1954-1955, sin duda la más brillante que ha conocido. Todos los que en aquel entonces pudieron asistir a las actuaciones de la Callas, bajo la dirección de Visconti, en la Scala, y fueron testigos de la unión de estos dos artistas de excepción, todos ellos percibieron los efluvios del encantamiento, tal como sucede cuando un hada y un brujo trabajan juntos. ¿Hubiera llegado María hasta más allá de sus posibilidades de no haber encontrado a Visconti en su camino? ¿Se hubiera atrevido a expresar unos sentimientos que hasta ella misma ignoraba?

Antes de seguir con los lances de la unión artística entre la *prima donna* y el director de cine, antes de observar la riqueza... y también las complicaciones que resultarán para ella, volvamos atrás para encontrarnos con María en la Ópera de Chicago, durante el otoño de 1954. El público y la crítica han sido conquistados:

«¿Quién está demente? ¿La Lucia interpretada por la Callas o su público en delirio?», pregunta un periodista al día siguiente de la última representación de la obra de Donizetti, que ha supuesto para la diva tener que salir a saludar... ¡veintidós veces! El público no se contenta sólo con gritar su admiración, se abalanza hasta el escenario, intentando tocar al ídolo, como si quisiera concretizar el sueño que le ha sublimado durante la representación de la obra.

Aureolada con una nueva victoria, la Callas regresa a Italia donde inicia su cuarta temporada en la Scala, con *La Vestale*, de Spontini, una obra que, de no haber sido por María, hubiera seguido durmiendo bajo el sudario del olvido, como hacía desde casi medio siglo. Se necesitaba la personalidad de María, sus facultades excepcionales para dar a esta ópera un renuevo de vida. Pero sobre todo, para María significa la oportunidad de trabajar con Visconti, proyecto que acariciaba desde que conociera a este personaje fuera de lo común. No tengo el propósito de relatar en este libro la brillante carrera de Visconti, pero echemos una ojeada sobre su compleja personalidad, sólo en atención al papel que va a desempeñar en la existencia de la Callas, y en la expansión de su talento.

Heredero de una de las más antiguas y de las más nobles familias de Milán, Visconti, desde su más tierna edad, fue irresistiblemente atraído por todas las formas de la expresión artística. Especialmente por la ópera, que le sumerge en un delirio de éxtasis. Ha asistido a todos los espectáculos de la Scala y ha analizado sus más sutiles engranajes. Sin haber accedido aún a la fama que le proporcionará más tarde el cine, sus puestas en escena de teatro, en especial de las obras de Jean Cocteau y de Jean Anouilh, le han valido ya un justo reconocimiento. Lo que ha entorpecido hasta el momento la eclosión de su carrera son sus opiniones políticas, pues este aristócrata se ha convertido al comunismo —no lo esconde, como tampoco esconde sus tendencias homosexuales, ni su gusto por el escándalo...—. Abreviando, Visconti es un elitista, un marginado talentoso, capaz de abordar todas las formas del lenguaje artístico con un inigualable éxito y una fuerte originalidad de concepción.

Antes de *La Vestale*, no se había atrevido a dirigir una obra lírica, pese a que lo deseaba desde hacía tiempo, porque admiraba a la Callas desde la primera vez que la vio actuar. En cuanto a su entrada en la Scala, va a suscitar algunas controversias. En sus *Memorias*, Meneghini se apropia del mérito de haber impuesto Visconti al superintendente Ghiringhelli. Para apoyar estas afirmaciones, publica varias cartas en las que Visconti le testimonia un afecto voluble:

«Querida María y querido Battista, pues sí, querido Battista, pues es bien cierto: María no leerá siquiera mi carta y si alguien me contesta, ése será Battista...»[1]

Por lo que respecta al tono de las misivas de Visconti hay que tener en cuenta el lado demostrativo de la lengua italiana y también del énfasis que gustaba de usar tan generosamente el célebre director. Meneghini, que no escatima detalle, añade:

---

1. Laurence Schifano: *Luchino Visconti, ou les feux de la passion*, Perrin, 1987.

«Las únicas personas que en verdad deseaban que Visconti entrara en la Scala hemos sido María y yo. Llegamos a hablar tanto de él a Ghiringhelli que, seguramente cansado de oírse recomendar a Visconti, aceptó que fuera a trabajar.»

Así pues, ¿fue por «el cansancio» que los Meneghini consiguieron abrirle las puertas de la Scala? No es del todo exacto: si bien María deseaba efectivamente tenerle como director, fue sobre todo merced a la influencia de Toscanini que Visconti se inició en el prestigioso teatro.

Por otra parte, Battista desmiente rotundamente que su mujer hubiese sentido algo por Visconti. Al contrario, no duda en escribir:

«María admiraba la inteligencia de este hombre, pero no podía soportar su vocabulario. De hecho, las conversaciones de Visconti estaban plagadas de palabras obscenas, de adjetivos de carretero. María le decía a menudo:

»—¡Cuando hablas así me das náuseas!

»En el trabajo, su lenguaje era todavía más grosero. María se estremecía cuando le oía. Más de una vez me había dicho:

»—Como se atreva a hablarme de ese modo le doy una bofetada que le dejo sin dientes.»

Revestido con la armadura del defensor de la moralidad, Meneghini nos cuenta una anécdota significativa:

—Una noche, María y yo estábamos en Roma, en el hotel Quirinal; y mi madre con nosotros. Estando en el vestíbulo, vimos entrar a Visconti acompañado de Ana Magnani y de varios amigos más. La Magnani llevaba un vestido escotado hasta el pecho. Mi madre, una mujer a la antigua usanza, muy púdica, se sintió ofendida y, en el momento en que Visconti se la presentaba se volvió hacia mí y, con una mueca, exclamó:

»—¡Qué horror!

Cuando años más tarde, su nuera encuentre a Onassis, nos gustaría saber si la digna señora halló en la lengua italiana las suficientes imprecaciones para expresar su reprobación.

Siguiendo en el orden de la moral ofendida, nuestro querido Battista añade:

—Cuando María se enteraba de que alguno de nuestros amigos engañaba a su mujer, ya no quería saber nada de él. Una vez, nos encontramos con Ingrid Bergman que precisamente acababa de dejar a Rossellini. María e Ingrid estaban muy unidas. Ésta la saludó efusivamente como de costumbre, pero María se mostró más bien fría. Luego, durante la conversación hablaron de la situación. María reprendió a Ingrid Bergman y le hizo saber que en lo sucesivo no podrían ser amigas como antes.

Lo menos que podemos decir es que el punto de vista de María, con respecto a esta cuestión, iba a cambiar seriamente...

Meneghini escribiría más adelante en sus *Memorias*:

«Tenía una noción estricta y puritana sobre el matrimonio y no admitía que pudiera haber traiciones o separaciones. Cuando pienso en la actitud que ella adoptó, luego, para conmigo, parece imposible que hubiera podido razonar así. Sin embargo, es verdad...»

Cuando María descubre que las costumbres de Luchino Visconti son particularmente especiales, al principio no quiere creerlo, y cuando al fin debe rendirse ante la evidencia acusa el golpe con la violencia que caracteriza sus reacciones íntimas. Siempre según Meneghini, «su aversión era manifiesta, a veces obsesiva. Decía que no lo soportaría más a su lado, que *su olor y su respiración* le importunaban. Fuera del teatro, María jamás encontró a Visconti...».

La verdad es que cuando María descubre el secreto —todo hay que decirlo— se pone furiosa y se niega a ver a Visconti durante un tiempo. Su actitud está sólo motivada por el despecho amoroso, actitud totalmente normal tras una fuerte decepción sentimental. Volveremos sobre el tema.

Otra contradicción flagrante entre las afirmaciones del marido y las del director de cine: la influencia de éste sobre la diva. Según Visconti, María se apoyaba enteramente en él. Meneghini afirma lo contrario:

«A Visconti le costaba manejar a María hasta en el escenario. Con los otros artistas era un tirano; con mi mujer tuvo que aprender a ceder. Él mismo confesó que la hacía evolucionar y representar según su inspiración. No es justo afirmar, como hacen muchos, que Visconti "creó" a María la actriz; es cierto, Visconti la utilizó y le sugirió muchos procedimientos para mejorar su interpretación... Pero ella jamás se dejó imponer nada...»

Aquí, Meneghini se acerca a la verdad: María poseía un sentido innato del teatro. Visconti no la «creó», pero sí contribuyó, con su inspiración fulgurante, a desarrollar aún más sus dotes y sus cualidades. Citando los propios términos de Meneghini digamos que Visconti «utilizó» a María como ningún otro director supo hacerlo hasta entonces.

En cuanto a lo que Meneghini niega sobre esos sentimientos amorosos, fue más tarde desmentido por testigos, testigos que pudieron contemplar, durante los ensayos, y luego durante las representaciones de *La Vestale*, a una María transformada, dulce, serena... Cada vez que Luchino le dirigía la palabra, una sonrisa aparecía en su rostro y con evidente buen humor se sometía a sus directrices:

«La cuestión es que debido a la absurda pasión que sentía por mí, ella deseaba que yo le hiciera hacer hasta el más mínimo de sus movimientos», declara Visconti, y notemos de paso el calificativo *absurdo*. Para Visconti, en efecto, el amor de una mujer por un hombre y *viceversa* no puede ser sino absurdo... Dejémosle a él la responsabilidad de ese punto de vista.

María, animada por unos impulsos que siente por primera vez en su vida, persigue a Luchino sin darse cuenta de que eso le exaspera en sumo grado. Una vez, durante la temporada de ópera, al finalizar el último acto de *La Sonnambula*, que Luchino dirigía, María le pide con insistencia que la acompañe hasta el final de los bastidores pues, pretende ella, su miopía le impide desplazarse sin peligro. Ingenua estratagema de mujer enamorada. Con respecto a esto, Visconti comenta no sin ironía:

«Yo llevaba siempre en mi bolsillo un pañuelo impregnado de cierto perfume inglés que gustaba mucho a María. Ella siempre me pedía que pusiera el pañuelo sobre el diván donde debía recostarse para la escena de la posada.

»—Así podré andar directamente hacia esa dirección, con los ojos cerrados.

»Por suerte, a ningún músico de la orquesta se le ocurrió usar el mismo perfume, pues lo más seguro es que se hubiera caído en el foso de la orquesta.»[1]

Es ostensible el desenfado con el que Visconti trata las manifestaciones amorosas de María. En otra ocasión, en plena representación de *La Traviata*, María aprovecha el entreacto para correr tras Luchino que cena en el restaurante Biffi, cercano a la Scala; aquella misma noche, él sale para Roma y María no quiere que se vaya sin darle un último adiós. Ni siquiera se ha tomado la molestia de quitarse el traje de escena, de un rojo fulgurante, realzado aún más por el destello de las piedras incrustadas.

—El incidente hubiera podido ser peor —comenta Visconti—. ¡Imagínese si ella se hubiese presentado en el Biffi con el camisón que Violetta lleva en el último acto!

Por supuesto, Meneghini niega formalmente el incidente. Por desgracia para él, hubo testigos... Testigos que no se privaron de comentar, a su manera, la irrupción de María en el comedor del restaurante.

Es un hecho comprobado que María no se cohíbe en proclamar al mundo sus sentimientos por Luchino. De todas formas, de haberlo querido, ¿hubiera podido dominarse? ¿Pudo en alguna ocasión frenar sus impulsos, por más que éstos la condujeran a la violencia o a la ternura? Su éxito acentuó aún más en ella el exhibicionismo y la extraversión. Sabía que la Callas podía permitirse ciertos gestos o palabras que estaban vedadas a María. Y sobre todo, sabía que la espléndida mujer que ella era ahora podía, sin temor al ridículo o al desprecio, mirar a los hombres de la manera que quisiera. Era un universo nuevo que se le manifestaba, desconocido hasta entonces para ella, el universo del placer compartido, el universo del amor carnal. Por mucho que

---

1. Citado por L. Schifano, *op. cit.*

144

quiera persuadir a la posteridad de lo contrario, el infortunado Gian Battista jamás pudo despertar en María esa emoción del corazón y de los sentidos a la que todo ser aspira. Walter Legge, el director de la firma de discos de María, nos cuenta una anécdota muy significativa: Después de una representación, él acudió al hotel de los Meneghini. Les encontró a cada uno sentado en su cama, arropados con unos jerséis de lana muy poco excitantes, y leyendo los periódicos. Cuando les confirmó que el público se había retirado extasiado, y que jamás una cantante había conocido semejante éxito, cada cual se volvió de espaldas y apagó la luz.

El comportamiento de María hacia Visconti fue evidentemente diferente. Ella lo acosaba literalmente, lo perseguía por entre bastidores, en el restaurante Biffi, y hasta en el hotel donde se hospedaba. Cuando se enteró de que las mujeres sólo le interesaban en el terreno artístico —el mismo Luchino se encargaría de ponerla al corriente—, para ella representó un golpe cruel. Entonces, los celos se suman a los sentimientos que había alimentado hasta entonces; unos celos atroces, que se traducen en escenas violentas, como sólo ella sabe hacer. Sobre todo, cuando Visconti demuestra un interés visible por algún nuevo «amigo».

«María —cuenta Visconti— detestaba a Corelli porque era guapo. Eso la ponía frenética; estaba siempre comprobando si yo le hacía más caso a él que a ella.»

Sin importarle lo más mínimo el lugar donde se encuentra, María hace «escenas de matrimonio». Sea en el restaurante o en pleno ensayo, no duda en hostigar a Luchino con preguntas, y no precisamente en tono confidencial. Cuando Luchino Visconti sustituya a Franco Corelli, que tenía un papel en *La Vestale*, por Leonard Bernstein, que dirige *La Sonnambula*, los celos de María sufrirán una ruda prueba. Entre Bernstein y Visconti se habían entablado unas relaciones de «simpatía» que María no puede soportar. De nuevo, comienza para ella el suplicio de las sospechas, de la angustia, de la vigilancia. Cuando se entera de que los dos hombres cenan solos en un restaurante, ella surge de improviso y se alza ante ellos, cual estatua blandiendo la espada de la venganza. En su furor amoroso, arroja por la borda dignidad, orgullo e independencia, unos atributos que, de común, formaban parte integrante de su personalidad; es sólo una mujer que sufre y que ama y, como se trata de su verdadero primer amor, se comporta a su treinta y dos años como si tuviera diecisiete. Es objeto de habladurías, de sonrisas falsamente lastimeras, de reflexiones acerbas por su actitud. Visconti cuenta que una mañana fue a visitarla a su habitación del Gran Hotel de Milán, en compañía de Leonard Bernstein:

«En el momento de despedirnos, le dijimos: "*Ciao*, María, cuídate mucho" y nos dirigimos hacia la puerta.

»¡Quédate aquí! —me lanzó ella—. ¡No quiero que te vayas con Lenny!»

Naturalmente, los dos hombres se marcharon sin obedecer la orden; entonces María saltó de la cama y les persiguió. En varias ocasiones se dedicó a este tipo de actuaciones sin importarle las habladurías. Sí, María Callas estuvo profundamente enamorada de Luchino Visconti y la admiración que sentía por el director fue una ínfima parte de la pasión que experimentó por el hombre. Sobre este tema, unos amigos muy íntimos de la Callas, en especial Michel Glotz, me comentaron sus convicciones. Fue así como María Callas descubrió que, en la vida, existían otras cosas además del arte lírico.

Por aquella misma época, los Meneghini conocen a Franco Zefirelli. Todavía es muy joven pero consolida ya un talento y una personalidad que conseguirán ensombrecer a Visconti, pese a que aparece tras sus huellas, como nuevo favorito del maestro y pronto su rival. Pues, paradoja, ahora será Visconti el que estará celoso; celos provocados por los lazos de confianza que surgen espontáneamente entre la Callas y su ayudante, aunque sólo se trata de celos profesionales. Pues Zefirelli, en la Scala, entre dos espectáculos de Visconti, ha presentado a una María alegre, relajada, sonriente, despojada de sus furias, en ese *Il Turco in*

Italia, de Rossini, que ella ya había interpretado años atrás y que le había permitido descubrir un aspecto ignorado de su talento. Zefirelli, el discípulo, consigue obtener éxito y sacar un excelente partido de la Callas; pero veamos lo que no puede soportar el maestro:

—¡Escenógrafo, sí! ¡Director, jamás! —brama Luchino.

Lo que arranca a Meneghini este comentario poco amable:

—Visconti era entonces Dios Todopoderoso en el ámbito del teatro y del cine. Nadie se atrevía a hacerle frente. Se rodeaba de una corte de aduladores, gandules, alcahuetes, haraganes y ociosos que se dedicaban a divulgar un sinfín de habladurías y de falsos bulos por los salones del Todo-Milán, haciendo y deshaciendo las reputaciones del mundo del espectáculo.

La rivalidad entre Visconti y Zefirelli llegó un día a tomar un cariz cómico cuando, ante el Piccolo Teatro, se intercambiaron injurias y golpes. Por fortuna, el malentendido que les separaba se disipó pronto y los dos hombres se fueron juntos a España... desde donde enviaron ¡tarjetas postales a María!

María Callas sintió hacia Zefirelli una profunda amistad que resistió los embates del tiempo. En cuanto a Franco Zefirelli, que hace escasos meses apareció en un programa de la televisión francesa presentado por Bernard Pivot, evocó el recuerdo de la *prima donna* con, en la voz, una emoción y una ternura intactas; tuvo, no obstante, otras oportunidades para trabajar «a medida» para ella.

Por su parte, pese a que veía con malos ojos la colaboración de María y de su joven émulo, Visconti nunca dejó de sentir hacia ella una admiración sin límites. Laurence Schifano, en el hermoso libro que ha escrito sobre la Callas, cita este comentario sin ambigüedades:

«¡Qué diferencia con cualquier otra cantante de la vieja escuela! —son palabras de Visconti—. Ebe Stignani, por ejemplo, en el papel de *La Vestale* era un verdadero desespero con sus dos o tres infortunados gestos; ¡peor que una fregona en un escenario! Era la antítesis de María, que aprendía y se superaba día a día. Por poco que la encauzaras, María acaba siempre por mejorar tus expectativas, con un instinto teatral verdaderamente sobrecogedor. ¿Qué es lo que más recuerdo de ella durante los ensayos? La belleza... La intensidad, la expresión, todo... Era un fenómeno monstruoso... Casi una enfermedad. Un género de artista que ha desaparecido para siempre jamás...»

No es casualidad que la llegada de Visconti a la Scala coincidiera con el período de apogeo de María; Visconti traía consigo ideas renovadoras que trastocaron por completo el aspecto que la ópera había ofrecido hasta entonces. Por la concepción de los decorados, por los movimientos que infiere o, más bien, que impone a los actores, por el juego de luces que aplica cual mago, Visconti obnubila en parte el lado artificial de la ópera y nos hace creer en lo que se ve, sin que por eso un halo de romanticismo deje de nimbarlo. Y además, sobre todo, Visconti sabe aprovechar al máximo a sus artistas. La Callas, bajo su dirección, se engrandeció como jamás lo había hecho.

El resultado de esta alquimia entre dos temperamentos excepcionales es espectacular: el 7 de diciembre de 1954, durante el estreno de *La Vestale*, la diva recibe del público de la Scala una ovación como jamás había recibido. Al finalizar el segundo acto, una lluvia de claveles rojos se abate a sus pies, arrojados desde la platea, desde todos los pisos, confundidos en un mismo arrebato de admiración. Entonces, María tiene un gesto que va a sobrecoger a todo su auditorio: recoge un clavel y, acercándose hasta el borde del proscenio, se lo ofrece a un anciano caballero que no puede retener las lágrimas: pese a que sigue siendo un «tebaldista» convencido, Arturo Toscanini no disimula su emoción.

Esta cúspide del éxito conseguida por la «pareja» María-Luchino, considerada hasta ahora inigualable, será superada con creces por la segunda aparición de la Callas en *La Sonnambula*. Es cierto que María se siente arropada poderosamente por la música de Bellini, una música que se adapta mejor que cualquier otra a sus registros vocales. Y además, la orquesta está magistralmente dirigida por Leonard Bernstein. Una vez más, Visconti ha desplegado todos los recursos de su imaginación para presentar a «su» *prima donna* en un marco prestigioso. María, más enamorada que nunca de su mago, exige su presencia entre bastidores, durante la duración del espectáculo. Ya sabemos que necesitaba siempre de un tutor para poder expresar completamente todo el poder de su arte, pero esta vez su exigencia ha llegado al paroxismo: por poco no arrastra a Visconti hasta el escenario con ella... Esta actitud, como puede suponerse, exaspera a Meneghini hasta lo indecible, pero se contiene, comprende que no es el momento de contrariar a su esposa. Además, como conoce los gustos de Visconti sabe que el capricho de María no corre el riesgo de convertirse en una relación amorosa.

Una vez más, Visconti despliega los prodigios de su inventiva para realzar a su intérprete favorita y para crear con la obra de Bellini ese clímax de melancolía romántica tan característico.

Hay que decir, sin embargo, que lo mejor está aún por llegar, tanto para ella como para él: Para montar *La Traviata*, Visconti realiza una verdadera puesta en escena cinematográfica, resaltando en primer lugar unos detalles que, por lo común, la ópera no tiene en cuenta; y luego creando para María un decorado tal que ella aparece realmente como una perla rara. Visconti no oculta sus intenciones y lo comenta más adelante:

«Monté *La Traviata* para ella, no para mí, porque a la Callas había que servirla. Lila de Nobili y yo situamos la historia a finales de siglo, hacia 1875. ¿Por qué? Porque María iba a estar maravillosa con los trajes de aquella época. Ella era alta y esbelta y con un vestido ajustado, un polisón y una cola larga parecería una visión.»

Una visión turbadora, de humanidad desgarradora, pero también de seducción triunfante. Esta heroína de melodrama, esta muchacha conmovedora llamada *la Dama de las Camelias* en la novela de Dumas hijo, o *Violetta* en el drama lírico de Verdi encontró en la Callas su más admirable encarnación; la cantante

y la actriz concurren en ella para hacernos sentir simultáneamente la pasión, la ternura y la fragilidad del personaje. En el
ámbito vocal, el papel exige una verdadera demostración de vigor y de resistencia, puesto que cada acto de la obra está concebido en un registro diferente. Pero a María le divierten esos obstáculos; lo que cuenta para ella es, ante todo, dar verosimilitud a
Violetta. La propia María explica los secretos de su original interpretación:

«He intentado dar una impresión enfermiza a la voz de Violetta;
al fin y al cabo ella está enferma, ¿no es cierto? Todo es cuestión
de respiración y hay que tener una garganta muy clara para mantener esa manera de hablar y de cantar con voz cansada. Los
críticos han dicho: "La Callas está cansada; su voz está fatigada...". Precisamente ésa era la impresión que yo quería dar.
¿Cómo, en su estado, podría Violetta cantar con voz profunda,
intensa, penetrante? Eso sería ridículo.»

Visconti manifiesta abiertamente su devoción por la Callas.
Durante los ensayos, todas sus indicaciones son exclusivamente
para dar valor a la diva. Algo que no puede soportar Di Stefano,
el compañero de reparto de la cantante. Sobre todo la noche del
estreno, pues María, como suele hacer a menudo, sale sola a
saludar. Sus detractores siguen sin desanimarse y se lo demuestran con repetidos silbidos, que continúan haciendo mella en
María, a pesar de la oleada de homenajes que la inundan.

María aplica las directrices de Visconti con una disciplina que
se diría contraria a su temperamento. Ya hemos visto que
Meneghini, en sus *Memorias*, se esfuerza por minimizar la influencia del director; la anécdota siguiente es significativa:

«Él quería que Violetta, en el momento de morir, llevase puesto
el sombrerito. María sostenía que era absurdo. Tuve que interve-
nir y convencer a María para que cediera y evitar que él armase
un escándalo... El día del estreno, al llegar la escena fatídica,
María, sin dejar de cantar, con gesto elegante, arrojó el sombrerito a un rincón. Visconti, que asistía a la ópera conmigo,
exclamó: "¡Ah, la muy zorra, me las pagará!". Al finalizar la

representación fue corriendo hasta María para protestar, pero fue una pérdida de tiempo.»

Por desgracia para Meneghini, los periodistas de entonces vieron morir a María-Violetta con el sombrerito puesto; incluso uno de ellos se indignó con vehemencia. No fue el único en criticar las innovaciones del director. La transposición de la acción a la *Belle Époque* levantó numerosas objeciones. Es evidente que Visconti trastocó alegremente las tradiciones de un arte que, sin él y sin algunos de sus émulos, hubiese continuado durmiendo.

Para María, la temporada lírica que finaliza confirma su imperio en la Scala. En lo sucesivo, el público milanés no sabrá pasarse sin ella, hasta tal punto que María decide instalar sus penates en la capital lombarda; en Via Buonarotti, la casa que Battista instala, bajo la dirección de su esposa, recuerda en ciertos aspectos el palacio de una reina de las Mil y Una Noches. Sin embargo —signo de la evolución de la diva— no hay tantos dorados como en Verona y el lujo es más discreto, pese a que la profusión de objetos heteróclitos confiere a algunas habitaciones el aspecto de un mercadillo de ocasión para millonarios. La Callas recibe en su mansión, cual soberana; silueta magnífica, moldeada en los vestidos de suprema elegancia que Madame Biki diseña en exclusiva para ella. Esta nieta de Puccini, cuya casa de modas es una de las más célebres de Italia, contribuirá en gran manera a la metamorfosis de María; mientras se prueba otros nuevos modelos, sólo para mujeres extremadamente delgadas, se apodera de ella el ansia de adelgazar todavía más, y los kilos se esfuman.

Si la duda y sus viejos complejos siguen atormentándola, no deja que afloren en público.

A propósito de la Tebaldi, no duda en declarar:

«¿Acaso puede cantar una noche *Lucia*, a la siguiente una *Violetta*, a la otra *La Gioconda*, y al otro día *Medea*? ¡No! Entonces que no me digan que somos rivales. ¡Compararnos es como comparar el *champagne* y la Coca-Cola!»

Reincidirá sobre el tema. De resultas de las interminables negociaciones llevadas a cabo por su marido, la Callas firma varios contratos con Carol Fox y Lawrence Kelly, jóvenes productores de la Ópera de Chicago:

«Deberían ustedes contratar a Renata Tebaldi —les aconseja—. Así el público podrá compararnos y su temporada tendrá aún más éxito.»

Es cierto que la Tebaldi, durante el año 1955, no ha aparecido más que una sola vez en la Scala, y que su eclipse voluntario puede considerarse como un reconocimiento de la superioridad de la Callas. También es cierto que los registros vocales de María, verdaderamente prodigiosos, le aseguran, por el momento, una preponderancia incontestable. Pero si Renata Tebaldi no puede abordar un repertorio tan variado como el de la Callas, no hay que olvidar que la pureza cristalina de su voz y la perfección constante de sus prestaciones hacen de ella una de las más grandes artistas del siglo xx. En el ámbito vocal, nada tenía que envidiar a María. La Callas la sobrepasó sólo por la diversidad de su repertorio y por la superioridad de su sentido dramático.

María marcha a Chicago para una breve campaña americana, donde encuentra de nuevo a su público. Mismo entusiasmo desbocado que el año anterior, mismo fervor, mismas atronadoras declaraciones de amor. María recibe estos homenajes enfebrecidos como una reina recibiría los de sus vasallos:

«Hay una justicia —declara en una entrevista—. Justicia me ha sido otorgada. Dios existe. Yo he sido tocada por el dedo de Dios.»

Por desdicha, la presencia divina no siempre se manifiesta y un acontecimiento molesto va a fastidiar la euforia en la que nadan los Meneghini. ¿Los Bagarozy? María y Titta habían olvidado completamente a esos dos; ¡pero ellos no habían olvidado a los Meneghini! Eddie Bagarozy tiene todavía en su poder un contrato, firmado por María, que le asegura el diez por ciento de todos los honorarios de la diva y de repente ha recordado que él es abogado y que sus negocios no son muy florecientes.

Para él y su mujer, el regreso de María a América significa recuperar la gallina de los huevos de oro; no quiere perder pues la oportunidad de sacar provecho; al menos, lo intentará.

Al acabar el último acto de *Madama Butterfly*, prolongado por interminables aclamaciones, María, que no ha tenido tiempo de quitarse el maquillaje de japonesa ni su quimono, encuentra en su camerino al señor Stanley Springle, de profesión procurador de los tribunales. Como el tal señor Springle no hace las cosas a medias, ha venido acompañado de seis adjuntos, aunque se necesitarían unos cuantos más para impresionar a María. Cuando se entera por boca del procurador que Bagarozy le reclama 85.000 dólares monta en una de sus célebres cóleras. Lo que no impide que el procurador Springle, antes de marcharse, meta en el bolsillo del quimono de «Madama Butterfly» una orden de pago a realizar en el más breve plazo.

Existe una foto del incidente: en ella puede verse a Stanley Springle con la faz descompuesta, enfundado en un impermeable barato, como si quiera usarlo a guisa de escudo. Detrás de él, las uñas fuera, la boca torcida por un rictus, la señora Meneghini-Callas, cual tigresa, en todo su estallido de ferocidad. Este incidente enriqueció la panoplia de los detractores de la diva y acentuó aún más la reputación de arpía que le había sido dispensada.

Por supuesto, la Callas, enérgicamente apoyada por su marido, se niega a pagar los 85.000 dólares. Este asunto le significará años de procesos y de tormentos. Rossi-Lemeni, que también en sus inicios había caído en la trampa de los Bagarozy, saldría mejor parado merced a un arreglo amistoso. Pero ya sabemos que los Meneghini no aflojan la pasta a no ser que se vean forzados a hacerlo.

Una de las cláusulas del contrato firmado con Fox y Kelly prevee que éstos la protegerán contra las tentativas del abogado-empresario, pero los procuradores americanos son tenaces, lo han demostrado a todas luces. Con un humor de mil diablos, la cantante regresa precipitadamente a Italia... para comprobar que una marca de pastas alimenticias ha utilizado su adelgazamiento espectacular para sus fines publicitarios: a las mencionadas pastas María debe su metamorfosis. Naturalmente, el señor y la señora Meneghini emprenden un nuevo proceso judicial, esta vez con ribetes de comedia que la prensa titula «la batalla de los spaghettis» y que durará varios años. El presidente de la sociedad de pastas Pantanella —es el nombre de la firma— es el príncipe Pacelli, ¡el mismísimo sobrino del papa Pío XII! ¡Ya tenemos al Vaticano interviniendo para intentar arreglar amigablemente la cuestión! Pero María porfía: parece ser que tenía cierta debilidad por los procesos. De resultas, el propio pontífice entra en la contienda. Una cosa es cierta. Concede una audiencia privada a los Meneghini, que conlleva cierta complicación: Titta ha engordado tanto que apenas entra en su traje de etiqueta. Enfundado en un pantalón, a guisa de corsé, teme que en cualquier momento estalle y encontrarse en calzoncillos; él mismo lo escribe así en sus *Memorias*. ¡Por fortuna para el protocolo el pantalón aguantó durante toda la audiencia!

El papa pide a María que modere sus pretensiones; pero no es el estilo de nuestra diva y el pontífice —si es verdad que se mezcló en el asunto— no tuvo éxito en su gestión. Hasta 1959 la justicia italiana no dio la razón a María, pero en aquel entonces ya no le interesaban las pastas alimenticias, viajaba a bordo del yate *Christina*, en compañía de Onassis...

Durante su estancia en Chicago, los Meneghini tuvieron la inmensa satisfacción de ver como Rudolf Bing se apeaba de su propósito. El director del Metropolitan Opera estimaba, y con razón, que ya no podía por más tiempo privar a su público de la diva, cualesquiera que fuesen las condiciones exigidas por ésta. Mientras María sigue actuando en el teatro de la Ópera de Chicago, se entabla un combate reñido entre los Meneghini y Rudolf Bing. Tras haber planteado una serie de objeciones a propósito del director de orquesta, del repertorio y de la remuneración, la Callas acaba por dar su consentimiento. Rudolf Bing lanza un suspiro de alivio tan profundo como la ansiedad misma que lo había atenazado durante las negociaciones. En sus *Memorias*, recuerda, no sin humor, los últimos coletazos de aquella batalla:

«Para conseguir la firma de aquel contrato, en 1955, Francis Robinson y yo tuvimos que escalar una cadena de montañas: primero tomamos un avión para Chicago. Allí, escuchamos a la señora Callas en *Il Trovatore*. Luego, nos dirigimos entre bastidores donde yo hice mi mejor número de besamanos, tal como me habían enseñado de niño; la foto fue publicada en todos los periódicos y, por fin, el Metropolitan firmó un contrato con María Callas.»

Pero surgen nuevas complicaciones, a causa del famoso contrato de Bagarozy y el infortunado Bing debe recomenzar su trabajo:

«Nuestros abogados nos aconsejaron que la mejor solución era llegar a un acuerdo con María para que el dinero fuese depositado en un banco suizo, lo que significaba que ella no recibía ningún salario en América, así los Bagarozy no podían tocarlo. Pusimos a punto esa avenencia pero Meneghini la rechazó. De hecho, Meneghini había descartado todos los demás acuerdos a excepción del que consistía en pagarle a él, antes de levantarse el telón, los honorarios de su mujer por cada representación. En los últimos años, yo le pagaba expresamente en billetes de cinco dólares para que tuviese que transportar un fajo tan voluminoso como pesado.»

El envés del decorado de la ópera es seguramente menos brillante que el lugar...

En otoño de 1955, la Callas regresa a Milán donde le espera una serie de representaciones de *La Traviata*: ¡diecisiete! Como siempre, suscitan en el público un formidable entusiasmo, verdaderas demostraciones de fervor colectivo... y la hostilidad habitual de sus detractores, minoritarios pero tenaces y ruidosos. Una noche, como de costumbre, al caer el telón final, los espectadores en pie hacen a su ídolo la ofrenda de su devoción: los ramos de flores aterrizan en el escenario con la misma intensi-

dad que un bombardeo, pero entre medio de las flores aparece...
¡un manojo de rábanos! Debido a su miopía, María confunde los
rábanos con rosas y los recoge. Cuando se percata del error, sigue como si nada, y estrecha contra su pecho los rábanos contes-
tatarios. Pero entre bastidores se derrumba, dividida entre las
lágrimas y la cólera. No le interesan las flores, sólo piensa en los
rábanos. No comprende la razón de ese ostracismo; jamás lo
comprenderá.

También nosotros nos preguntamos por qué el odio concien-
zudo de cierta prensa la acompañaría tan fielmente durante toda
su vida profesional. Sus cambios de carácter, de lenguaje, de
humor, sus caprichos, sus cóleras, sus insuficiencias podrían ol-
vidarse, pero es que sus enemigos jamás le perdonaron nada. Se
concibe que, a raíz de sus inicios en los teatros internacionales,
los críticos se hubieran encarnizado con las imperfecciones que
subsistían en su voz y que se negaran a ver lo que ella había
aportado de nuevo con su temperamento excepcional. Pero lo
que no se comprende es que algunos de esos críticos no se hayan
resignado, con el paso del tiempo, a admitir que ella había acabado por borrar la mayor parte de las escorias. Hubo que esperar
a que se hundiera en el infortunio, luego en la soledad, y que
desapareciera prematuramente para que se acallaran los rencores, las murmuraciones, cuyo cortejo la habían seguido en toda
circunstancia. Después de todo, ese odio injustificable no era tal
vez sino el tributo obligado al éxito sin precedentes que conoció
la Callas, de una celebridad que desbordaba demasiado el mundo del arte lírico como para no indisponer a algunos especialistas.

Lo que es incontestable es que María aceptó mal esa situación; ella concedió a los ataques y a las críticas mucha más importancia que a los elogios. A los complejos heredados de su
corpulencia, de su miopía, de todos los prejuicios de su juventud, añadió el sentimiento de que todos los que le dirigían una
sonrisa era porque querían traicionarla a la primera ocasión y
que todos los que la halagaban era porque esperaban sacar algu-

na ventaja material. En semejantes condiciones, ¿cómo llegar a ser feliz? ¿Cómo saborear plenamente los triunfos que surgían a su paso? Incomprensible Callas; inasequible alma atormentada que transformaba sus esplendores en sombríos antros en los que imperaban las malvadas hadas...

Y sin embargo, durante esa primavera de 1956, ella reina totalmente en la Scala, en su público, en su compañía. Pero sola... precisamente. Le gusta tan poco compartir que siempre se producen fricciones, pequeñas mezquinerías de artistas, al finalizar los últimos actos, cuando hay que salir a saludar al público, a recoger las ovaciones.

«Yo me disponía a salir a escena —cuenta Mario del Monaco que cantaba el papel de Pollione en *Norma*—, cuando sentí un puntapié en la pierna. Me quedé durante unos momentos desconcertado, eso permitió a María, muy sonriente, acercarse hasta el proscenio y recoger todos los aplausos, incluidos los que me pertenecían.»

¿Una fábula más? ¿O es que María se dedicaba a practicar más el karate que el *bel canto*? Años después, yo se lo preguntaría a Mario del Monaco; el célebre tenor no me contestó, pero sonriendo se frotó la tibia...

La temporada de la Scala ha sido una vez más triunfal, a pesar de que en el plano de calidad pura María haya revelado algunas debilidades y algunos saltos de tonalidades inquietantes, en su interpretación de Rosina en *Il Barbiere di Siviglia*. Poco después, en el Staatsoper de Viena recibe calurosos aplausos por una *Traviata* dirigida esta vez por Von Karajan, lo cual Visconti deploró.

Los vieneses acuden masivamente hasta la ventana del hotel Sacher para rendirle sonoros homenajes. María debe salir al balcón varias veces, soberana por un día de una ciudad que guarda la nostalgia de los fastos imperiales. Pero ya su corazón y su pensamiento están en otra parte. Los rascacielos gigantescos de Nueva York excitan su natural imaginación, borrando los palacios obsoletos de la capital de los Habsburgo. Para coronar su conquista del mundo, la Callas deberá seducir a las muchedumbres del Metropolitan Opera.

Desembarca en Nueva York con armas, equipajes, perros y marido, el 15 de octubre de 1956. Suez, Budapest: la «guerra fría» está en su cenit. Pero para los periodistas *yankees*, la actualidad mundial tiene rostro de mujer. *Time Magazine* le dedica su portada. Cuando María Callas llega al aeropuerto de Idlewild, los curiosos y los fotógrafos se agolpan de tal manera que a George, el anciano padre jamás olvidado, le cuesta abrirse camino entre el gentío para llegar hasta su hija.

Durante varios días, María Callas soportará el suplicio de las preguntas con una paciencia digna de artista profesional, incluso cuando sus «verdugos» la arrastren hacia terrenos peligrosos. Pero ahí está Meneghini, al acecho, para que nada enturbie la popularidad de su mujer. Como buen empresario, conoce la influencia de la prensa americana sobre el gran público; la batalla se libra en las columnas de los periódicos, antes incluso de que se desarrolle en el escenario del Met.

A María, sin embargo, le cuesta conservar su sangre fría cuando el *New York Times* publica con todo lujo de detalles la historia de las desavenencias con su madre. Un periodista ha conseguido que Evangelia recuerde *la ingratitud* de su hija y relate que, para subsistir, se ve obligada a confeccionar muñecas que representan... personajes de ópera, evidentemente. Otros comentaristas sacan a la luz el inventario de los conflictos entre María y sus compañeros de reparto. María encaja el golpe y en público se esfuerza en enmascarar su indignación bajo una sonrisa inmutable. Rudolf Bing, recordando esa época, confesó que la actitud de María le había sorprendido:

«Lo que ha escapado a casi todos los que han escrito sobre la señorita Callas es su lado de niña; su dependencia y su confianza totales hacia los demás eran un rasgo típico de su personalidad. Dos instantes de terror perduran en mi memoria con respecto a su primera temporada. Durante la mañana del sábado que siguió a su presentación, me envió desde su camerino, durante la obertura, un recado en el que me informaba que no podía continuar. Me precipité a su camerino y la hallé realmente indispuesta. Meneghini y un médico se ocupaban de ella con esmero. Supongo que cuando llegué, yo debía de parecer más enfermo que ella; tras unas palabras de estímulo y de aliento aceptó continuar; creo que nos salvó de una revuelta.»

La presentación de la Callas en el Met se sitúa en efecto en ese clímax de carnaval que tanto caracteriza los acontecimientos de la actualidad en ese país de grandiosidad. Para acceder al templo en el que se presenta la gran sacerdotisa del culto lírico, los americanos han hecho largas horas de cola; los más listos han echado mano de sus relaciones, que aquí se miden según las cuentas bancarias. Hubo desmayos, gritos, peleas. Pese a que María debuta con *Norma*, su obra fetiche, no se siente en plena forma. Como se dice hoy en lenguaje deportivo, a ella le costaba soportar la «presión» y la crítica no se privaba de hacerse eco de ello. Mario del Monaco, que había jurado no volver a cantar nunca más con la Callas, es de nuevo su compañero de reparto. Pero ya conocemos la duración de los juramentos en el mundo del espectáculo...

Los verdaderos campeones saben resarcirse y María lo demuestra con las obras siguientes: *Tosca* y *Lucia di Lammermoor*.

Esta vez, sus más enconados detractores se ven obligados a ceder: la Callas es en efecto esa perla rara anunciada por las trompetas de la fama. Por desgracia, la felicidad no interesa a las revistas de gran difusión; para venderlas, hay que sacar a relucir los «asuntos», los chismes. Y los periodistas americanos son los más avezados en esta materia. La competición es muy dura. Hay que buscar al precio que sea la noticia que llene los grandes titulares de la primera página: el asunto Sordello llegará en el momento oportuno.

10

UN ESCÁNDALO SIN PRECEDENTES

Con el asunto Sordello se cae de nuevo en el ridículo, una especialidad que parece propia de los cantantes líricos. Dos años atrás, en la Scala, María había tenido unas palabras con el joven barítono Enzo Sordello. Ahora, lo tiene de compañero en el Met e interpreta el papel de su hermano en *Lucia di Lammermoor*. En el segundo acto, cantan juntos un dúo; Sordello mantiene una nota alta durante tanto tiempo que la Callas, sin aliento, tiene que dejarle terminar solo. El gesto de cólera de María manifiesta claramente su estado de ánimo; al día siguiente, Rudolf Bing ruega a Sordello que se vaya con la música a otra parte. Espectacular explosión de cólera del barítono que se venga denunciando la dictadura que la Callas ejerce sobre el mundo lírico. No hace falta más para que la prensa acuse de nuevo a la diva de tigresa. Por supuesto, ella se defiende y la polémica encanta a las numerosas comadres que pueblan la fauna americana. Y en esto surge la más famosa, la más desagradable, la más pérfida de todas: Su Majestad Elsa Maxwell I. Recalcitrante «tebaldista», aprovecha el incidente Sordello para disparar contra la Callas sus más agudas flechas envenenadas, en el momento justo en que los Bagarozy se manifiestan de nuevo lanzando su horda de alguaciles en persecución de la diva. Para evitar que se reproduzca el fastidioso precedente de Chicago, Rudolf Bing rodea a su *prima donna* de un cordón de guardaespaldas que la acompañan adondequiera que pueda encontrarse con sus perseguidores. Pese a ello, deberá someterse a la ley americana y aceptar una investigación sobre sus bienes; María y su marido se derrumban, cualquier amenaza sobre sus bienes les hunde en la más completa desesperación.

Entonces acaece un evento imprevisto que aporta al campo Callas un refuerzo inesperado. Dotada de ese olfato de perro de caza que, nada más entrar en la arena, le faculta el poder vivir a expensas de sus presas, animada por ese seguro instinto parasitario, merced al cual ha podido elevar su desvergüenza a un grado institucional, Elsa Maxwell abandona con desfachatez el partido «tebaldista» para convertirse, de la noche a la mañana, en una ardiente «callasista». Como carece de discreción, maniobra su cambio de chaqueta con el máximo ruido. No es una simple reconversión, es un desplazamiento a gran escala. ¡Imaginémosnos a una ballena —Elsa físicamente lo parece— cambiando de acuario!

La irrupción de Elsa Maxwell en la vida de María contribuirá a orientar el destino de la diva hacia unos nuevos rumbos. Echemos una ojeada a este curioso fenómeno llamado Elsa Maxwell; un fenómeno esencialmente americano, que no sabría vivir en otra sociedad. *A priori*, esta señora lo tiene todo para desagradar: un físico repugnante, una maldad que apenas disimula bajo una sonrisa hipócrita, una mala fe que esgrime como arma y, sobre todo, una lengua tan viperina que hasta la más venenosa de las víboras envidiaría. ¿De dónde le viene esta influencia dictatorial que ejerce sobre buena parte de la sociedad americana? Sin duda, la misma base en la que reposa esta sociedad podría explicar la existencia de personajes como la Maxwell. A los americanos, cuando han amasado un respetable número de dólares, les obsesiona obtener una consagración mundana, un diploma de aristocracia. Elsa Maxwell se ha arrogado con el derecho de otorgar esos certificados de mundanalidad y se ha convertido en el árbitro de la carrera a los honores a la que se lanza todo aquel que, en Estados Unidos, se cuenta entre los nuevos ricos. Pese a que sus propios modales son de una vulgaridad ostentosa y su cultura puramente superficial, se ha instituido en la experta maestra del baile de los snobs y de los chiflados en el que se desenvuelve. Como todos los parásitos de su especie, organiza fiestas... a expensas de sus víctimas y éstas le agradecen infinitamente poder despilfarrar así su dinero.

Éste es el «monstruo» con el que María se va a encontrar. El decorado en el que tendrá lugar el encuentro histórico serán los salones del Waldorf Astoria. La entrevista que en Camp du Drap d'Or tuvieron Francisco I y Enrique VIII queda eclipsada cuando Elsa y María intercambian el beso de la paz. Ha sido María la que ha dado el primer paso. Para que ella se haya decidido a ese gesto de sumisión, poco habitual en ella, es porque ha barruntado una nueva fuente de ambiciones. Cierto, María reina sobre el universo de la ópera, pero el reino del que es soberana es un reino de cartón-piedra, de saltimbanquis; y esto ya no le satisface. Ser admitida en esa *high society* que tanto la deslumbra sólo puede ser facilitada por el ex equátur de la Maxwell; y por primera vez, María se traga su orgullo y agacha las orejas ante la comadre.

Ésta, encantada por una nueva conquista, no se hace de rogar. Como he dicho anteriormente, ha olfateado el viento y éste sopla del lado de María. Más adelante veremos que no se trata de un oportunismo: la Maxwell ha sentido por la Callas un verdadero flechazo; antes mojaba su pluma en la hiel, ahora la mojará en ambrosía, ¡pero será una mala pasada! Para María, la irrupción —podría escribir «la erupción»— de la Maxwell en su destino tendrá consecuencias incalculables. Pero por el momento sólo ve una cosa: que la gacetillera le aporta la dimensión que estaba anhelando. Ella sólo es una gran artista: quiere convertirse en una personalidad internacional que subsista más allá del arte lírico...

Por el momento, Meneghini se complace con esta promoción; ya calcula los ceros que esto le permitirá añadir a sus exigencias, cuando discuta los próximos contratos. De momento, no percibe el peligro que representa para María esa zambullida en una *jet-set* que tan rápidamente extirpa las raíces y la cultura de un ser. ¿Cómo podría presentir ese peligro? Conoce bien a su María. ¿No ha sido él, Pigmalión paternal de esa gruesa Galatea, que la ha fabricado, que la ha impulsado hacia el firmamento? Cuando miss Maxwell arrastra a su nueva amiga a salidas tumultuosas, él prefiere la quietud de la habitación del hotel antes que perder el tiempo con los snobs del Todo-Nueva York. Poco a poco, sin apenas darse cuenta, María se acostumbra a no llevar a Battista pegado a sus talones. Elsa Maxwell lo va a sustituir; será ella la que moldeará a su manera el retrato de la nueva Callas.

Nos preguntamos cómo es que María se dejó deslumbrar por un ambiente tan artificial, por un mundo para el que ella sólo significaba un objeto de curiosidad, un capricho sensacionalista. ¿Cómo pudo dejarse embriagar? ¿Cómo no presintió que al final de aquel camino de luces rutilantes, por el que ella se introducía, la implacable ley de la decadencia pronunciaría su sentencia? Los personajes de excepción no tienen derecho a dejarse embaucar por los placeres ficticios, a no ser que abandonen su aureola. Pero comprendemos que ella tuviese ansias de vivir, de devorar su parte del pastel de gloria, sin preguntarse el precio que iba a pagar por abandonar la vida casi ascética que había llevado hasta entonces. Lo que las ovaciones del público de los dos hemisferios no pudieron conseguir —embriagarla—, las alabanzas regadas con el *champagne* de la *jet-society* sí lo conseguirían. La Callas perderá el significado de su misión: el fenómeno del mundo de la lírica va a convertirse en el fenómeno de la feria mundana.

Al principio, consigue hacer convivir a la artista y a la mujer, sin demasiadas complicaciones. Primero porque continúa trabajando y manteniendo muy alto el nivel de las exigencias que hasta entonces se había impuesto; y luego, porque ha adquirido experiencia: la labor encarnizada que ha realizado durante casi veinte años van a permitirle ciertos «desvíos» que no comprometerán, de momento, la calidad de su canto. Por otra parte, durante sus representaciones en el Met, la reacción del público sigue siendo entusiasta y las localidades continúan vendiéndose a precio de oro. A propósito de oro, el 29 de octubre, cuando canta por vez primera en el Met, desde un palco, un hombre de cabellos plateados la aplaude estrepitosamente; es armador y en aquella época gana 2.000.000 de dólares al día. Se llama Aristóteles Onassis. La verdad es que la ópera le aburre soberanamente pero su prestigio le obliga a asistir al Metropolitan para el estreno de la Callas. Además, la cantante es griega como él. Esa noche, el interés del armador multimillonario no le lleva hasta el camerino de la diva. Y ella, ¿se ha percatado de la presencia del personaje, con tanto alboroto a su alrededor? Poco antes del comienzo, ¿no ha venido la propia Marlene Dietrich, también figura mitológica del espectáculo, a traerle un tazón de caldo hecho por ella misma? Un gesto que ha conmocionado tanto a la diva que se le han saltado las lágrimas...

Semanas después, María regresa al Waldorf Astoria para asistir a un baile organizado, por supuesto, por Elsa. Vestida de princesa egipcia, engalanada con esmeraldas y diamantes, en esa noche, la mirada que María posa sobre la nube de admiradores es en verdad la de una soberana. Escucha embelesada esos cánticos de adoración que llegan hasta ella; ya no piensa, como antes, que esconden futuras solicitudes...

Días más tarde, de vuelta a Milán, sin su atavío de reina egipcia pero envuelta en un abrigo de piel de chinchilla, María asiste a la Scala para iluminar con su presencia una representación de *Diálogos de Carmelitas*, dada en honor de Francis Poulenc. A principios de febrero de 1957, vuelve al Covent Garden de Londres y demuestra que sus actividades mundanas no han malogrado todavía su voz. Sus dos representaciones de *Norma* ofrecen una Callas en la cumbre de su expresión. Jacques Bourgeois, no sin justicia, escribió entonces:

«Y de pronto hemos comprendido por qué la ópera, tras la desaparición de los grandes monstruos de la lírica, se había convertido en un género ridículo, y por qué ahora podía ser recreada por el talento.»[1]

---

1. Citado por Pierre-Jean Rémy en *Callas, une vie*.

Recordando lo que experimentó en aquella noche memorable, Jacques Bourgeois me comentó recientemente:

«Con aquellas dos representaciones de *Norma*, ella alcanzó un conjunto de cualidades que nadie había conseguido hasta entonces. Ella "vivió" su papel como jamás lo había vivido; aquella noche comprendí uno de los secretos de su gran talento: a cada nueva representación ella añadía un elemento nuevo, revelaba otra faceta del personaje que encarnaba. Jamás representaba un mismo papel de igual manera. Durante su período de apogeo, es decir hasta 1958, nunca vaciló ante los límites de lo posible. Lo que para los demás era inimaginable, para ella era un ejercicio natural. Los ingleses, cuya flema se cita como ejemplo, cuando cayó el telón, estaban enardecidos. ¡Parecían el público de un estadio de fútbol brasileño!»

Horas de gloria, tal vez todavía inalcanzables, pero que van a desaparecer como los espejismos, sin previo aviso... Así pues, María Callas hace bien en aprovecharse, tiene razón en morder a dentelladas el pastel del destino e imaginar que durante largos años su reino va a extenderse aún más sobre todo el arte lírico. ¿Cómo presentir que, antes de tres años, van a manifestarse ya los primeros síntomas de la decadencia? Tiene tantas menos razones para pensarlo cuanto que, como está en la cumbre de su arte, no es consciente de ello. Y es que la Callas jamás está totalmente satisfecha de sí misma, encuentra siempre algún reproche para hacerse. Se siente sublimada por sus sucesivos triunfos, pero desea alcanzar más, muchos más... ¿Es consciente el público de que cuanto más la aplaude y más la reclama por esos confines de la tierra, más la condena a una caída prematura?

Pero la Callas no tiene ni el coraje ni el deseo de rechazar esas llamadas, y Meneghini tampoco tiene la prudencia de abrirle los ojos: el aluvión de contratos le produce vértigo y la montaña de dólares le nubla el horizonte; María prosigue pues su carrera infernal.

El 2 de marzo de 1957 regresa a la Scala con *La Sonnambula*, en la que resulta aún más conmovedora que en las dos temporadas anteriores. Por supuesto, la escenografía es de Visconti. Entre los dos héroes de la Scala el clímax ya no es como antes; María, coaccionada y forzada, ha tenido que rendirse ante la homosexualidad del director, aunque sigue sin admitirla. Su relación afectiva se ha deteriorado, pero no ha incidido en el trabajo; el espectáculo que sigue a *La Sonnambula* lo demostrará. El 14 de abril, María representa a una reina mártir. *Anna Bolena*, que Donizetti compusiera en su día para Giuditta Pasta, dormía en el olvido desde hacía ochenta años; no porque la obra careciera de grandeza, sino porque no había nadie capaz de interpretar el papel de la reina. Su tesitura exige una voz que pueda pasar de la suavidad romántica a los estallidos más vibrantes. Roland Mancini, en un número de la revista *Opéra International*, especialmente dedicado a la Callas, describía admirablemente el broche final de aquella noche del 14 de abril de 1957:

«María Callas ha atacado el último acto con una voz irreal, metalina, no muy hermosa, pero que todavía sigue emocionando porque ha sabido interpretar, a través del timbre mismo, ese acento indefinible, ese filtro que permite a la música expresar todo lo indecible de la palabra. Las furibundas vocalizaciones del *allegro* final, sus estallidos, sus oposiciones expresas de color y de registro, sus desgarramientos *sobrehumanos* arrebataron al público...»

Apenas suena la última nota de música, si bien aún quedan algunos acordes, que ya los espectadores se ponen en pie, jadeantes, emocionados, como en trance, y durante *veinticuatro* minutos seguidos aclaman a su ídolo. ¿Se imaginan ustedes lo que representan veinticuatro minutos de aplausos ininterrumpidos? Aquella noche, en el teatro de la Scala, María alcanzó la gloria de su apogeo; nunca más será tan grande, nunca más volverá a traspasar los límites del arte humano.

Por supuesto, Visconti ha sido el que ha magnificado el marco para su *prima donna*; por la concepción de los decorados, por el juego de las luces, por la coordinación de los movimientos de los cantantes, demuestra una vez más que su escritura escenográfica ha conmovido las ideas recibidas. También él, en la aventura, quema sus últimos cartuchos, pues después de María, Visconti ya no tendrá deseos ni ganas de dedicarse al arte lírico, a pesar de que escenifica algunas obras, un poco por ahí, en Europa. Tampoco Visconti, no más que María, sospecha que su prestigiosa colaboración toca a su fin, tanto más cuanto que su comunión artística jamás ha producido frutos tan espectaculares. Pues tras *Anna Bolena*, Visconti pone en escena, también para María, *Ifigenia in Tauride*, de Gluck, y consigue con su trabajo una satisfacción que supera la obtenida con la ópera de Donizetti. A propósito de María, comenta:

«Llevaba un majestuoso vestido de brocado de seda claro con abundantes pliegues, con una larga cola y sobre él un amplio manto de color rojo oscuro. Gruesas perlas trenzaban sus cabellos y un río de perlas refulgía en su cuello, cubriendo su pecho. En un momento determinado, subía por una gran escalera, luego bajaba corriendo los peldaños, con su amplio manto movido por el viento; en el octavo peldaño, ella daba su nota más alta; tan extraordinaria era la coordinación de sus gestos con la música. Era como un caballo de circo adiestrado para realizar cualquier hazaña teatral que se le enseñara. Pensase lo que pensase de nuestra *Ifigenia*, fue lo más bello que hicimos juntos. Escenifiqué muchas óperas sin ella, pero lo que hice con María fue algo aparte, creado sólo para ella.»

Esta declaración, hecha años después de que los dos dejaran de crear juntos, revela el orgullo legítimo de un artista que, habiendo tenido entre sus manos una joya excepcional, ha sabido ingeniárselas para hacerla brillar en todas sus facetas. Incluso, cuando describe con admiración visible los ropajes suntuosos con los que engalanaba a la diva, Visconti nos descubre el placer sensual que experimentaba al contemplar su obra. Lamentamos por María y por su destino que no pudiese satisfacer esos sentimientos lógicos; la suerte de María hubiera, sin duda, cambiado profundamente.

Pese a que María aparece en todo el esplendor de su belleza

soberana, los ensayos de *Ifigenia* no carecen de tropiezos. Por vez primera, María manifiesta su desacuerdo con ciertas concepciones de Visconti, porque las juzga capaces de desvirtuar la obra de Gluck. Visconti, en efecto, ha situado la acción y el decorado en el siglo XVIII con el pretexto de que Gluck era un músico de entonces; la obra ha ganado en intensidad dramática pero María se aferra a su antigüedad griega. ¿Cuestión de atavismo? Tal como Visconti la presenta, María cree que *Ifigenia* pierde su identidad, que deja de ser griega... Aunque no por ello seduce menos al público de la Scala, merced a la imagen suntuosa que María ofrece y por la riqueza de su declamación lírica. Una vez más, ha alcanzado sin esfuerzo el paroxismo de la expresión vocal. Entre ella y los otros intérpretes, cualesquiera que sean sus cualidades, existe la diferencia que separa lo excepcional de lo bueno. Un crítico resume muy bien esta impresión, cuando escribe a propósito de *Ifigenia*:

«Ella era una Ifigenia impetuosa, vibrante, mientras que los otros representaban una pastoral.»

La Callas tiene mucho mérito al provocar un entusiasmo que la ópera de Gluck, a pesar de ser muy bella en la escritura musical, no comporta momentos exaltantes. Desprende una impresión de tedio solemne, que la sola presencia de la Callas consigue borrar. Tras *La Sonnambula, La Traviata, Anna Bolena* e *Ifigenia*, Luchino Visconti, no sin razón, puede evocar «los años dorados de la Callas» y atribuirse una parte del éxito pues, repitámoslo, no fue coincidencia que la *prima donna* llegase a lo más alto de su carrera mientras estuvo dirigida por él.

Y sin embargo, esos dos «fenómenos» del arte van a separarse. Cuando el 10 de junio de 1957, el telón de la Scala cae sobre la última representación de *Ifigenia*, pone punto final a lo que perdura como el más maravilloso encuentro que jamás tuvo lugar entre una artista y un director de cine. Sin duda, estaba escrito que la tal conclusión acaeciera: la ambigüedad de sus relaciones, los sentimientos exacerbados que les unían y, también, les separaban, no podían abocar en otra salida que la ruptura. Sus personalidades respectivas, a fuerza de rozarse una con otra, habían terminado por chocar. Y, precisamente, porque constituía un acontecimiento de carácter excepcional, su colaboración no podía ser que momentánea. El talento no sabe adaptarse a la rutina; por esencia, es fugaz...

Sin embargo, cuando se separan con un nuevo triunfo, no pronuncian la palabra fin. Por su parte, Visconti no quiere apartarse de esa fuente de inspiración que para él es la Callas, ni privarse del éxtasis artístico que ella le proporciona; tampoco está dispuesto a renunciar a esa dictadura que, hasta el momento, ha ejercido sobre ella. Pero precisamente María es lo que ya no aguanta. ¿Por sus sentimientos decepcionados? Posiblemente, pero también porque su vida privada está a punto de encauzarse por otros derroteros, porque otras influencias están entrando en ella. Razón por la cual en los meses y años venideros, María rechazará los proyectos sucesivos que Visconti le propondrá; no quiere ser la *Carmen* prodigiosa que hubiera podido llegar a ser bajo su dirección pues, según dice, no siente en su corazón el ímpetu español; ni tampoco quiere ser *Salomé* porque no está dispuesta a mostrarse medio desnuda en un escenario... Pretextos, sin duda alguna; en verdad, para ella la hora Visconti ha pasado ya, como pasaron por su destino otros personajes, adulados un momento, arrojados luego a la fosa común del olvido.

Jacques Bourgeois me decía recientemente que siendo amigo suyo no se recibía nada de ella, pero que, por el contrario, había que darle mucho a cambio. Aunque luego atenuaba la severidad de este juicio añadiendo:

«Sin embargo, valía la pena ser amigo suyo, pues era tan sumamente fascinante.»

María continuará ejerciendo sobre Visconti esa fascinación, incluso después de haberse separado. En una carta dirigida a Meneghini, Visconti llega al extremo de pedirle que lo empleen «como jardinero, para poder oír cantar a María cada mañana...». Como en todas las cartas que él escribía, como en todas las declaraciones que él hacía, hay que tener en cuenta que el temperamento latino de Visconti le obligaba a cierto énfasis; pero lo que sí es cierto es que sufrió por haber perdido a «su» diva.

María es, sin embargo, arrastrada por otro torbellino, de una calidad ¡ay! muy inferior a la desplegada por Visconti; ese torbellino se llama Elsa Maxwell. La vieja alcahueta se ha eregido en el paladín de la diva con tanta vehemencia y alacridad como lo hizo antaño con la Tebaldi. Durante los ensayos de *Ifigenia*, desembarca en Milán a bombo y platillo, pues no sabe desplazarse sin hacer el máximo ruido. De inmediato, pone a la joven bajo su ala protectora y anuncia, para el otoño, un gran baile que, en su honor, organizará en Venecia... con el dinero de los demás, según su costumbre.

Por aquel entonces, la comadre tiene más de setenta años y su fealdad, desde siempre impresionante, ha «mejorado» con el tiempo. No es de extrañar que los hombres no se hayan cruzado en su camino; ¡aunque no puede decirse lo mismo de las mujeres! La Maxwell jamás ha disimulado sus tendencias, y su pasión por María va a revestirse de pormenores burlescos. Sobre el aspecto tragicómico de las relaciones entre la diva y la comadre, Meneghini, en sus *Memorias*, no se anda con rodeos:

«La amistad de mi mujer con Elsa Maxwell desencadenó un concierto de insinuaciones tan graves como falaces. Se atribuyó a la Maxwell ciertas tendencias particulares y por consiguiente se dio a entender que María también estaba comprometida en esos amores prohibidos. Que la Maxwell se enamoró de María, de eso no hay duda. Durante meses la persiguió y la inundó de cartas sofocantes, desbordantes de afecto y, a menudo también, plenas de grotescas inepcias. A María le daban náuseas. Llegó al extremo de no querer leerlas. Su primera reacción fue la de echar a la comadre con cajas destempladas, pero conocía su poder y temía su venganza. Eligió pues la vía diplomática. Con paciencia y sin ruptura brutal, consiguió hacer comprender a la Maxwell que no tenía ninguna posibilidad.»

Si es verdad que María Callas no se salvó de una sola calumnia, durante su breve existencia, ¡también es verdad que la

Maxwell jamás consiguió sus favores! María que, hasta entonces, no había acordado a los placeres carnales sino un tiempo límite, porque además no se sentía atraída por el deseo, rechazó todas las tentativas de la vieja comadre. También es cierto que, impresionada por la influencia que la Maxwell ejercía sobre una cierta prensa, María tomó, para hacerle entender que ella no compartía sus gustos, infinitas precauciones, tal vez excesivas. Y es que, al principio, se había dejado engañar por la naturaleza de los sentimientos de la vieja americana. María, en su eterna búsqueda de un punto de apoyo, búsqueda inconsciente de una madre de recambio —puesto que su propia madre no había respondido a su llamada—, creyó de buena fe que Elsa podría desempeñar ese papel. Y ésta, al confundir una necesidad de afecto con un estímulo tácito, se lanzó a una campaña epistolar, que hace sonreír, si tenemos en cuenta la edad y el aspecto físico que Elsa tenía entonces. En sus *Memorias*, Meneghini ofrece algunas muestras sabrosas de esas epístolas, dignas de una Madame de Sevigné que hubiera residido en Lesbos: «María, la única cosa que me produce éxtasis es tu rostro y tu sonrisa...».

«Mi amor, cuando te llamé la otra noche, apenas osaba molestarte, pero tu voz expresó tanta alegría al oírme...» «No me atrevo a escribirte lo que siento; seguramente pensarías que estoy loca, no es del todo cierto, simplemente soy diferente...»

Nos preguntamos cómo María, tan impetuosa, tan poco dispuesta a aceptar amigos molestos, pudo dejarse tiranizar así, durante largos meses. ¿Tal vez porque el papel que representaba la Maxwell en la sociedad la fascinó? ¿Tal vez porque deseaba con avidez conservar su puesto en ese mundo vacío, y por eso soportó las persecuciones amorosas de la comadre? Añadamos que el caso Maxwell no hizo sólo mella en la *gentry* anglosajona; el gobierno francés de la época le otorgó la Legión de Honor; nosotros nos preguntamos por qué.

De todas maneras, la paciencia de María va a estallar. En el avión de regreso de Nueva York —María acaba de dar un recital en Dallas—, una disputa estalla entre las dos. La diva envía a paseo a la comadre, en voz lo suficientemente alta como para que la algarada sea oída por los otros pasajeros. ¡Qué bendición para los periodistas hambrientos de noticias sensacionalistas! ¡Y qué catástrofe para la Maxwell si la opinión pública se entera de que ha sido abandonada por su más prestigiosa «favorita»! Esto explica la carta apresurada que Elsa envía a Battista Meneghini:

«Dile a María que si el diario *Time* le pregunta, como ya me lo ha preguntado a mí, que si nuestra amistad ha terminado en Dallas, lo niegue, como yo, rotundamente. He intentado encontrar el origen de esa habladuría comentada por todas las cadenas de televisión americanas, y he descubierto que se trata de una indiscreción del personal del avión en el que hemos regresado. Esta noticia tiene que dejar de circular inmediatamente.»

¿Cómo una artista de la calidad de María pudo conceder tal importancia al sostén de la Maxwell, cuando jamás gozó de tanto fervor del público y había sido reconocida su supremacía sobre todas las demás cantantes del mundo? Si trató con miramiento a Elsa Maxwell fue porque ésta le abrió los ojos sobre otro tipo de vida que no había tenido tiempo ni deseo de aprehender. En cierto sentido, la orientación que miss Maxwell imprimió a la vida de María servirá para abrir las puertas a Aristóteles Onassis. Cuando éste se presente y manifieste un interés cada vez más apremiante, María estará dispuesta, pues habrá comprendido que en la vida hay algo más que la ópera y el trabajo de cantar. Y la amistad de Elsa Maxwell no habrá sido baldía en esta evolución.

Para finalizar con el «romance de amor» de la americana, digamos que ésta acabará por renunciar a la diva y enviará a María una carta de adiós digna de una heroína de Shakespeare.

Al tiempo que se iniciaban sus rupturas con Visconti y con la Maxwell, María proseguía su actividad con la misma cadencia. En junio de 1957, nueve días después de la última representación de *Ifigenia in Tauride*, en la Scala, parte hacia Zurich para un concierto; siete días más tarde, a Roma para otro concierto; una semana después, da dos representaciones de *La Sonnambula* en Colonia; tres días más tarde, regresa a Milán para grabar *Turandot* y luego *Manon Lescaut*, dos grabaciones bajo la dirección de Tullio Serafin, de nuevo favorito, tras un enfado de varios meses... Seguimos asombrados por tan desenfrenado ritmo. Afortunadamente, la Ópera de Viena ha anulado las dos representaciones de *La Traviata*. Aquí había un asunto de mucho dinero por medio: el Staatsoper y Meneghini habían convenido una retribución de 1.600 dólares por representación. ¡Y en el momento de concluir el trato, Titta exige 2.000! Pretensión juzgada inaceptable por Von Karajan. María estaba siempre de acuerdo con su marido cuando se trataba de exigir más. «El dinero no me interesa, pero me tienen que pagar más que a ninguna otra», declara muy inocentemente. Aunque se pone furiosa cuando se entera de que Von Karajan la «regatea». María le llama por teléfono a Viena y una violenta discusión se entabla entre los dos, en la que discuten más de dinero que de arte lírico. No se puede habitar permanentemente en el reino de la poesía...

La actividad demencial de la que da pruebas comienza, evidentemente, a deteriorar su resistencia nerviosa. Ahora ya pesa 55 kilos, pues pierde peso a pesar suyo. Pero no tiene tiempo de preocuparse. Va a Atenas para un concierto. La ciudad entera, el país entero esperan febrilmente el retorno de la hija pródiga. Todas las plazas del anfiteatro Herodes Atticus están vendidas desde hace tiempo... Cómo no sentirse emocionada al recordar su aparición, en esos mismos lugares, trece años atrás, en plena guerra; la revelación de su joven talento le valió entonces su primer éxito popular. Son cosas que no se olvidan, pese a que, entre los que más frenéticamente aplaudían, estaban los uniformes del enemigo, que proyectaban una mancha oscura deplorable...

Para salvaguardar el acontecimiento nacional que constituye el retorno de la diva a la tierra de sus antepasados, el gobierno griego desea evitar cualquier contrariedad, incluso la más liviana: por lo que «aconseja» a Evangelia y a Jackie, que se hallan en el país, que vayan a descansar durante unos días a Estados Unidos. Así, se evita una confrontación que hubiera podido desembocar en un escándalo, pues las diferencias entre María y su madre, emponzoñadas cuidadosamente por la prensa mundial, han llegado a un punto álgido.

Se requiere pues unas condiciones idóneas para que la *prima donna* reciba en su tierra una acogida tal que hasta las reinas de la antigua Grecia sientan envidia. ¡Ay! Es una mujer sin fuerzas la que desembarca en Atenas. No se siente con ánimo de cantar; los organizadores del espectáculo se mesan los cabellos. Por su parte, la diva vacila; espera una mejoría que no llega. María debe renunciar. Y poco antes del espectáculo se avisa al público, que ya ocupaba las gradas del anfiteatro. ¡Furor general! Sobre todo porque la enormidad de los honorarios de la cantante —9.000 dólares— en un país tan pobre como Grecia ha sido objeto de comentarios poco agradables. Hasta el primer ministro Caramanlis tendrá que explicarlo en el Parlamento. María Callas ha sido condenada al oprobio por los que iban a aclamarla... y que la aclamarán cinco días más tarde, cuando ella se presente por fin ante ellos. La diva ha salido a escena en medio de un clima hostil, pero su talento vence el rencor del público griego y centenares de espectadores asaltan su camerino, después de la representación.

Este éxito —uno más— no restituye a María las fuerzas que le faltan. Debería parar, pero no lo hace, no puede. La compañía de la Scala, bajo la dirección del superintendente Antonio Ghiringhelli, ha sido invitada al festival de Edimburgo. ¿Puede la Scala desplazarse sin su estrella? María, con valentía, sacará fuerzas de su flaqueza e irá con sus compañeros —y no siempre amigos— a la capital de Escocia. Hasta el último momento espera ser dispensada de aparecer en escena debido a su estado, lo que provoca una violenta discusión con Ghiringhelli. Éste no quiere saber nada, María deberá cantar las cuatro representaciones de *La Sonnambula*, previstas en el programa. Para desquitarse, rechaza la representación suplementaria que su éxito le impone. Las razones que alude están ampliamente justificadas: su pérdida de peso, su voz cansada, el agotamiento nervioso...

Pero sin embargo, la mujer agotada, sin voz, al borde de la depresión corre a Venecia para asistir al famoso baile que Elsa Maxwell ha organizado para ella. No ha podido resistirse a los rutilantes señuelos que el hada malvada agita ante ella.

Un periódico francés, citado por Pierre-Jean Rémy, comenta este diálogo entre la diva y la comadre:

—La elite de la aristocracia estará presente. Debes estar allí, María.

—No puedo, Elsa...

—En Edimburgo, no tenías más que 3.000 espectadores. ¡Yo hablaré de ti y de ese baile a mis 30.000.000 de lectores!

Y para colmo de su torpeza, la vieja gacetillera añade orgullosamente:

—He recibido miles de regalos en mi vida, pero jamás ninguna estrella me había hecho aún el honor de renunciar a una representación de ópera, porque tenía la sensación de faltar a la promesa hecha a una amiga.

Esta declaración incongruente, que desencadena en María nuevos ataques virulentos, fue hecha durante la «luna de miel» entre María y Elsa, lo que explica que María no se percatara de la trampa en la que caía; más tarde se dará cuenta de su equivocación. La discusión que estalló entre las dos mujeres, en el avión, a principios del mes de diciembre de 1957, y de la que ya he hablado más arriba, se originó por ese famoso baile en Venecia. La prensa está al acecho del más pequeño incidente para lanzar contra María una nueva jauría de perros rabiosos.

«La Callas ha dado pruebas una vez más de que es una *prima donna* de pacotilla; sin razón, ha plantado el festival de Edimburgo», escribe un periodista.

Lo que acentúa la injusticia de estos ataques es que, en las obras líricas, es frecuente la sustitución de un intérprete por otro; la voz humana es un instrumento tan frágil que puede descomponerse en cualquier momento. Ninguna cantante, obligada a retirarse, ha sido objeto de tantos reproches por parte de la prensa como las ausencias de la Callas, que han levantado siempre tormentas de protestas, aun cuando estuvieran justificadas.

En Edimburgo, Renata Scotto asegura la sustitución en *La Sonnambula*, con bastante éxito; sin embargo, hace este comentario tan bilioso como inexacto:

«La Callas, tal vez ofendida por algunas críticas, tal vez nerviosa por algunas dificultades, plantó a la compañía días antes de la tercera (!) representación; la única tabla de salvación se llamaba Renata Scotto. Yo apenas conocía la obra y el maestro tuvo que enseñármela en tres días. La noche anterior al espectáculo, la Malibran se me apareció en sueños y me tranquilizó al confiarme que, de mi boca, la música saldría por su voz.» ¡Textual! ¡Apuesto a que ni uno solo de los espectadores del festival de Edimburgo consiguió oír a la Malibran que, por lo visto, había amablemente prestado su colaboración a la *signorina* Scotto!

Mientras tanto, aparentemente insensible a los chismorreos ponzoñosos que desata su presencia en Venecia, la Callas se divierte. Es la reina del baile y de las fiestas que siguen a aquella histórica noche del 3 de septiembre. Una reina que se consagra por entero a su auditorio, ofreciendo atracciones tan inéditas como sensacionales: ¡La Callas interpretando *Stormy Weather* acompañada al piano por miss Maxwell! Todos esos duques, príncipes de sangre real o de finanzas, que la adulan y la inciensan, se le suben a la cabeza. Sea en el Lido, en el Harry's Bar, en el Florian o en cualquier otro lugar de diversión de Venecia, la banda Maxwell desembarca arrastrando a la Callas a alegres bacanales. María se deja llevar, embriagada por esos ríos de placeres que hasta ahora se había negado; Meneghini, muy orgulloso, hace el recuento de las personalidades que, con su presencia, honran a su mujer: el príncipe Ruspoli, la condesa Volpi, Henry Fonda, Arthur Rubinstein...

Entre los cortesanos de la reina, hay también un rey; rey sin pasado, sin antepasados, sin más títulos que los que se acumulan en sus cajas de caudales, pero rey al fin y al cabo todopoderoso, que extiende a los pies de la soberana el tapiz dorado de sus millones. Al igual que María es griego y como ella ha conocido también la oscura juventud de los emigrados; aunque mientras los padres Callas buscaban fortuna en el norte del Nuevo Mundo, él sembraba las simientes de la suya en el sur. Se llama Aristóteles Onassis.

Durante toda esa semana de locura en Venecia no ha cesado de observar a María, como el depredador observa a su presa. Ya, en su mente, nace y germina un proyecto tentador: convertirse en el amante de la mujer más célebre del mundo... ¡Qué bocado para satisfacer su insaciable apetito de honores! Más adelante, obedecerá a ese mismo impulso cuando lance su anzuelo contra Jacqueline Kennedy. Pero aunque piense conquistar a la cantante, no deja traslucir sus intenciones. ¿Cómo adivinar lo que se esconde tras su sonrisa inmutable? ¡Es tan simpático! Tan buen muchacho, tan sencillo, a pesar de su dinero... Y además, tan cortés, tan generoso, tan atento a los menores deseos de la diva... Como si nunca hubiera roto un plato... ¡Hasta uno le podría confiar a su propia mujer! Es lo que hace Meneghini, sin darse cuenta de que él mismo abre la puerta del redil al lobo que se comerá a su oveja. ¿Por qué rechazar la lancha motora que Aristóteles pone a disposición de los Meneghini durante su estancia en Venecia? ¿Por qué no seguirle en las lujosas escapadas que organiza en Burano o en el Lido? ¿Por qué no gozar de una buena velada en el yate *Christina*, verdadero palacio de las Mil y Una Noches, anclado en alta mar? Además, su mujer, la preciosa Tina, está siempre presente; así pues, es pura coincidencia si, en las fotos de grupo, durante las alegres comidas campestres o las elegantes cenas, Ari está siempre al lado de María... Sí, en verdad, son pura coincidencia... Coincidencias que se multiplican...

Cuando María regresa a Milán aún sigue obnubilada por las fiestas de las que ha sido el centro de atención. La evolución iniciada hace un par de años, bajo los auspicios de Elsa Maxwell, toma un nuevo cariz. María, de repente, es consciente de todas las alegrías que hasta ahora se había negado y de las satisfacciones que había rechazado, por sólo obedecer a un maestro todopoderoso: el ejercicio de su arte. Y en el culto que María prodiga al canto se produce una fisura; fisura que hace tambalear su fe, sin que ella se percate.

¿Es responsable ya Aristóteles Onassis del proceso de metamorfosis que se prepara? Es muy difícil asegurarlo. Lo que sí es cierto —todos los testigos lo han confirmado—- es que María se siente muy halagada por las atenciones de las que es objeto.

«Aristóteles tenía mucho encanto», me han dicho esos mismos testigos, que no hacían precisamente alusión al encanto ineluctible que desprende el perfume del oro; y todos añadían: «Era tan gentil, tan alegre, de una educación exquisita...».

De momento, el armador no ocupa en la mente de María más lugar que el de admirador privilegiado; en un futuro próximo ascenderá de grado. Y es porque María tiene otras preocupaciones, principalmente sus trastornos de salud. Su voz, que, en Edimburgo, daba ya signos inquietantes, se ha malogrado con el régimen seguido en Venecia. Cuando ella regresa a su casa de Via Buonarotti está agotada. Eso significa un trastorno, pues ha firmado con Hubert Adler, el director de la ópera de San Francisco, un contrato para dos representaciones de *Lucia di Lammermoor* y de *Macbeth*, y además, en Milán, tiene que grabar *Medea* para su firma de discos. Los médicos son tajantes: se halla incapacitada para hacer frente a esos compromisos. Telegrafía a Adler para anular sus representaciones de septiembre, aunque acepta honrar las de octubre. ¿Se imaginan ustedes el efecto producido en el público? ¡Después de Edimburgo, San Francisco! Por lo visto, María no tiene derecho a lo que está permitido a otras cantantes. Adler monta en cólera y anula de paso el contrato de octubre... «¡Esta mujer cree que todo le está permitido! ¡No está enferma para irse de juerga a Venecia! ¡Tendrá noticias mías!»

Sí, el ambiente es de tormenta y como conocemos a la Callas sabemos que no se dobla ante nada. Estos nuevos incidentes inquietan mucho a Rudolf Bing, que debe trabajar con ella en el Metropolitan Opera, a principios del año siguiente. No lo esconde, y así se lo comunica en una carta que le dirige:

«La situación creada por su anulación de contrato en San Francisco es peligrosa para el futuro de su carrera en América y, en particular, para su colaboración con el Met. Supongo que no le sorprenderá si le digo que San Francisco hace todo lo posible para probar que usted ha incumplido un contrato. Si consiguen demostrarlo presentarán una demanda ante el AGMNA.[1] Y si ésta le suspende por un tiempo determinado, usted ya no podrá probablemente cantar en el Metropolitan. No tengo necesidad de decirle lo catastrófico que resultaría, no sólo para nuestros proyectos, sino también personalmente para mí... ¿Puedo añadir que los chismorreos de miss Maxwell, según los cuales usted ha violado su contrato de Edimburgo para asistir a una recepción en Venecia, no le serán de ninguna ayuda?»

La Callas hace un esfuerzo: a pesar de que no estima demasiado al señor Bing, consiente en defender su causa:

«Estoy realmente enferma —le escribe—. Si los demás consiguen salir del apuro pese a lo que hacen sin estar enfermos, yo, que en verdad lo estoy, si se me condena, entonces creeré que el mundo está verdaderamente loco.»

Sin embargo, María se ve obligada a ir a América; la última revisión del proceso Bagarozy sale el 5 de noviembre: hecho sorprendente, tras varios años de trapicheos judiciales, los Meneghini han esperado a la última revisión del proceso para llegar a un arreglo amistoso, que les significa un gravoso sacrificio. El infortunado Bagarozy no se aprovechará de ese aluvión de dólares, más o menos lícitamente adquiridos, puesto que morirá un año más tarde.

Cuatro días después del largo proceso, María Callas marcha a Dallas para cumplir un contrato que ha firmado con Lawrence Kelly, el antiguo colaborador de la ópera de Chicago, ahora emigrado a Texas. El recital es un nuevo éxito. Las pocas semanas de descanso, que ha arrancado a su destino, le han devuelto su equilibrio; jamás su voz ha sido más firme, jamás ella ha esta-

---

1. Asociación artística americana muy poderosa.

do más hermosa que cuando aparece en escena, verdadera estatua surgida del más allá de la Antigüedad helena para deslumbrar al mundo de hoy. El público se lo demuestra aclamándola durante largos minutos, mientras al día siguiente el elocuente titular de un periódico dice en primera página: *«Dallas for Callas»*. Y aunque se trate de un concierto de beneficencia, de los 17.000 dólares recaudados el *signor* Meneghini no se olvida de retirar su muy decente porcentaje...

María acepta los revuelos que se arman a su alrededor; y aunque vilipendie a la prensa, que sigue cebándose con ella, en el fondo de sí misma se siente orgullosa de su situación de *mujer la más famosa del mundo*. Durante una cena, lo declara en voz alta:

—Yo sé lo que el mundo espera de mí. Tengo un rango que mantener y lo mantendré cueste lo que cueste.

¿Pueril manifestación de vanidad? Tal vez, pero que podría explicarse por la inocencia que aún subsiste en ella; pero sobre todo porque, como todavía no ha conseguido desprenderse de sus complejos físicos, no ha logrado asimilar la gloria que le surge al paso. Para emplear una expresión trivial, «ella aún no se lo cree». Más adelante, cuando su sed de vivir se haya calmado y haya medido con exactitud las vanidades de este mundo, se sentirá más serena.

Pero aún no hemos llegado ahí, y la Callas no puede permitirse el lujo de olvidar que el 7 de diciembre de 1957 inaugura de nuevo la temporada de la Scala con *Un Ballo in Maschera*, que proporciona a Margherita Wallmann la oportunidad de realizar una nueva escenografía a medida de su prestigiosa intérprete. Eso no impide que los ensayos, al igual que las cinco representaciones de la obra de Verdi, se desarrollen en un ambiente del que María le gustaría pasarse muy gustosamente. Primero porque Ghiringhelli aún no ha «digerido» el asunto de Edimburgo y se comporta como si no viera a la diva cuando se cruza con ella entre bastidores. Y luego, por su compañero de reparto, Di Stefano, con el que está enfadada, una vez más... Tanto, que mientras cantan su gran dúo de amor, se intercambian miradas furibundas, totalmente en desacuerdo con las palabras apasionadas del texto. Durante un ensayo, días antes del estreno, Di Stefano se hace esperar. Pero no por mucho tiempo. Al no verle llegar, la Callas se levanta y con voz de trueno grita al foro:

—Si el señor Di Stefano se digna venir a la Scala algún día, que me lo haga saber.

¡Y se marcha con la dignidad ultrajada de una divinidad griega que hubiese discutido con Júpiter!

A pesar de esas pequeñas rencillas, está sublime en las cinco representaciones; su voz, dentro de las tonalidades profundas, traduce todos los grados de la emoción más intensa. ¿Por qué no quiso representar más esa obra maestra de Verdi? Es una de esas misteriosas renuncias a las que, a veces, la Callas se entregaba y que ni ella misma podía explicar las razones. Gavazzeni, el director que dirige la obra, está deslumbrado y no lo oculta:

—La Callas ha nacido con un sexto sentido que le permite diferenciar los estilos de expresión, cualquiera que sea el compositor. En *Un Ballo in Maschera* ella irradiaba una extraña incandescencia interior. Ella era siempre diferente y, sin embargo, siempre ella misma.

María no tiene tiempo de dormirse en los laureles. Parte de inmediato hacia Roma donde el 2 de enero de 1958 ilustrará una vez más la obra que permanece como la clave de la supremacía de su carrera: *Norma*. La circunstancia reviste un carácter especial, no sólo porque todas las localidades están vendidas desde hace semanas, sino porque el presidente de la República italiana, el señor Gronchi, honrará con su presencia esa noche de gala.

Durante los ensayos, la voz de María acusa algunos signos alarmantes. El 29 de diciembre siente un terrible dolor de garganta. Entre los dirigentes de la ópera cunde el pánico. Latini, el administrador del teatro, corre al hotel Quirinal en el que se hospedan los Meneghini y donde la Callas... le recibe en la cama y le habla... con gestos para no fatigar su garganta. Latini es terminante: no se puede anular la representación. Primero porque no hay sustituta, pero sobre todo porque la asistencia del presidente de la República hace indispensable la de la Callas. Prudentemente, la diva permanece todo el día en su habitación y el dios de los cantantes le hace un favor: a la mañana siguiente se encuentra mejor; no necesita más para salir a cenar alegremente al Cercle des Echecs, un lugar privado muy de moda, con su marido y algunos juerguistas del gran mundo. Ella se divierte como una loca. El *champagne* corre a raudales por su copa; no es evidentemente el régimen ideal dado su estado. El resultado no se hace esperar: el 1° de enero, la Callas está de nuevo sin voz. Nueva irrupción dramática de Latini en la habitación del hotel Quirinal, nuevas súplicas, nuevas protestas de los Meneghini... Todos parecen personajes de la *commedia dell'arte*, de tanto que se agitan a su alrededor, con sus gestos, sus gritos, sus mímicas... María toma una decisión personal: no cantará. Ya sabemos que es de naturaleza obstinada y que no se deja convencer fácilmente. Sin embargo, al final de la jornada, a fuerza de gargarismos, compresas, medicamentos recetados por teléfono desde Milán por el doctor Semerano, su médico de cabecera, a fuerza de plegarias a la Madona, a fuerza también de oírse repetir: «¡María, debes cantar! ¡Tu conciencia profesional te lo exige! ¡Piensa además en el presidente de la República!», la Callas por fin accede. Cantará; al menos, lo intentará... Gesto tan valeroso como imprudente.

Horas antes de la representación, una ligera mejoría se declara y el optimismo vuelve al campo de los dirigentes de la ópera. ¿Pero por qué ese empeño en no contratar a una sustituta? Habrían evitado uno de los más sonados escándalos de la historia del arte lírico. Los que, como lobos, acechan a la Callas para devorarla, conseguirán hartarse a gusto.

María llega temprano al teatro, seguida de un Titta incómodo y de una Elsa Maxwell que ha desembarcado como refuerzo. A pesar de que ha caído en desgracia, la comadre se aferra desesperadamente a la diva; ya ha perdido la esperanza de ver su «pasión» coronada, pero para ella es una cuestión de *standing*. A la hora prevista, el maestro Santini da a sus músicos la señal de la obertura y el telón se levanta para el primer acto de *Norma*. Con valentía, la Callas sale a escena y canta... como puede. Se lanza, con sus últimos recursos, a un combate perdido de antemano. Incapaz de dominar sus vibratos y sus trémolos, con inquietantes fallos en su voz, no es la Callas la que está en escena, sino una mujer que lucha desesperadamente. El público, que no está al corriente de los sucesos celosamente ocultados, no comprende nada. Se oyen algunos silbidos y, al final del acto, los aplausos que saludan a María son bravos de cortesía.

Y estalla el drama. En su camerino, María se derrumba en un mar de lágrimas. Se siente incapaz de seguir con la representación. A su alrededor, es el disloque total. Carlo Latini suplica a María que haga un nuevo esfuerzo. ¿Qué sucederá con los espectadores que han pagado 24.000 liras por sus localidades? ¿Qué va a pensar el presidente Gronchi, que empieza a impacientarse en su palco presidencial? Meneghini se escondería con gusto bajo tierra si ésta se abriera a sus pies; la Maxwell, siempre militante, anima a María a seguir adelante. Pero aunque lo quisiera, ¿cómo volver a escena? Su aspecto físico lo dice todo sobre su angustia, jamás ha estado tan febril, tan diáfana... Por turno, Margherita Wallmann y Gabriele Santini se alternan para intentar convencerla, contra toda razón. En medio del pánico general, ¿a quién de los asistentes se le ocurre esta proposición increíble: «¿No podría usted representar el resto de la obra declamándola en lugar de cantarla?». Nos imaginamos la reacción de la Callas ante tal sugerencia que juzga ofensiva, aunque sólo sea por consideración hacia lo que ella representa.

Durante todo este tiempo, en la sala, donde el entreacto se prolonga, los espectadores no saben qué pensar. De nuevo, se oyen silbidos aquí y allá. Discretamente, un emisario del director Latini informa al señor Gronchi que el espectáculo finaliza... por falta de combatiente, y el presidente de la República se retira con dignidad... para comprobar que en su coche no hay nadie, ¡su chófer está ausente! Por lo visto, es la noche de las catástrofes. Contando con que su jefe pasaría la noche en la ópera, el chófer se ha ido tranquilamente al cine. Será la primera víctima de la maldición que aquella noche pesaba sobre la ópera, al perder su empleo.

La Callas estuvo a punto de ser la segunda víctima. En efecto, cuando un voluntario se sacrifica para anunciar a los espectadores que pueden irse a casa, un concierto de abucheos acoge la noticia. Toda esa gente que ha venido para aplaudir a la Callas está dispuesta ahora a inmolarla. Centenares de furiosos asaltan la puerta de salida de los artistas, dispuestos a las peores exacciones. Sus aullidos de cólera llegan hasta el camerino de María. Los Meneghini y la Maxwell no se lo piensan dos veces, ¡un pasadizo providencial les salvará! Entre la ópera y el hotel Quirinal existe un corredor secreto por el que el trío escapa de los furiosos. Se diría una secuencia de una película de la serie negra... Parece estar escrito en el destino de la Callas que la tragedia va pareja con la apoteosis.

Como no ha sido posible hacerle pagar a la diva físicamente su deuda, la prensa italiana se va a encargar desde el mismo día siguiente de ¡ejecutarla! He aquí algunas muestras:

«Ningún talento, ninguna gloria pueden justificar tal comportamiento», escribe *Il Messagero.*

Il Giorno va aún más lejos:

«Esta artista de pacotilla, italiana por alianza, milanesa por la admiración sin fundamento de ciertas facciones del público de la Scala, internacional por su peligrosa amistad con Elsa Maxwell, sigue desde hace unos años un camino de perdición melodramática. Este suceso demuestra que María Meneghini-Callas es igualmente una actriz insoportable sin el más elemental sentido de la disciplina y de la corrección.»

Versatilidad de las masas... Ingratitud del público...

De la noche a la mañana, la admiración idólatra se muda en odio feroz. María, ayer gloria nacional, es hoy una extraña...

Se diría que un ciclón ha barrido la península; durante días y días, en Italia no se habla de otra cosa, como si el honor nacional hubiese sido mancillado. En el Parlamento, un diputado se permite el ridículo de denunciar el gesto de María como «¡atentado a la dignidad de Italia!». Si recordamos la desastrosa campaña de las tropas fascistas contra el territorio heleno, quince años atrás, podemos decir que los griegos no tienen nada que envidiar a los italianos.

El contrato de la diva con el Teatro de la Ópera preveía otras tres representaciones de *Norma*, pero la dirección del teatro anula el compromiso y el prefecto de Roma, mediante una orden, prohíbe a María el acceso a la ópera. El suceso tiene tal resonancia que traspasa las fronteras italianas y, a su vez, la prensa francesa se «contamina».

A María no le queda otra solución: la huida. Que será espectacular. En el vestíbulo del hotel Quirinal, decenas de reporteros y de fotógrafos asisten a su marcha, desde que aparece, en lo alto de la escalera, cual estatua de la desesperación, enfundada en un traje oscuro que realza su silueta soberana. Por supuesto, su perrito *Toy* la acompaña en el viaje. Entre los brazos de su dueña, como animado por un sentimiento de solidaridad con ella, lanza a la asistencia miradas de melancolía... Sólo Elsa Maxwell falta en el cuadro. Su presencia podía haber sido comprometedora y su petulancia acreedora de alguna nueva y monumental metedura de pata. Por eso, la han despedido precipitadamente. Tras su marcha de Roma, María denuncia a la dirección del Teatro de la Ópera, a la que le reclama 3.000.000 de liras: el montante de sus honorarios que ha perdido,.,.. y de sus gastos de hotel. Ganará el proceso. El señor y la señora Meneghini, aún en el cenit de la desesperación artística, jamás olvidan hacer sus cuentas...

La primera posición de repliegue elegida por el matrimonio es, evidentemente, la casa de Via Buonarotti, pero no están mucho tiempo. También en Milán los ecos del tornado romano han hecho destrozos y los incondicionales de la *prima donna* se ven impotentes para rechazar los asaltos de los agresores. ¿Dónde encontrar el descanso que tanto necesita María? ¡En París, naturalmente! ¡París, en esencia refugio consolador de todos los exiliados del mundo! París, escala en la ruta hacia América. Pero en París apenas pasará cuatro horas, aunque serán suficientes para que la vetusta ciudad le prodigue esos tesoros de seducción de los que sólo ella posee el privilegio. Más adelante, no será por azar que María elegirá París para albergar su soledad.

Apenas aparece en la puerta del avión que la llevaba a Orly que ya los periodistas se han precipitado. Todos la interrogan con una sonrisa y las preguntas no tienen la agresividad indiscreta de sus compañeros americanos o italianos. María se siente conmovida y confusa. A partir de ese momento, un torbellino de alegría la acompaña hasta París: se diría el desfile de la Reina de las reinas durante los carnavales antaño.

Tengo a la vista las fotos de aquella breve estancia; en ellas, puede verse a la Callas cenando en Maxim's, encantadora en un estricto traje de chaqueta negro y un gracioso sombrerito de terciopelo que le da un aire de jovialidad. En su rostro relajado no hay signos de angustia; come con visible buen apetito y placer no disimulado. Para poder seguir paso a paso las etapas de su carnaval parisino, lo más simple es consultar el número del día 18 de enero, de *France-Soir*.[1]

«16 h 15. Orly. Un avión acaba de aterrizar. De pie en la escalerilla una estatua de visón dorado dedica su primera sonrisa a Francia. Es la diva más grande del mundo. María Meneghini-Callas, la soprano que ha sublevado la cólera de Roma. Como embajador del cine francés, Jean-Claude Pascal ha venido para ofrecerle sus flores preferidas: orquídeas.

»16 h 40. En los salones del primer piso, la estatua se anima: posee unos inmensos ojos negros, maquillados de color turquesa, una boca ardiente, una tez de romántica palidez.

»18 h 15. Hotel Crillon, apartamento 12, primer piso. María Callas se precipita a una de las ventanas que dan a la plaza de la Concordia: "*O que bella, que bella!*" Luego, volviendo a su encantador francés, acariciado de italiano, y estrechando contra ella a su caniche que ha conseguido conservar pese al reglamento, exclama: "¡Esto merecía la pena por dos escándalos!"

---

1. Citado por Pierre-Jean Rémy, en *Callas, une vie*.

»20 h. Se encamina a pie hacia Chez Maxim's.

»20 h 05. En la puerta de Chez Maxim's, la señorita Marmiron, de profesión ensartadora de perlas en un taller, que esperaba a su ídolo desde hacía dieciocho horas, por fin la aborda. Estrecha contra su corazón el autógrafo de la Callas.

»20 h 06. La Callas entra en la amplia sala de la planta baja, y se sienta en la mesa de catorce cubiertos preparada en su honor.

»20 h 07. Nerviosismo en las cocinas; hay que abrir 160 ostras de Belon en pocos minutos. La Callas dispone sólo de una hora para cenar.

»20 h 30. El menú le encanta: finas ostras de Belon, rodaballo al horno con pasas de Corinto, luego un manjar bautizado con su nombre "Faldilla de cordero a la Callas", puntas de espárragos frescos al veluté y, homenaje supremo, suflé helado Malibran.

»21 h 30. Correrías, flashes, prisas... La Callas sale de Chez Maxim's, pasa volando por el Crillon para recoger a *Toy* y sus flores, y se precipita en un Cadillac gris, dirección a Orly.

»22 h. Orly. La Callas atraviesa la pista de aterrizaje, sube al avión y ocupa su asiento (no ha reservado litera). La Super-Starliner debe despegar a las 22 h 30.

»22 h 30. La cantante lanza un grito en el que se percibe un *do* sostenido: ha perdido su bolso blanco de asa verde, un maletín y la cestita del perro. El comandante de abordo hace entonces algo que hubiese negado a un presidente de la República: retrasa el despegue del avión y manda vaciar la cala de equipajes. Al cabo de veinticinco minutos se recuperan los tres objetos.

»22 h 55. Con veinticinco minutos de retraso, el avión para Chicago despega llevándose entre sus alas a María Meneghini-Callas.»

Ha sido tratada como una reina. ¿Cómo no llevarse el mejor recuerdo de París?

11

PRIMER CONTACTO CON PARÍS

Antes de seguir a María Callas por tierras americanas, volvamos atrás para analizar el fenómeno sísmico que acaba de provocar. ¿Por qué ese 2 de enero de 1958 el público de Roma, que una hora antes idolatraba a María, ahora la vilipendia sin querer siquiera comprender sus razones? ¿No deberíamos admirarla por haber intentado ganar una batalla? ¿Por qué cuando no puede cantar —la voz es el más frágil e imprevisible instrumento de música— se le acusa de inmediato de caprichosa y mala fe? ¿Cuántas veces no ha habido que reemplazar de improviso a Mario del Monaco, a Renata Scotto o a cualquier otro, sin que eso haya levantado oleadas de indignación?

Sin duda, en la propia personalidad de la Callas radican las razones de esas exigencias. Porque por la naturaleza excepcional de su voz, defectos incluidos, y por el poder magnético que desprendía su presencia en escena, consiguió eclipsar a todos los cantantes de su generación. Y por su aura, por haber logrado dar al público otra visión del arte lírico y trastocar la concepción de la escenografía lírica. Un reflejo innato nos hace acechar la caída de los héroes, observar sus errores, rebuscar en sus debilidades; María fue víctima de este sentimiento que la acosó sin cesar. No es que yo pretenda, aquí y a toda costa, excusar sus actos u ocultar algunas de sus desafortunadas actitudes o desdichadas declaraciones; este libro, cuya única ambición es descubrir a la mujer que hay bajo la piel de la artista, malograría su misión si se transformaba en hagiografía. Lo que sí es cierto es que María Callas formó parte de esas artistas de excepción a las que no se les perdona debilidad alguna y a las que, por mezquindad o por celos, se las torpedea a la menor ocasión. Hay que añadir que a la prensa le encanta revelar al público las debilidades de los *grandes*.

Tras el escándalo de Roma, ¿por qué se ocultó al público que María había escrito una carta al presidente Gronchi y que la esposa de éste le había contestado muy amablemente que el presidente comprendía las razones de su desfallecimiento? ¿Por qué nadie reprochó al señor Latini no haber previsto una sustituta?

Pronto, muy pronto, María ofrecerá a sus detractores un nuevo terreno de caza ideal, cuando dé la espalda a la vida ascética que había llevado hasta entonces y se zambulla en las renovadas delicias de Capua. Con el tiempo, sus enemigos descubrirán nuevas armas para poder derribarla con más puntería. Y podrán alegrarse: al final, serán ellos los que dirán la última palabra.

El 22 de enero de 1958, en Chicago, la diva actúa en público por primera vez tras los sucesos de Roma... No sin temor sale a escena en el Civic Opera House donde da un concierto. Pronto se tranquiliza: la ovación que la acoge traduce que los ecos del escándalo comienzan a disiparse. El éxito no es menor en el Metropolitan Opera donde canta en febrero y en marzo, aunque su voz expresa inquietantes signos de debilidad, pues María se queja —y no sin razón— de la vetustez de las presentaciones del Met. Pero el público neoyorkino no quiere a otra estrella. Una verdadera crisis de histeria colectiva saluda su interpretación de *Tosca* y de *La Traviata*.

«Hay que tener la cabeza muy sólida sobre los hombros para resistir ese desencadenamiento», explica María durante una de las numerosas entrevistas que concede. ¿Lo resiste de verdad? No del todo. Es consciente de que se ha convertido en un personaje aparte, en una especie de mito viviente, y esa certeza le acarrea peligros de toda suerte.

En Nueva York encuentra a su padre, y demuestra su franca alegría cuando aparece acompañada por él en un programa de televisión. George ha envejecido mucho, pero María parece estar muy orgullosa de exhibirlo; en cambio, su actitud hacia Evangelia no ha cambiado, su hostilidad no ha decaído. Aunque su madre le paga con la misma moneda. ¿Fue entonces cuando Michel Glotz vio cómo Evangelia abofeteaba a su hija durante una de las representaciones en el Met? Es posible. El hecho de que las dos mujeres se encuentren en la misma ciudad no quiere decir que vayan a reconciliarse. Cuando un periodista indiscreto aborda ese tema reservado, la Callas responde con evasivas o bien, sin poder controlarse, lanza improperios venenosos con los que alimenta la controversia.

En Nueva York, María reencuentra también a Elsa Maxwell. La vieja sirena, que aún no ha perdido las esperanzas, arrastra sin dificultad a María a esas salidas nocturnas que tanto le gustan. Cada día llegan al Waldorf Astoria, donde se alojan los Meneghini, nuevas invitaciones para nuevas fiestas sensacionales. María no ama a la Maxwell, pero se siente aturdida por ella y además le tiene miedo, por muy sorprendente que parezca. Aunque no es la única que, en América, experimenta ese singular sentimiento; la comadre sigue ejerciendo esa dictadura mundana que le permite desollar a placer a toda una clase de la sociedad.

María se reparte con regocijado placer entre las salas nocturnas de Broadway y las discotecas de Greenwich Village, cual alumna saliendo con permiso del pensionado.

Por su parte, Meneghini comienza a darse cuenta de que María se le está escapando poco a poco, y también de que no tiene medios para luchar contra la corriente que arrastra a su mujer lejos de él. Entre ellos, los papeles se han invertido: durante los primeros años, Battista era el hombre rico que hacía de Papá Noël para la joven que se apoyaba enteramente en él. Ahora María es la diva millonaria y todo poderosa, y su viejo marido está relegado al papel de empresario de una gran estrella. Cierto que María no se reprime en demostraciones afectuosas, pero sólo en público. Cuando los Meneghini se encuentran solos, el clima no es el mismo; cansada por las exigencias de su arte, perseguida por los ataques de unos y los chismorreos de otros, María no está para arrumacos. Meneghini debe contentarse pues con representar el papel de exhibidor de fenómenos; aparentemente, no le disgusta. En sus *Memorias*, no sin cierta ingenuidad, se entrega a un edificante ejercicio de autosatisfacción, al tiempo que, gustosamente, revela sus métodos:

«En el espacio de un año, María se había convertido en la cantante número uno, incluso en América, y ya no necesitaba la protección del Met. ¿Por qué pues seguir en un teatro sin una satisfactoria contrapartida financiera? Era yo el que razonaba así. Desde que inició su carrera, convenimos en que yo me ocuparía de la parte financiera de su trabajo. Nuestra *asociación* funcionaba a la perfección. A menudo, se ha tachado a María de avara y de codiciosa. Son acusaciones injustas...»

Como vemos, Titta se esfuerza por «enmendar», muy galantemente, a su mujer, pero ya sabemos, por los numerosos testimonios, que María poseía una noción precisa de su «valor comercial» y que por nada del mundo se hubiera ofrecido en saldo. Precisamente Meneghini añade a este respecto:

«Mi mujer ha sido la cantante mejor pagada de la historia lírica. Ni Caruso, ni Gigli, ni ningún otro, han ganado tanto como ella. Desde que conocí a María supe que tenía entre las manos un *producto* artístico excepcional. María cantante era para mí un *producto*; antes que vender ladrillos, como había hecho con éxito durante años, prefería *vender* su voz. Lo esencial era que el *producto* fuese de primera calidad...»

La repetición de la palabra *producto* ilustra sobre la índole de los sentimientos artísticos del señor Meneghini, y sobre su comparación entre los ladrillos y la más célebre voz del mundo... Es justo decir que, efectivamente, él *vendió* muy bien su *producto*, y que si su esposa amasó millones se los debe en buena parte al talento de su marido... el cual recogerá el fruto de sus esfuerzos a la muerte de María. Pero ya otros contratos la reclaman: un concierto en Madrid, una *Traviata* en Lisboa, preceden su regreso a la Scala con *Anna Bolena*, en el mes de abril de 1958.

No sin aprensión, María regresa a Milán. El escándalo del 2 de enero no ha sido aún olvidado; ¡hace tan sólo cuatro meses, en Roma, unos exaltados querían lincharla! ¿Podrá afrontar a esa muchedumbre amenazadora? ¿Borrar las injurias más groseras?

¿Someterá su voluntad indómita esa hostilidad merced a la fuerza de su talento? ¿O será el deseo exacerbado de demostrar a sus detractores que ella sigue siendo la única estrella del firmamento lírico, la única diosa del *bel canto*? Sea lo que fuere, al finalizar la primera actuación, la tempestad de aclamaciones le demuestra que ha vuelto a ganar, en el acto, el corazón del público.

Pero estaba escrito que jamás podría gozar de la felicidad perfecta: al llegar a Via Buonarotti, los Meneghini descubren su casa embadurnada de pintadas obscenas y de palabras injuriosas. También en la Scala el clima es glacial. Ghiringhelli ni siquiera disimula la hostilidad que, desde siempre, ha sentido hacia la Callas; ya no acude a su camerino y cuando se cruza con ella por los pasillos la ignora ostensiblemente. Esto hace que nuestra tigresa saque las uñas:

—No volveré a cantar nunca más en la Scala, mientras Ghiringhelli sea el director —dirá pronto María.

Mientras tanto, para tratar de hallar un poco de calma, antes de cantar *Il Pirata*, al mes siguiente en ese mismo teatro, Battista y ella se refugian en su casa de Sirmione, comprada un año antes.

Sirmione... En la extremidad de una península, la vetusta ciudad refleja en las aguas del lago Garda los recuerdos de un pasado de quietud. Una sensación de fin de mundo flota en derredor al visitante... a condición de que no elija la temporada veraniega para visitarla: Sirmione la apacible se convierte entonces en una especie de kermés en la que perritos calientes y salchichas conviven alegremente, mezclando sus perfumes. Pero en aquella primavera de 1958, la ciudad aún transmitía momentos de sosiego a sus habitantes. María vive junto a Battista dos semanas de verdadero reposo, dos semanas de intimidad... Y aunque ninguno de los dos lo sospeche, sus días como matrimonio están contados; en menos de un año, el tornado Onassis trastocará el destino de la pareja. Mientras Battista escucha a María tocar el piano, para su propio deleite o para trabajar la partitura de *Il Pirata*, ¿presiente que van a robarle esos instantes de sosegada felicidad? ¿Que esa voz única en el mundo para él va a callarse? Es consciente de que María no es el ser tímido que conoció una noche en Verona, pero desdeña las señales de alarma.

María se integra en el difícil papel de Imogene con esa soltura y esa presteza que desde siempre han asombrado a los de su alrededor. Pero ¿alcanza a comprender que ha llegado a la cima de su apogeo? ¿Que en escasos meses comenzará para ella el implacable descenso a los infiernos? El término está correctamente elegido pues, a partir del momento en que la Callas ya no pueda emitir con su voz esos sonidos milagrosos que conmocionaron al mundo, la vida habrá perdido para ella todo significado y el sufrimiento será, en adelante, su compañero cotidiano.

Pero aún no ha llegado a eso; y más combativa que nunca se presenta el 19 de mayo en el teatro de la Scala para el estreno de *Il Pirata*. Necesita de todas sus fuerzas, pues Ghiringhelli prosigue contra ella la guerra de nervios. También con sus compañeros la atmósfera es hostil. Pero ya conocemos a la Callas; el rencor estimula su imaginación: el 31 de mayo, durante la escena final de la última representación de la obra de Bellini, María se aprovecha de un pasaje de la ópera que se presta a improperios de odio, y con el rostro crispado por un justo furor, se vuelve hacia el palco presidencial y escupe las palabras de venganza. Los espectadores, que están al corriente del conflicto entre la diva y el empresario general, se ponen en pie y saludan cada salida de María con aclamaciones de plebiscito. Durante *treinta* minutos, la Callas debe responder al delirio de su público. Ghiringhelli no puede soportarlo: hace bajar el telón de incendios mientras los guardias de seguridad desalojan el teatro. Fuera, donde la muchedumbre se ha concentrado, el entusiasmo no ha decaído y los aplausos reemprenden con fuerza. Hendiendo como puede la muchedumbre, la Callas distribuye sus sonrisas, pero estas demostraciones populares no la reconfortan. Sabe que sus pasos la están alejando del prestigioso teatro en el que su gloria ha brotado al mundo, pero no puede volverse atrás. Está a punto de decir adiós a la Scala. Lo presiente confusamente. Cierto, volverá en dos ocasiones, pero como invitada, no como la *prima donna* absoluta que fue. Y su alma de artista es herida por el desgarro: no se dice adiós a la Scala impunemente. Para quedarse hubiera tenido que humillarse, doblegarse... ¿Podemos imaginarnos a la Callas en esa postura?

Comentando su renuncia, explicaría un poco más tarde a la revista *Life* las razones de su decisión:

«Si el teatro que te acoge añade a la tensión de una representación malestares y una descortesía continua, el arte se torna física y moralmente imposible. Para salvaguardar mi salud y mi dignidad, no tenía otra elección que dejar la Scala.»

Por su parte, Ghiringhelli, que no quiere pasar por hombre abandonado, deja caer:

—Las *prima donnas* pasan, la Scala permanece.

No anda muy desencaminado pero, en el inmediato, la Scala sufrirá más que María por esa separación.

A excepción de algunas representaciones que la diva dio en la Scala en 1959 y en 1962, he aquí un capítulo de su existencia que se cierra, al igual que se cerrará el del Metropolitan Opera de Nueva York. Durante unos años, sólo dos ciudades seguirán obstinadamente fieles a la cantante: París y Londres. Precisamente María vuelve a Londres, tras sus sinsabores milaneses. El Covent Garden celebra su centenario y, para tal circunstancia, numerosas estrellas se han dado cita junto a la Callas.

Joan Sutherland, Margot Fonteyn, entre otras. En la sala, dos espectadores de excepción: la reina Isabel y el príncipe consorte Felipe. Entre bastidores, el contacto entre las dos reinas, la de Inglaterra y la de la ópera, es más que caluroso, si bien María, impresionada sin duda, hace mal la reverencia.

Días más tarde, la Callas emociona una vez más a su público con su interpretación de *La Traviata*. Tal vez debido a su fatiga, al nerviosismo o a su falta de energía, su Violetta jamás fue tan humana, sus acentos tan emocionantes; jamás María estuvo tan cerca de la verdad de un personaje... Así pues, pese a la evolución de su vida cotidiana, a las mundanalidades, a los clubs de noche, a las fiestas de la *jet-set*, hay todavía hermosas noches en perspectiva para ella en los teatros líricos del mundo, y el ejército de admiradores se nutre de nuevos batallones.

Tras su triunfo londinense, consiente al fin en concederse ese reposo que tanto necesita. Los Meneghini se retiran a Sirmione, allí pasarán dos meses a solas. Pero ni el placer de tocar el piano, ni la melancolía poética que exhala el lago Garda, ni la compañía de su marido consiguen distraer a María de sus preocupaciones ni de sus aspiraciones secretas. Se aburre. No consigue olvidar los momentos agradables de las veladas neoyorkinas. Las atenciones de las que ha sido objeto, esa manera de tratarla como a una reina han exacerbado su deseo de disfrutar de la vida. Una carta, inédita hasta ahora, dirigida a una amiga así lo atestigua:

«He sacrificado tanto a mi arte, y por lo visto no ha sido suficiente, puesto que me siento lejos de haber alcanzado la calidad a la que aspiro. Ahora me pregunto si todos los sacrificios han valido la pena, si no he malgastado mi vida por haber querido ir siempre más allá, más alto. He sido exigente conmigo misma, tan exigente para las óperas que he interpretado que algunos de mis compañeros me lo han tenido en cuenta; los periodistas han dicho que yo era imposible. Me han mortificado, herido, condenado. ¿En verdad valía la pena todo esto?...»

Hacerse tantas preguntas ya es una señal. Esta sensibilidad hacia las otras satisfacciones que están al alcance de su mano van parejas con las dudas que le inspira la evolución de sus capacidades vocales. Los contratos que ha firmado meses antes con el Met le producen cierta inquietud. ¿Por qué? Por una discrepancia en la elección de las obras que debe interpretar y también en el número de representaciones que debe asegurar. Bing, el director del Met, quiere que cante *Macbeth*, así como otra obra a determinar entre *Tosca*, *La Traviata*, o *Lucia di Lammermoor*. Paralizada por su indecisión crónica, María no acierta a elegir. Además, la perspectiva de cantar en alternancia *Macbeth* con otra ópera la llena de angustia. Hace unos años, merced a su virtuosismo sin par, hubiera podido pasar de una tesitura a otra como un juego; podía ser una noche una heroína wagneriana y al día siguiente interpretar a Verdi o a Puccini. Pero eso era hace unos años. Hoy, María sabe muy bien que ya no posee los medios excepcionales de antaño; y le gustaría poder campear el temporal. No se lo podemos reprochar; al contrario, quizás debió de haber frenado un poco el ritmo infernal al que se había sometido hasta ahora. Pero hoy, en su rechazo, además de ciertas imposibilidades técnicas de las que es consciente, interviene otro factor: desea concederse un tiempo para vivir, *ya no tiene ganas* de diferir sin cesar los límites de lo imposible.

María sale de gira hacia Canadá y Estados Unidos, para acabar en Dallas en donde se siente como en casa. Pero, a pesar de la insistencia de Rudolf Bing, no cambia de actitud con respecto al Metropolitan Opera. Meneghini ya nos ha dicho que los honorarios pagados por el Met eran demasiado poco sustanciosos como para justificar que le sacrificaran otros contratos; según dice en sus *Memorias*, María y él están de acuerdo en buscar una escapatoria, pero deben ser prudentes. Recordemos que María, por razones de salud, tuvo que anular su actuación en San Francisco; se salvó de milagro, aunque con un voto de censura. Así pues, no hay que enfurecer al AGMNA, tan influyente en la vida artística de los Estados Unidos. Meneghini deberá proceder con astucia de zorro viejo, él mismo lo confiesa en sus *Memorias*:

«—Debemos absolutamente librarnos del Metropolitan Opera —decía yo.

»—¡Si lo consigues, magnífico! —respondía María, y reía divertida ante la idea de los tejemanejes que yo me inventaría para poder alcanzar mi objetivo...

»Bing me odiaba a muerte. Decía que yo era avaro, codicioso, que sólo pensaba en el dinero. Decía que yo acompañaba a mi mujer al teatro y que la dejaba encerrada en su camerino hasta que él me pagaba...»

Meneghini tratará de liberar a María de ese contrato, juzgado ahora sin gran interés. En Nueva York, invitan a almorzar a Rudolf Bing y aprovechan para emitir toda clase de críticas, algunas justificadas pues por aquella época las pretensiones del Met eran más bien obsoletas. Esta entrevista dejó bastante perplejo al director del Metropolitan:

«Salí de aquel almuerzo sabiendo que algo no iba bien, pero no sabía el qué —escribiría más tarde—. Siempre he pensado que el trágico desacuerdo procedía de la gira en la que ella tenía que cantar en numerosas ciudades situadas fuera del circuito de la publicidad internacional y en condiciones poco agradables. Durante el almuerzo, su marido y ella se quejaron de los inconvenientes de la gira: los hoteles serían incómodos, los aviones no admitirían al caniche *Toy*, los trenes olían mal, el programa estaba demasiado cargado...»

Meneghini adopta una táctica que ya le ha dado buenos resultados: ganar tiempo.

«A primeros de noviembre —cuenta—, Bing nos telefoneó a Dallas para advertirnos que había enviado el contrato y nos rogaba que lo firmáramos.

»—Primero debo examinarlo, luego lo firmará María —le contesté.

»Esta respuesta contrarió mucho a Bing.

»—No hay nada que examinar —dijo él—. El contrato respeta los acuerdos de principio ya firmados.

»—Ya veremos —le respondí y colgué el teléfono.»

Durante varios días, Meneghini se dedica a jugar al ratón y al gato. Cuando Bing telefonea le responde lacónicamente, o bien da la orden de decir que no está. Bing se irrita y se inquieta cada vez más; es exactamente lo que busca el sutil veronés. Luego, una carta de María, redactada en italiano —¿por qué no en inglés?—, agrava las angustias del director del Met:

«Usted me ha dicho que Tebaldi, la temporada pasada, había exigido categóricamente que yo no interpretara *su Traviata* y había amenazado, si usted no accedía a su demanda, con no volver más al Metropolitan. Usted me dijo también que había respondido con firmeza y de manera harto desagradable a una petición tan absurda y que Tebaldi debía someterse a sus decisiones. Sin embargo, usted también me dijo, hace pocos días, que Tebaldi se había negado a cantar *La Traviata* este año, aunque fuese contratada para hacerlo y que, para tener la fiesta en paz, usted había aceptado. Es pues lógico que yo no cante más ese papel puesto que Tebaldi ha osado imponerle a usted la anulación citada más arriba. Quisiera mencionar otro punto: he dicho que entre los papeles que usted me propone, me hubiera gustado añadir *Butterfly*. ¿Por qué no lo ha hecho usted? Quizás porque mi *Butterfly* molestaba a la *signorina* Tebaldi que, al encontrarse, es cierto, en una situación enojosa le dejó a usted plantado la temporada pasada y es posible que, una vez más, como para *La Traviata*, le haya impuesto a usted su voluntad.»

La «mascarada» prosigue aún un poco más: el 6 de noviembre, Bing envía a María un telegrama conminatorio en el que le exige su aceptación inmediata de tres *Lucia di Lammermoor*, destinadas a reemplazar las tres *Traviata* que no quiere cantar. Apoya su ultimátum con una llamada telefónica a Meneghini. Éste usa fórmulas dilatorias:

«María, que escuchaba por el otro aparato, se reía como una loca —nos cuenta Battista, contentísimo.

»—Lo hemos logrado —le dije—. Puede esperar sentado mi telegrama.

»Yo sabía que habíamos ganado. Ese testarudo se prestó perfectamente a mis propósitos al mantenerse tan intransigente.»

Nunca una mala fe había sido explicada con tanto orgullo. Efectivamente, los periódicos anuncian a grandes titulares la noticia sensacionalista: «¡Bing pone de patitas en la calle a la Callas!».

Encantada, en su fuero interno por la marcha de los acontecimientos, la diva accede muy gustosamente a las entrevistas y denuncia las condiciones deplorables en las que estaban concebidas las pretensiones de míster Bing:

—¡Esas espantosas *Traviata* que quería que interpretara! ¡Eran espantosas, verdaderamente espantosas!... Estamos en la tierra para ofrecer el arte al público y el público nos quiere por eso. El señor Bing no ha querido cooperar. ¡Peor para él!

Por su parte, para no quedarse corto, Rudolf Bing alimenta la controversia:

—La señora Callas es, por naturaleza, incapaz de integrarse en cualquier organización que no esté exclusivamente centrada en su propia personalidad... No me propongo entablar una discusión pública con la señora Callas, pues sé muy bien que tiene, en este género de cosas, mucha más experiencia que yo. Si los méritos artísticos de la señora Callas son objeto de controversias violentas entre sus amigos o enemigos, la reputación que debe resaltar en sus asuntos, su sentido agudo del teatro no se ponen en duda. Su pretendido derecho a modificar o anular sus contratos, a su antojo o capricho, nos han conducido a la situación actual que no es otra cosa sino la repetición de la experiencia que casi todos los teatros líricos han conocido con esta cantante.

Y Bing enumera las historias habidas con la Scala, con la Ópera de Viena y más recientemente con la Ópera de Roma.

Por supuesto, la prensa neoyorkina se burla del incidente: «La fogosa diva desafía al jefe del Metropolitan...». «Ciclón Callas...» «Huracán Callas...» Tales son algunos de los comentarios que acompañan la ruptura de la Callas con el Met. Sólo la Maxwell vuela en socorro de su protegida y lanza el anatema sobre el cruel director del Met.

Nos preguntamos si Meneghini, en sus *Memorias*, no ha arreglado los acontecimientos a su manera, pues afirma que no había hecho otra cosa que obedecer los deseos de María. Cierto, ésta tenía miedo de cantar *Macbeth* y *La Traviata* sin tener tiempo suficiente para retomar aliento, pero de la manera que, el 7 de noviembre, recibe la noticia de la ruptura con el Met y según sus declaraciones hechas en caliente, podemos deducir que no estaba del todo satisfecha. ¿No es verdad que ha sido Meneghini, una vez más por cuestión de dinero y creyendo obrar en interés de su mujer, el que ha provocado esos acontecimientos lamentables? Lamentables, sí, pues después de la Scala, de Viena y de Roma, es una nueva puerta, y no de las pequeñas, la que se cierra tras ella. Paradoja dramática: a la más famosa soprano del mundo le está prohibido cantar en varios de los teatros líricos más prestigiosos.

Por el momento, las aclamaciones que levantan sus interpretaciones de *La Traviata* y de *Medea*, en Dallas, la adulación de la que es objeto por parte de sus seguidores, impiden a María medir con exactitud los inconvenientes que dimanan, y dimanarán, por sus enfados repetidos. ¡Es tan grandiosa, la Callas! ¡Tan intocable en la cima de su Olimpo, la diosa! El fervor militante de sus seguidores parece alzar entre ella y sus enemigos un muro infranqueable. ¿Por qué pues entristecerse tanto por lo que no es, en suma, más que una peripecia? Sin embargo, es lamentable que varios lugares sagrados del arte lírico se vean, a partir de ahora, privados de esta artista incomparable. Además, al independizarse de ciertas tutelas, la diva, sin darse cuenta, se aleja de su arte y de las reglas que siempre ha observado. Empieza a creer que puede vivir de otra manera que no sea por el canto y para el canto; error funesto del que se percatará tarde de sus consecuencias.

En cuanto a Meneghini, comete un fallo que pagará, muy pronto, al persuadir a María de que puede hacer lo que ella quiere.

Hay que decir que los Meneghini no son los únicos responsables de la ruptura con el Met. Si hubiera sabido ser más complaciente, Rudolf Bing hubiera podido convencer a María para que regresara al teatro. Él mismo lo reconoce en sus *Memorias*, al escribir:

«La Callas y Von Karajan fueron los artistas más completos del Metropolitan durante mi dirección; y no puedo culparme sino a mí mismo por haber tenido tan pocas representaciones con el uno y con la otra. Para la Callas, veintiuna en total.»

Un *mea culpa* tardío, pero que puede considerarse como un homenaje.

El enfado con Bing tuvo sin embargo un epílogo feliz: años más tarde —Meneghini ya había sido despedido— Michel Glotz, amigo y consejero de María, tuvo la excelente idea de reunir en un almuerzo, en el Pre-Catelan, a la cantante y al director. Finalizó con un abrazo. Bing organizó una reconciliación aún mucho más espectacular: en 1968, Renata Tebaldi interpretaba en el Met *Adrienne Lecouvreur*; una noche, Bing llama a la puerta de su camerino y le anuncia que una vieja amiga desea hablarle. La «vieja amiga» entra: es María. Renata le abre los brazos y las dos, muy emocionadas, lloran durante largo rato, abrazadas la una a la otra...

Para finalizar con el Met, señalemos que en el mes de marzo de 1965, María regresa para dos representaciones de *Tosca*. Desde luego, ya no es la diva esplendorosa de los años precedentes, pero aun habiendo perdido algunos de sus medios, ninguna cantante pudo dar de *Tosca* la visión que ella ofreció entonces.

Pero volvamos a 1958. Pese a sus desengaños, la gira americana de María prosigue por una ruta encantada. El 8 de noviembre está en Dallas, donde interpreta *Medea*. Se diría que la ruptura con el Met ha centuplicado sus recursos. Jamás había estado tan encantadora, ni su potencia dramática se había manifestado con tanta brillantez. Esta voluntad de lanzar desafíos al mundo es propia de su naturaleza; ya sabemos que tiene el privilegio de sacar, de la adversidad del momento, frutos para sus fulgurantes desquites. Y cuando el 29 de noviembre finaliza su gira por Estados Unidos con un concierto en Los Ángeles, la acogida que recibe le dice que su leyenda permanece intacta en el corazón del público americano, y que no debe sufrir por las tempestades que levanta a veces a su paso. Si por azar alimentaba alguna duda sobre su popularidad, la vista de la sala de la Ópera de París, en aquella noche de gala del 19 de diciembre de 1958, basta para reconfortarla. Francia, tras el huracán de la crisis argelina, está a punto de cambiar... de República. Aquella noche, el presidente René Coty efectúa su última salida oficial: va a ceder su plaza al más ilustre de los franceses, el general De Gaulle va a entrar en el Elíseo. Pero no es para ver al buenazo de Monsieur Coty que el Todo-París se ha precipitado al palacio Garnier. A iniciativa de la revista *Marie-Claire*, y a beneficio de las obras de la Legión de Honor, María Callas actúa en un concierto excepcional, seguido de una cena de gala. Tengo a la vista, al escribir estas líneas, una foto aparecida al día siguiente en el número del 20 de diciembre en *Le Figaro*; la vista del Teatro de la Ópera, lleno a rebosar, de una muchedumbre tan elegante como numerosa, es impresionante. Es significativa por la potencia de atracción de la diva, por el aura que la rodea. También porque es fuente de nostalgia para el espectador de hoy, testigo de salas de ensayo en las que reina un desaliño cuidadosamente entretenido por un público que cuadraría mejor en las gradas de un estadio de fútbol que en las butacas de un teatro... Otra foto: al final del espectáculo, Monsieur Coty se inclina ante la *prima donna*, que lanza al presidente su mirada de seductora, bajo la complacencia enternecedora y respetuosa de Meneghini.

El artículo de Jean Fayard, en *Le Figaro*, que relata la noche de gala, resuena como el eco de tiempos caducos:

«Desde las 20 h 45 a las 21 h 30, la gente se miraba. Los primeros que llegaban se quedaban en las escaleras para ver desembarcar a los otros. No había sino gente conocida y considerable. ¡Pues, sí! Da gusto comprobar hasta qué punto la gente conocida siente curiosidad por ver a otros conocidos y hasta qué punto conservan esa lozanía de mirones parisienses. Charlie Chaplin y el general Catroux observan la llegada de Brigitte Bardot; Gilbert Bécaud mira al general Norstadt;[1] y el embajador de Inglaterra a Françoise Sagan. El fenómeno contemplativo cesó con la llegada del presidente que ocupaba, con su familia y su séquito, los tres palcos centrales, entre el duque y la

---

1. En aquel entonces, comandante de las fuerzas de la OTAN.

duquesa de Windsor y la familia Rothschild... Inmediatamente después, se apagaron las luces de la sala y la orquesta atacó la obertura; la Callas apareció vestida de terciopelo escarlata. Esbelta, muy delgada. Ninguna señal indica que ha llegado a pesar más de 90 kilos; ni el cuello ni los brazos descubren el menor pliegue y nos preguntamos si aquello no fue una leyenda... Se la aplaude al salir a escena, discretamente... A decir verdad, con las dos primeras arias, las de *Norma*, no convence a nadie. Se oyen unos bravos pero también algunos gritos. El público le pide más vigor. María va a enardecerse con *Il Trovatore*. Pero sobre todo con el aria de Rosina de *Il Barbiere di Siviglia* que provoca oleadas de entusiasmo. La cantante, al haber recuperado su seguridad y su voz, despliega todos los recursos de su arte y, al final, triunfa. La más tranquila, en toda la sala del Teatro de la Opera, es sin duda la volcánica Callas que lenta, graciosa, casi hierática, con un arte maravillosamente calculado que parece el súmmum de la naturalidad, sale a recoger su éxito en su vestido rojo, como una pupila de la Legión de Honor.»

Esta aparición de la Callas, en el escenario del palacio Garnier, permitiría al público francés descubrir al fin a la *prima donna*, al tiempo que constituía el primer capítulo de un romance de amor que, a partir de entonces, uniría María a París. Parecía como si los bravos del mundo entero no hubieran conseguido blindar su corazón, pues lágrimas de emoción perlaban sus ojos, mientras declaraba al presidente de la República:

—Jamás he recibido una acogida como ésta.

¡La Callas en París! Un acontecimiento tan excepcional que consiguió los honores de Eurovisión, poco frecuente por entonces. Así, al mismo tiempo que el Todo-París mundano, cuarenta millones de telespectadores tuvieron el privilegio de contemplar a María Callas. Naturalmente, la gala era difundida por todas las emisoras de radio francesas; fue así como, en aquella noche, al tener que retransmitir el espectáculo para una de esas emisoras, yo conocí a María Callas...

El futuro confirmaría el flechazo de la ciudad por la cantante y ésta, en el transcurso de la cena de gala que siguió a su actuación, no ocultó la alegría que había experimentado.

¿Cómo presentir entonces que su destino sería muy pronto objeto de un verdadero seísmo, cuyas consecuencias la conducirían a terminar su vida en solitario, en esta ciudad que acababa de acogerla como a una reina?

12

UN PRÍNCIPE AZUL FORRADO DE ORO

El viejo carguero en el que viaja hacia Argentina navega costeando lentamente el Mediterráneo; Aristóteles puede admirar placenteramente las luces resplandecientes de la Riviera... Nombres fabulosos resuenan en sus oídos: Cannes, Niza, Montecarlo... El joven emigrante de diecisiete años, que va en busca de aventuras al país de los gauchos, no se imagina que un día esas ciudades le rendirán pleitesía como a un potentado y que junto al príncipe de Mónaco, él será el príncipe de Montecarlo... No, los sueños no llegan tan altos ni tan lejos en Aristóteles Onassis en aquella noche de 1923; pocos días antes, ha tenido que huir de Esmirna, su ciudad natal, en la que parte de su familia había sido asesinada. Desde que retomaron posesión de la región, ocupada por los griegos a finales de la Gran Guerra, los turcos han cometido crueles represalias contra la población helena. De la noche a la mañana, la familia Onassis —al menos los miembros que han podido escapar a la matanza— se ha visto arruinada y ha reaccionado mal ante la suerte del destino. Tal vez eso haya abierto los ojos al joven Aristóteles sobre el papel que representa el dinero en la vida del hombre:

—Ante las discusiones de mi familia, yo experimentaba un extraño sentimiento de futilidad —dirá más adelante—. Y llegué a la conclusión de que me sentiría más feliz en un país lejano.

Al desembarcar en Argentina, primero emprende la ruta de los emigrantes pobres: el azar de un pequeño anuncio en un periódico le convierte en telefonista nocturno por un salario miserable. Aunque ya olfatea el viento de prosperidad que sopla en los aires del Nuevo Mundo. Luego, un asunto relacionado con el tabaco —en Esmirna, su padre era exportador de tabaco— le permite ganar sus primeros dólares; dólares que van a multiplicarse. En los años treinta, ya es armador, aunque modesto; pero el transporte de petróleo le va a convertir rápidamente en millonario, luego en multimillonario.

—Mucha gente me creyó loco —recuerda—. En aquellos días, un petrolero era equiparable a una bomba atómica de hoy: demasiado peligroso para manejar... Pero yo preveía el futuro...

Ese futuro le pertenece cada día más. Al acabar la guerra, compra al gobierno de los Estados Unidos los Liberty Ships que habían surcado los mares durante el conflicto; y su flota mercante se convierte en una de las primeras del mundo, al tiempo que se hace propietario de una línea aérea, la Middle East Air Line.

En 1964, consagración suprema, realiza el mejor negocio de su vida al casarse con Christina Livanos, la hija de su más temido rival. La hermosa Tina le dará dos hijos a los que educará como herederos de un imperio... Un imperio que le asegura, en 1957, unos ingresos de 2.000.000 de francos de la época... ¡por hora!

Éste es el hombre que va a enfrentarse a María Callas; éste es el hombre que conmocionará su existencia.

A comienzos del año 1959, María reemprende la vida errante de una estrella del *bel canto*. Regresa a Estados Unidos para dar varios conciertos; Meneghini ha calculado con precisión que los conciertos ofrecen una triple ventaja: evitan los numerosos ensayos que exige la interpretación de una ópera; permiten a María poder elegir las piezas musicales que conoce y canta con más fluidez; y además... proporcionan más dinero que cualquier representación normal. Y también porque ofrecen a la diva el medio de seguir trabajando y alimentando su leyenda, ahora que varios de los grandes teatros líricos le han cerrado las puertas. ¿Se trata de un subterfugio? Una forma de prolongar la ilusión hacia ella misma... «Nada ha cambiado en mi vida... Sigo siendo el ídolo que el mundo entero venera... La *prima donna assoluta*...»

Tal vez ese género de reflexiones es porque no quiere admitir otra evidencia: la artista desaparece poco a poco ante la mujer; o más bien, ésta reivindica sus derechos en detrimento de la artista. Los musicólogos han hablado mucho sobre los fallos que, cada vez más frecuentemente, aparecen en su voz. ¿Han sido esos fallos los que le han hecho cambiar de pronto su modo de vida? ¿Los que le han impulsado hacia el mundo de los placeres ficticios? ¿O es cuando aparecen que ella deja de sacrificar todo a su carrera? La pregunta no podrá jamás ser definitivamente resuelta, pero en todo caso sería falso afirmar que fue a partir de entonces cuando María perdió su voz. Sobre este punto, Michel Glotz emite un razonamiento bastante justo: «La voz seguía existiendo; eran los nervios los que ya no la aguantaban». Un juicio que la propia María compartía.

Una cosa es segura: a la Callas de los años cincuenta, a la Callas de Visconti, a la Callas que pasaba, como por diversión, de una obra de Wagner a una de Bellini, ni la Scala ni el Metropolitan le hubiesen cerrado las puertas; María estaba demasiado entregada al culto de su arte.

Pierre-Jean Rémy ha elaborado un balance cuyas cifras, mejor que ningún otro comentario, exponen claramente un desafecto que equivale a una decadencia: en 1958, María canta *veintiocho* veces; en 1959, *once* veces; en 1960, *siete* veces; en 1961, *cinco* veces; en 1962, *dos* veces; en 1963, ¡ninguna! Testimonio de una triste evidencia, sobre todo porque, paralelamente, la diversidad de su repertorio no cesa de restringirse.

La carrera de la diva ha sido corta, demasiado corta para que nos sintamos saciados. Por eso, como enamorados decepcionados, nos preguntamos qué sucedió y buscamos responsabilidades...

Primero, fue el ritmo demencial que ella imprimió a su carrera, aguijoneada por su marido, pero hay otra causa: Onassis, evidentemente. Onassis con sus lujos, sus promesas, su amor, o más bien con sus lujos engañosos, sus falsas promesas y su amor superficial... Pero también con la seducción innegable, la alegría viril, la generosidad vehemente que desprendía su personalidad... En los albores de 1959, la nueva Callas es una presa propiciatoria para el cazador de honores que es por aquel entonces Aristóteles Onassis...

Y sin embargo, jamás los Meneghini habían dado muestras de tan deslumbrante felicidad conyugal. En público. ¡Sólo en público! Por ciertas reflexiones que a veces se le escapaban, María da a entender que Titta ha dejado de representar su papel de padre protector para pasar al de asociado. Mucho empeño pone Meneghini en sus *Memorias* para hacernos creer que su espléndida esposa estaba locamente enamorada de él; todos sabemos que se trataba de una comedia de la que él mismo era víctima. María es una artista demasiado grande como para no saber engañar a un público que la observa, dar lo que éste desea ver tanto en la calle como en la escena. De haber estado libre su corazón, ¿se hubiera inflamado tan súbitamente por otro hombre? ¿No hubiera dudado antes de atravesar el Rubicón? Las cartas ya estaban echadas mucho antes de que comenzara el crucero fatídico, ese viaje a bordo del yate del multimillonario en el que María se embarca para Citera.

Entretanto, lo repetimos de nuevo, los Meneghini continúan ofreciendo a la galería el espectáculo de su perfecta unión. En Maxim's, con ocasión del décimo aniversario de su boda, la Callas declara en voz alta e inteligible: «Yo soy la voz, él es el alma». Las palabras no cuestan dinero y se desvanecen en seguida.

Poco después, en Venecia, una de esas patricias locales cuya gracia parece pertenecer a otra época, la condesa Castelbarco, da una fiesta en honor de la Callas. Entre los invitados, el griego... ¿Proyectaba ya, el todopoderoso, conquistar a la mujer más célebre del mundo? ¿Soñaba ya, el advenedizo multimillonario, con ofrecer a su plebeyez ese cuartel de nobleza que ella representa? ¿O el deseo le surgió de repente durante el baile de Venecia? En la ciudad de los Dux, en la que las sombras del pasado bailan cada noche una farándula que no cesa hasta el amanecer, los sueños más locos están permitidos...

Pese a la presencia de su mujer Tina, pese a la del marido Battista, Ari no se separa un ápice de la Callas. Es cierto, ella está bellísima, estatua hierática, digna de la antigüedad griega, y el armador quiere añadirla a su estela... Al final de la velada, ya no puede más e invita a los Meneghini a un próximo crucero a bordo del *Christina*, su palacio flotante.

María se siente atraída de inmediato, a pesar de que no lo demuestre y dé una respuesta dilatoria, es decir, como de costumbre. Además, debe atender varios contratos, especialmente el del Covent Garden en donde será Medea.

—Entonces iré a Londres a buscar su respuesta —replica Ari.

Ni Tina ni Titta están demasiado satisfechos con esa proposición insólita, pero la Callas se siente halagada. La atención solícita, caballerosa y servil, que le ha prodigado el armador a lo largo de toda la velada le ha turbado.

—Ari tenía mucho encanto —cuenta Michel Glotz—. Cuando se proponía conquistarte sabía cómo hacerlo. Se mostraba con tanta sencillez, con tanta candidez, que incluso sorprendía a los que iba a seducir, máxime cuando se había oído decir cosas tan malévolas sobre él.

María se siente emocionada por la delicada gentileza de ese potentado de la tierra, que se hace humilde para con ella. Además, son compatriotas. Son cosas que acercan, sobre todo cuando se está tan lejos del país natal.

En sus *Memorias*, el bueno de Titta se empeña en hacernos creer que María, en aquel momento, había respondido con evasivas a las insinuaciones de Aristóteles, que la idea de ese crucero de ensueño no la entusiasmaba y que ha sido él quien, finalmente, la ha obligado a ceder ante la insistencia persistente del griego.

He aquí una interpretación de los hechos muy sui géneris por parte de Meneghini, que no corresponde a la realidad; es más bien lo contrario. Si en un principio, María se ha hecho de rogar ha sido para luego poder aceptar, y es ella la que arrastra a su esposo, muy a su pesar, a bordo del *Christina*. Con la muerte en el alma, él acepta sabiendo de antemano que es imposible obligar a María a que renuncie a un proyecto cuando lo tiene ya inscrito en el libro de sus deseos.

Previamente, una nueva serie de conciertos, muy bien remunerados, conduce a la diva a España, y luego el 17 de junio a Londres para interpretar una obra de Cherubini. El público del Covent Garden le reserva el habitual recibimiento delirante, y la prensa hace otro tanto, si bien ésta insiste más en las cualidades escénicas de María, en su ciencia de la expresión y del gesto, que en sus proezas vocales, pero es entre bastidores donde la clave del espectáculo tiene lugar.

Aunque Onassis no entiende nada sobre arte lírico, ha llegado con mucha antelación al Covent Garden, como hubiese hecho cualquier fanático de la ópera. Ha comprado unas cuantas decenas de localidades, se ha instalado en el bar del teatro y ha distribuido las preciadas entradas entre varios de sus amigos, acompañadas por una invitación en la que puede leerse esta fórmula que, de acuerdo con la mentalidad de Onassis, tiene visos de anuncio publicitario:

«El señor y la señora Onassis tienen el placer de invitarle a la *party* que en honor de María Callas tendrá lugar en Dorchester, a partir de las 23 h 15, el jueves 17 de junio.»

Al relatar los hechos de aquella velada, que para él representaba las primicias de una sombría fatalidad, Meneghini asegura que su mujer no deseaba asistir a la fiesta, que él consiguió convencerla, y que sólo estuvieron en Dorchester unos breves momentos... ¡Pobre Meneghini! Un documento gráfico, que la prensa europea se apresuró a divulgar, contradice formalmente sus declaraciones: puede verse a la Callas, medio ahogada entre Battista y Aristóteles, entre «el antiguo propietario» y el «futuro», sobrepasándoles ella, al uno y al otro, con la cabeza; mientras la mano de Onassis descansa sobre el hombro de la diva,

Meneghini ha colocado la suya sobre la de su rival, como si quisiera aprobar la futura «cesión» de María. Evidentemente, no se trata de tal cosa; la forzada sonrisa de Meneghini lo demuestra; y se diría que la mirada que Onassis oculta tras sus gafas oscuras es la mirada codiciosa de un ave de rapiña.

Por supuesto, esa pose espectacular está destinada a la galería, pero es muy elocuente: la velada de Dorchester no parece desagradar a la Callas. La prueba: se queda hasta las tres de la madrugada. ¿Es ésta la actitud de una mujer que se aburre en una fiesta? Para deslumbrarla, Onassis ha tirado la casa por la ventana: varios millones de flores, una orquesta que toca tangos porque a María le gustan y a la que, con ostentación, el multimillonario distribuye espléndidas propinas, una montaña de manjares, ríos de *champagne* y, sobre todo, un Ari omnipresente, omnipotente, solícito, jovial, encantador... María está extasiada. Como prueba de ello, sólo hay que ver las caras de Tina Onassis y de Titta Meneghini: son la expresión de la contrariedad. Cuando María y Battista regresan a su apartamento del Savoy, la diva ha tomado ya una decisión, aun cuando no la haya manifestado todavía: aceptará la invitación de Ari. Éste, por su parte, la renueva por teléfono y extrema su habilidad consiguiendo que su mujer colabore en el mismo fin. Meneghini se aferra a mil pretextos para retrasar un viaje que teme, y con razón: está cansado, su anciana madre está enferma, se marea en cuanto pone un pie en un barco, habla mal el francés y peor el inglés... Argumentos que se vuelven en su contra; «¿qué hacer con semejante compañero?» debe preguntarse María. Su deseo de viajar en el *Christina* siembra en el corazón de Battista una sombra de inquietud. Y se sentiría aún más inquieto si supiera que María, durante los dos conciertos dados en Amsterdam y Bruselas, ha ordenado al organizador que no transfiera el importe de los contratos a la cuenta que ambos poseen en común, sino que lo conserve hasta nueva orden. ¿Hasta qué orden?...

Mientras Battista echa chispas, en Milán María va de compras, con miras al crucero. «Por varios millones de liras», dice su marido con evidente mal humor. Pero la diva quiere brillar con mil reflejos bajo el sol del Mediterráneo, como si estuviera en escena; en contacto con el mar y el cielo no podrá adornarse con sus falsas coronas, ni con sus oropeles, ni con todo lo ficticio del teatro, por eso quiere demostrar que María Callas no necesita de artificios para ser la más bella... Y es que habrá invitados de excepción bajo los lujosos artesonados del yate de ensueño... Wiston Churchill, el hombre que salvó la libertad del mundo, muy envejecido por cierto, pero cuya leyenda perdura en la memoria colectiva; Garbo la Divina ha prometido coger el *Christina* sobre la marcha, en alguna de sus escalas... Humberto Agnelli, el todopoderoso director de la Fiat, también será uno de los invitados. Ya lo ven, Onassis ha reunido un plantel de lujo para aplaudir a su reina, o más bien para deslumbrarla; no fallará el blanco.

María queda literalmente subyugada por todas esas celebridades que Ari pone a sus pies como simples adornos. Está entrando en un mundo encantado; ella es la Bella Durmiente que un príncipe azul de los tiempos modernos despertará; ella es, simplemente, una chiquilla que contempla extasiada los escaparates de Navidad...

El 22 de julio, María y Battista, que sigue refunfuñando, llegan a Montecarlo donde el *Christina* les espera... y también una carta de la Maxwell, al corriente del inmediato crucero, que, según su costumbre, se mete en donde no la llaman:

«Querida María, te escribo para desearte a ti y a Battista un espléndido viaje a bordo de ese maravilloso yate, con ese maravilloso e inteligente anfitrión que es Ari... A partir de ahora, goza de cada momento de tu vida. *Toma* todo. *Da* todo lo que puedas dar: este es el camino que conduce a la verdadera felicidad y que debes descubrir por ti misma en el desierto de la duda. Ya no estoy celosa. Se acabó la amargura. Ni siquiera deseo verte. La gente dirá, ya lo dicen, que simplemente me has utilizado. Yo lo niego rotundamente. Lo poco que he hecho lo he hecho con los ojos bien abiertos, con todo mi corazón y toda mi alma. Eres grande y llegarás a ser mucho más grande...»

¿Verdad que parece la carta de un amante decepcionado? Pues a pesar de que dice que ya no quiere ver más a María, la eterna comadre se las apañará para hacerse invitar a la comida que reúne a los Onassis y a los Meneghini antes de zarpar. El día 23 por la mañana, María franquea el portalón del *Christina*, en ruta hacia la gran aventura de su vida...

El armador-ilusionista la recibe presto a sacar de su chistera todos los artificios de la ilusión, todos los espejismos del encantamiento, empezando por el primero de todos: el propio yate *Christina*... El *Christina* es un navío de cinco pisos, con cien metros de eslora por doce de manga, atendido por una tripulación de treinta hombres y un enjambre de servidores, y si la mar no lo rodease con su collar de azur, podría dudarse de estar a bordo de un barco, pues es a la vez museo, palacio, morada principesca. Como su compatriota Jasón, también Aristóteles Onassis ha conquistado el Vellocino de oro y ha esparcido sus destellos un poco por todas partes: en los salones decorados con cuadros de pintores cotizados, en los camarotes amueblados al estilo veneciano, en los cuartos de baño revestidos de mármoles de Siena, bañeras de mosaicos y grifería de oro, en la piscina, cuyo fondo reproduce un bajo relieve del museo de Cnossos. Lo más asombroso es que todo ese relumbre, esos dorados, ese lujo impertinente no son de mal gusto, sino que con sabia armonía todos esos tesoros heteróclitos cohabitan sin tropiezos. ¿Cómo no sentirse deslumbrada por ese decorado que Onassis se apresura a mostrarle nada más subir a bordo? ¿Cómo no recordar, al ver al viejo león Wiston Churchill, aquel día de 1944 en el que, ella, pobre niñita griega perdida en la borrasca de la guerra civil, le vio pasar como símbolo inaccesible de la libertad? En quince años, ¡cuánto camino recorrido por María Kalogeropoulos! ¿Todo eso es lo que significa su presencia en el *Christina*, que la aturde, que la embriaga? Sí. ¿Cómo poder resistirse? ¿Cómo podrá luchar el pobre Titta contra ese diablo de Onassis? La partida es desigual. El griego juega con dados trucados: ganará de antemano.

Mientras visitan los aposentos, por el modo solícito con que Ari guía sus pasos y le cuenta la historia y la procedencia de cada objeto precioso, María presiente que es a ella a quien rinde el homenaje de su poder, que es para seducirla que extiende a sus pies el tapiz de sus tesoros. ¿Lo presiente también Tina Onassis que los acompaña? ¿Presiente la amenaza que la ilustre cantante ha embarcado junto con su montaña de maletas? Posiblemente, puesto que hasta ahora la unión de los Onassis no ha sido sino una felicidad superficial; al dedicarse a correr constantemente tras las fortunas que colecciona con pasión, Ari no ha tenido mucho tiempo para ser un marido solícito. Máxime, cuando sabe que con un simple fruncir de cejas, hermosas criaturas corren a meterse en su cama, y como es un juego que le gusta las frunce muy a menudo... Por supuesto, Tina está al corriente, pero mantiene la fachada y las obligaciones que exige toda riqueza y celebridad. Posiblemente ha intuido que su marido se ha encaprichado de María, pues ¿por qué razón, sino entiende nada de música, se ha convertido de repente en un fanático de la ópera? Acostumbrada a los caprichos del amo, Tina sabe que la brisa Callas se disipará del mismo modo que se ha levantado...

El *Christina* sigue navegando por aguas del Mediterráneo con su cargamento de celebridades, y con sus dos griegos, ese Ulises y esa Circe. Sí, Circe orgullosa y triunfal que Aristóteles se encargará de mudar en una Penélope humilde y sumisa.

Se cena a cualquier hora, con algarabía, se cuchichea con aire misterioso, se flirtea, los unos con los otros, delante de los demás, con parejas que no siempre son las mismas... El pobre Meneghini está escandalizado por esos cuerpos semidesnudos que se exhiben con ostentación y que practican el libre intercambio; si sentía alguna admiración por los esfuerzos que despliega el anfitrión para que nada falte a sus invitados, no tardará en cambiar de parecer.

María, en cambio, está en la gloria; se zambulle con deleite en ese baño de espuma lujosa que Aristóteles ha dispuesto para ella; pues para ella, sólo para ella, él se deshace en mil atenciones, sólo para ella despliega su seducción de potentado, abre su cueva de Ali-Babá nuevo rico. Los demás invitados sólo están ahí como figurantes, o para servir de coartada. Insensiblemente, María cae en la trampa, se desliza por entre las redes que el griego le ha preparado, redes tejidas con hilos de oro. Tal vez, todavía no lo ha presentido, pero María se siente muy a gusto en compañía de ese compatriota tan alegre como inventivo.

La atmósfera que reina a su alrededor la va envolviendo poco a poco; en Portofino, primera escala del *Christina*, una María excéntrica, vestida con ropas llamativas y maquillada en exceso, se exhibe por el puerto, aceptando, sin reservas, los regalos que Onassis le compra en cada tienda en la que ella se para. En torno suyo, la gente se hace la desentendida, ¿quién osaría contrariar las maniobras de un multimillonario? La complicidad es de rigor; hasta Tina cierra muy servicialmente los ojos.

Titta en cambio no sospecha nada. Si está de mal humor no es por celos, sino porque se siente abandonado, desplazado.

No baila, no flirtea, no bebe; se halla constantemente indispuesto... No, decididamente, ese pobre viejo no participa del juego, y nadie se molesta en hacérselo comprender. Sin embargo, durante unos días más María y él ofrecerán la imagen de la felicidad completa, o al menos lo harán ver. Y mientras el *Christina* navega hacia ese Oriente que les vio nacer, los dos, la diva y el armador, juntos, uno al lado del otro, en la proa del navío, hablan interminablemente. Onassis le cuenta su juventud, sus comienzos sin un centavo, sus primeras victorias, sus primeros millones... De vez en cuando, la risa de María estalla, alegre, juvenil, una risa que Battista jamás ha oído y de la que debería desconfiar.

La arribada a Grecia asestará el golpe mortal al matrimonio Meneghini. Se diría que al pisar suelo natal, cual Anteo, María y Ari se sienten renovados por nuevas energías... A la altura del Peloponeso, el director de cine, Carl Forman, sube a bordo y ofrece a María el hacer juntos una película, a lo que Onassis replica:

—Sería una excelente idea, yo financiaré la película.

Y al decir estas palabras, rodea con sus brazos a la diva en un gesto que quiere parecer amistoso pero que no es sino el abrazo de un enamorado; y su promesa de comandita tiene más de promesas de hombre enamorado que de proyecto financiero. Esta vez, Meneghini ha acusado el golpe; esa súbita intimidad entre su mujer y el otro le sienta como bofetada en plena cara. Se siente trastornado, pero se niega a rendirse a la evidencia. Al fin y al cabo, es normal que a María le guste conversar con Onassis; los dos son griegos y María no tiene muchas oportunidades de frecuentar a un compatriota tan divertido... ¡Entonces, que se divierta! Que baile con Onassis al son de la orquesta de jazz, que parece tocar únicamente para ellos un repertorio de *slows* lánguidos con los que la pareja baila mejilla contra mejilla... Que aproveche esa vida regalada que su marido jamás pudo darle, pese a sus larguezas de burgués provinciano... Meneghini no quiere ver nada, no quiere comprender, sigue aferrándose a la ilusión de una felicidad que se le escapa de las manos, a medida que el *Christina* se desliza por las aguas del mar Egeo...

¿Y María? ¿Cuáles son sus sentimientos? ¿Qué ocurre en su corazón sólo destrozado hasta entonces por la pasión del teatro? Si hubo combate entre conciencia y deseo, fue breve. ¿Hubiese podido suceder de otro modo? ¡Cómo luchar contra esa maravillosa revelación que estalla en su interior: estar enamorada! ¡Por primera vez en su vida, a sus treinta y seis años! Súbita pasión que galopa con fuerza por el retraso con que llega; que brota con furia devastadora porque golpea en un terreno inviolado... El amor de Battista era un amor tranquilo, paternal. El arrebato desesperado por Luchino Visconti un acceso de fiebre. Con Ari, el lenguaje que hace latir su corazón es diferente, turba sus pensamientos, invade brutalmente su cuerpo. María comprende entonces que ya no es el ídolo inaccesible, la estatua antigua venerada por una multitud de adoradores fervientes y platónicos; ahora es una mujer de carne, de sangre, de sentidos... Entre los brazos de Ari cuando bailan, cuando junto a él se apoya en la

216

batayola del yate, cuando se susurran interminablemente en el salón del *Christina*, cuando con la complicidad de sus miradas se aíslan de los demás pasajeros, en cada uno de esos instantes, María descubre un mundo nuevo que la emociona y que la colma. Y sin titubear, se arroja al desencadenado mar de sus sentimientos arrebatados.

Onassis hace lo necesario para alimentar esa tempestad; también él se lo ha tomado en serio. Este impenitente cazador de hembras, este macho siempre hambriento de carnes nuevas, no se ha concedido tregua en su carrera de placeres. Pero esta vez, está seriamente atrapado: al deseo de la mujer seductora se añade el prestigio del ídolo. Onassis intenta amar la ópera y se convierte en el amante de una de las mujeres más famosas del mundo, ¡qué tarjeta de visita! ¡Por un lado, la gloria; por el otro, los millones!... No se puede soñar unión más perfecta...

¿Cuándo sucedió lo irreparable? Evidentemente, no podemos determinarlo con exactitud absoluta, pese a que ciertos indicios quieren la fecha del 6 de agosto. Aquel día, el yate había anclado frente a las costas del monte Athos y toda la tribu del *Christina* desembarca para ir a visitar el famoso monasterio. El patriarca de Constantinopla espera a los visitantes, principalmente a los dos ilustres griegos; María y Ari se arrodillan ante él. La joven se emociona cuando el patriarca los designa como «la más célebre cantante del mundo» y «el moderno Ulises»; pero la emoción de María llega a su límite cuando el digno sacerdote, que posiblemente ha conocido bien la vida, bendice a la pareja con la solemnidad que se requiere. Por poco María, cuya imaginación galopa a la velocidad de sus sueños, cree haber celebrado su boda con Aristóteles. En un rincón, apartado del resto, Meneghini también tiene esa misma sensación y en su mente se agolpan las peores confusiones.

Cuando María regresa abordo no es la misma mujer; sus últimos escrúpulos se han esfumado, sus últimas dudas dan paso al deseo de ceder a la pasión que embarga todo su ser. Podemos pues suponer que en la noche de aquella memorable jornada

217

Aristóteles Onassis dejó de ser un simple admirador para la Callas... En sus *Memorias*, Meneghini describe, paso a paso, el verdadero Gólgota que para él fueron los últimos días del crucero maldito:

«El 6 de agosto, cuando regresamos a bordo, la encontré completamente cambiada. No quiso venir a acostarse; cuando le dije que estaba cansado me respondió: "Haz lo que quieras, yo me quedo aquí". Y aquella noche comenzó su relación...»

En la noche del día siguiente, el ambiente no ha mejorado, al contrario. María, sobreexcitada, baila con Onassis, muy pegada a él, sin prestar atención al resto de pasajeros; a Wiston Churchill, que le ha pedido que cante alguna cosa, lo envía literalmente a paseo y el viejo león no insiste. La ópera parece estar de pronto en las antípodas de la diva; había llevado a bordo una partitura de *La Straniera*, una ópera de Bellini, pero ni siquiera la ha abierto. Todos sus pensamientos están ocupados por Ari, está constantemente a su lado. El *Christina* atraca en el puerto de El Pireo; eso les ofrece la oportunidad de una nueva escapada. Cogidos de la mano, recorren las callejuelas del barrio de Plaka, aspirando con verdadero deleite el ambiente del país, país del que han estado tan alejados por la carrera frenética de sus existencias; Atenas, Grecia entera se hacen cómplices de la felicidad tan nueva de sus dos más famosos hijos...

Durante los días que siguen, el calvario de Battista continúa. De acuerdo con su recién adquirida costumbre, María no regresa hasta el amanecer al camarote que comparte con su marido. Éste se lo reprocha; los enamorados no soportan que se entrometan en sus vidas. Sin poder aguantar más, María da rienda suelta a su impaciencia contenida:

—¡Pareces mi carcelero! —le grita ella—. Nunca me dejas sola. Estás pendiente de mis idas y venidas. Eres una especie de guardián odioso que me ha tenido encadenada durante años, ¡ya no puedo más!... No eres deportista, no conoces las lenguas extranjeras, siempre con esos horribles pelos, no vistes con elegancia.[1]

---

1. Citado por Meneghini en *Maria Callas, ma femme*.

Durante una hora, los reproches llueven sobre el desgraciado que sigue intentando aferrarse a la esperanza de que para María se trata sólo de un capricho pasajero. Sin embargo, cada noche, ella abandona el camarote conyugal, sumiendo a Titta en las angustias de los celos.

No podemos dejar de sentir cierta conmiseración hacia ese hombre de sesenta y cuatro años que ve cómo su joven esposa se le escapa inexorablemente; como suele ocurrir a menudo en situaciones parecidas, todo lo que Titta hace para retener a María se vuelve en contra suya, y debe asistir impotente al triunfo tan insolente como indiscreto de su rival. Sea lo que se haya dicho sobre Battista, lo que se haya pensado de su rapacidad, de la avidez con la que exhibía a su diva cuando los honorarios le convenían, del hecho de no haberle dado ningún respiro, por mucha severidad con la que juzguemos sus métodos y su estado de ánimo, hay que admitir que sin él la Callas seguramente no hubiese llegado a las cimas que alcanzó, pues sirvió a su gloria con una devoción que jamás frenó. Por otra parte, desde el día en el que Titta salió de la vida de María, ésta, insensiblemente, comenzó a alejarse del camino que había seguido hasta entonces.

Cuando María Callas desembarca del *Christina* ya no es la misma mujer. Está poseída por el mas poderoso de todos los motivos, ante el cual se desvanecen las consideraciones, los principios y las conveniencias: está enamorada, locamente. Con ese ímpetu que la caracteriza, ha decidido que ningún obstáculo comprometa el cumplimiento de sus deseos.

Por su parte, Onassis no deja de estar menos entusiasmado; la conquista de la Callas significa el supremo esplendor para ese multimillonario. También él ha decidido hacer tabla rasa de su pasado, a fin de poder explotar con tranquilidad el nuevo filón que ha descubierto. Por costumbre, no siente escrúpulos cuando tiene un proyecto en mente y por supuesto no va ahora a hacer una excepción a una regla tan cómoda; además, nunca ha ocultado la verdad a Tina, quien, por otra parte, jamás ha puesto objeciones al aceptar una nueva situación. Quizás es porque ella también aspira a un cambio de vida. Según confidencias hechas a algunos íntimos, ¡la vida con Aristóteles es insostenible! Tras su fachada de multimillonarios ahítos, los Onassis discuten como verduleros... en los breves momentos en que están juntos. A Tina no le desagradaría recuperar su libertad. Por el momento, Aristóteles se propone mantener sus decisiones al abrigo de la curiosidad del enjambre de periodistas que acechan sus idas y venidas, atentos a la noticia sensacionalista.

Los Meneghini, por su parte, regresan sin dilación a su villa de Sirmione; prácticamente no se han dirigido la palabra desde que abandonaron el yate. ¿Qué podrían decirse que no supieran ya? María se ha aislado en sus sueños: lo único que cuenta para ella es poder volver con Ari. En su corazón, pasado y presente quedan abolidos. El hombre que la acompaña, su marido desde hace once años, es ahora un extraño para ella. Su carrera, a la que se había entregado en cuerpo y alma desde la adolescencia, ya no es sino una aventura; ayer, ella era aún Tosca, Medea, Norma; hoy, por fin, es María... Si no estuviesen todos esos malditos periodistas, siempre al acecho, cómo le gustaría gritar al mundo entero su felicidad en un desafío supremo, cómo desearía revelar a los que la aplauden el maravilloso secreto que guarda en su corazón, cómo le agradaría decir que la artista ha cedido su sitio a la mujer...

Esta súbita pasión, esta metamorfosis que, en pocos días, ha hecho de María un ser diferente que la impulsa a tirar por la borda los valores en los que hasta ahora había creído, esta revolución íntima pueden sorprender; todo ha sido tan rápido... Sólo puede explicarse por el hecho de que, debemos repetirlo nuevamente, nos encontramos ante una neófita en el amor. La irrupción de Ari en la vida de María tiene el color, el ritmo y el vigor de una revolución. Tal vez, esos sentimientos que surgen de repente dormitaban en ella. ¿Quizá porque no era consciente de esa falta de placer físico que Ari le revela con tal ardor y espontaneidad que la trastorna? ¿Qué ocurrirá ahora? ¿Cómo actuarán

María y Ari para liquidar el contencioso de su pasado y para unir sus dos destinos? Cuando uno se llama María Callas o Aristóteles Onassis no es tarea fácil la de vivir la vida...

Los días que siguen al regreso de los Meneghini a Sirmione son tormentosos. Por separado, María y Battista van y vienen al lago Garda o a Milán; se diría que temen quedarse a solas. Acabarán no obstante por encontrarse frente a frente y la verdad de la que huían, esa verdad tan difícil de explicar, estallará por fin. Tras algunas horas de silencio opresor, María pronuncia las palabras definitivas: las que destruyen las últimas esperanzas que la ilusión aún mantenía, esas de las que es imposible retractarse... El pobre Battista se derrumba; a su alrededor, el universo se desploma y como estaba escrito que nada le sería dispensado, ¿a quién ve desembarcar en su casa, el 15 de agosto? ¡A Onassis, en persona! Un Onassis en plena forma, bromeando con todo el mundo, tratando a Battista como amigo incondicional, inconsciente de cuán odiosa puede ser su actitud... Habituado a obtener lo que quiere, en el momento que quiere, ¡Onassis ha venido a gestionar el traspaso de María del lecho de Battista al suyo! ¡Es lo que ha venido a decirle a Battista, con toda simplicidad, como si se tratara de uno de sus negocios cotidianos! ¡No le faltan agallas, a Aristóteles! ¿Y por qué iban a faltarle? ¿No ha conseguido siempre lo que se proponía? Para él, es tan natural «adquirir» a la Callas como comprarse un nuevo petrolero. María no parece ofendida por esa transacción, y es què está en las nubes. Cree empezar otra vida, o más bien comenzar a vivir. ¡Deprisa pues, que acaben pronto! ¡Que se pongan de acuerdo en los detalles —las cuestiones materiales— y que pueda marcharse con el hombre que ama!

Meneghini, totalmente anonadado, no tiene fuerza para resistir el torrente que le sumerge. Es consciente de su impotencia frente al gigante carnicero que le arranca su tesoro. Ya no es más que un pobre hombrecillo irrisorio...

En las situaciones más dramáticas hay que buscar siempre la parte jocosa. Esos tres personajes, esos tres héroes de tragedia, se han puesto al menos de acuerdo en un punto: ¡sobre todo que los periodistas no se enteren de nada! ¡Como si a los ojos de la opinión pública quisieran seguir siendo por un tiempo unos santitos!... Y lo más divertido es que entre los fotógrafos que rastrean la pista de Onassis, como entre los que espían a la Callas, ninguno ha olfateado la verdad, por lo que no pueden alimentar con esas suculentas aventuras a su muchedumbre ávida de indiscreciones. El mes de agosto transcurre sin que el mundo sospeche la tragedia griega que se ha desarrollado a orillas del lago Garda.

El 2 de septiembre, una María Callas sonriente desembarca en la Scala de Milán para grabar *La Gioconda*, de Ponchielli, tan sonriente que Antonio Ghiringhelli no da crédito a lo que ven sus ojos; y los dos viejos enemigos se funden en un abrazo, y los ensayos transcurren en armonía y tranquilidad.

Y al día siguiente, ¡el bombazo! ¡La sorpresa! ¡El estallido! Los periodistas podrán vengarse. Uno de ellos, hacia las diez de la noche, ha entrado por casualidad en el Rendez-Vous, un elegante restaurante de Milán. En la pista, una pareja baila tiernamente enlazada: María y Ari...

El tiempo justo de correr al teléfono y la noticia se expande como reguero por las salas de redacción, en espera, al día siguiente, de poder anunciar la noticia en la primera página de los principales periódicos de la península. A partir de entonces, perseguidos de cerca por una jauría rabiosa, a la diva y al armador se les verá entrar, muy abrazados, en el vestíbulo del hotel Principe Savoia.

Horas más tarde, la casa de Via Buonarotti es asaltada. Para intentar distraer la atención —ilusión pueril— María usa de la estratagema clásica: el comunicado de prensa, que no engaña a nadie y que no viene a cuento.

«La ruptura entre mi marido y yo se estaba fraguando; ahora es definitiva. El crucero a bordo del *Christina* ha sido simple coincidencia. Ahora yo soy mi propio empresario. Entre el señor Onassis y yo sólo hay una profunda amistad, que compartimos desde hace años. Tengo algunos negocios con él; he recibido varias propuestas de la ópera de Montecarlo y posiblemente haga una película.»

Ahora soy mi propio empresario, he aquí una frase que subraya mejor que cualquier comentario la deposición de Battista. Cuando María Callas lanza esa sentencia, se parece a Luis XIV diciendo su famoso «El estado soy yo». ¡La cantante ha roto el cordón que la unía a su marido empresario!

El siguiente capítulo de la guerra de comunicados procede de Sirmione, desde la villa de Meneghini, quien declara:

«Espero que legalizaremos esta ruptura sin rencor alguno. No siento resquemor hacia María, que me ha confesado honestamente la verdad, pero no perdono a Onassis, que ha violado las leyes de la hospitalidad, sagradas entre los antiguos griegos.»

Si Battista mete la pata con algo de pudor, Onassis por su parte la hunde hasta el corvejón, con visible presunción:

—¡Por supuesto que me siento muy halagado que una mujer como María Callas se haya enamorado de mi! ¿Quién no lo estaría?

Observemos el término «halagado»... Inconscientemente, Onassis confiesa el motivo principal que lo ha impulsado a la conquista de la *prima donna*. Por el momento, ésta no ha prestado gran atención, será más tarde, demasiado tarde, cuando reaccionará.

Pero la guerra de comunicados prosigue. Días después de haber representado su papel de barba honesta, Meneghini, ante un hormiguero de periodistas, deja escapar la hiel de su amargura. Haciendo caso omiso de toda precaución oratoria, comenta «la traición de una mujer para la que ha erigido la gloria y que le abandona de la noche a la mañana por un aventurero, renegando de la fe jurada...».

De resultas de esta confidencia, la desunión del matrimonio llega al límite. En sus *Memorias*, Meneghini relata una conversación telefónica, sostenida con María, que no brilla precisamente por su cordialidad:

«María, que está en Londres, me telefonea, loca de rabia. Me injuria, me insulta. Yo me salgo de mis casillas y le replico en el mismo tono. Ella me amenaza: "¡Cuidado, Battista, un día de éstos iré a Sirmione con un revólver y te mataré!". Fuera de mí, le contesto: "¡Ven! Te espero con una ametralladora en la mano".»

Por fortuna, en Italia esta clase de amenazas forma parte de una conversación habitual y, como en las obras de Pagnol, siempre hay un quídam para detener al que quiere «cometer una locura».

13

VISSI D'AMORE

Acaba de cerrarse un capítulo de la existencia de María; sin duda, el más importante desde el punto de vista que nos ocupa a nosotros, sus admiradores, puesto que, a partir de ese día, va a dejar de ser una artista íntegra. Lo único que le importa por el momento es consagrar todo su tiempo a Onassis; eso le impulsa a relegar sus deberes profesionales que, de pronto, se convierten en un incordio... Incordio es el concierto que *debe* dar en Bilbao y que la obliga a abandonar a Ari durante dos días; incordios son el concierto en Londres, el 23 de septiembre, y el programa de televisión, también en Londres, diez días más tarde; un incordio, esa representación en Kansas City que deja adivinar ya el cansancio en su emisión vocal. Las declaraciones malhumoradas que hace a la prensa, la desfachatez con la que llega justo minutos antes de levantarse el telón en Bilbao, anula una emisión en Londres o una representación en Berlín, indican claramente que María tiene la mente, el corazón y los sentidos en otra parte.

No tarda en pagar las consecuencias: el 6 de noviembre, en Dallas, a donde ha acudido de mala gana para representar *Lucia di Lammermoor*, no puede dar el *mi* bemol final de la escena de la locura. Y al caer el telón, crisis de nervios, furor a la griega, imprecaciones a la antigua... La prensa americana, que acecha el menor fallo, se desenfrena de inmediato. Al sacar a la luz su vida privada, los periodistas *yankees* le imputan la razón de ciertas carencias: «La señorita Callas ya no ejerce dignamente su profesión...». Y de un plumazo, parecen olvidar el enriquecimiento que María ha aportado al arte lírico. Ella sólo ha querido ser feliz, ¡qué crimen imperdonable! Ha querido disponer de su propia persona: se le niega ese derecho.

¡La que ha dado luz verde a esa campaña de oprobio no es otra que Elsa Maxwell! Pues sí, la vieja alcahueta, siguiendo su costumbre y la dirección del viento, con una habilidad admirable para una persona de su edad, ha vuelto una vez más a cambiar de chaqueta; ahora, se ha erigido en paladín de la moralidad, y asaetea a la pareja adúltera María-Ari, mientras llora lágrimas de cocodrilo septuagenario por «esa pobre Tina tan odiosamente traicionada y tan vergonzosamente abandonada...».

Precisamente, «esa pobre Tina» ha reaccionado con una rapidez sorprendente. Casi sin darle tiempo a su marido para que disfrute de su nueva conquista, que con sus dos hijos abandona el hogar conyugal de la Avenida Foch, se refugia en casa de su padre y pide el divorcio. Sería lógico suponer que satisfacía así los deseos de Aristóteles; no es tan evidente. Al contrario, Onassis intentó en varias ocasiones hacer recapacitar a su mujer sobre su decisión; una señal que hubiera debido alarmar a María, pero es demasiado feliz como para darse cuenta. Su felicidad se conjuga con los ojos cerrados; además Ari es siempre tan inventivo, tan suntuoso en sus manifestaciones. Entre dos negocios, entre dos millones, salta a un avión, corre junto a ella y viven noches de locura en las que se derrochan a la par oleadas de *champagne*... y los recursos vocales de María.

En el mes de septiembre, pocos días después de su separación con Battista, nueva escapada a bordo del *Christina*. Esta vez, sin invitados prestigiosos, sin escalas sensacionales, ellos no se aman para la galería. Sobre el puente del yate, María ya no juega a la *prima donna*; con deportivas blancas, sencillos vestidos, o en traje de baño, aspira por todos los poros de su piel el sol y la felicidad. ¿Hacia qué destino navegan así esos dos corazones embriagados por su común exaltación? Hacia Grecia evidentemente, hacia esa tierra cómplice que es la suya. Una nube de cazadores de fotos les espera en pie de guerra: el gobernador griego envía un comando marítimo para dispersar a los indiscretos; en consideración hacia el multimillonario y la más grande cantante del mundo no podía hacer menos, ¿no es cierto?

Como ya hemos dicho anteriormente, con manifiesto mal humor María se extirpa a esas delicias para cumplir con los contratos que Meneghini había firmado para ella, como si hubiese presentido que con eso contrariaba los amores culpables de su esposa.

Y en esto, el viejo marido abandonado resurge de nuevo: el 14 de noviembre, los Meneghini comparecen ante el juez de Brescia que debe pronunciar su separación oficial. Podemos adivinar que no pasan inadvertidos: pulula la sempiterna ronda habitual de periodistas y también la de centenares de curiosos que, esta vez, aclaman a Battista como a una estrella. ¡Por poco el marido ultrajado no saluda al público! La Callas llega a su vez; hay quien ha venido con la sola intención de abuchearla. Días antes, había hecho unas declaraciones que han sublevado la opinión pública de esa parte de Italia que, de pronto, se ha convertido en guardiana de la virtud ultrajada: «Yo no soy un ángel —había confesado María a los periodistas—. Soy una mujer y una artista seria; tampoco soy un demonio, pero creo que tengo derecho a vivir como cualquier ser humano».

Sin embargo, cuando María aparece, las murmuraciones escandalosas callan de súbito y la diva avanza por entre la multitud silenciosa hasta el despacho del juez; en él, el matrimonio permanece unas seis horas; seis horas de agria discusión. Finalmente, se pronuncia la separación por consentimiento mutuo y los Meneghini acuerdan el reparto de sus bienes: María conservará la casa de Via Buonarotti y la totalidad de las joyas regaladas por Battista, que se queda con la villa de Sirmione; los muebles, cuadros y demás enseres preciosos son equitativamente repartidos entre los dos. En total, María y Battista se reparten unos 600.000.000 de francos.[1] Meneghini, a despecho de una tristeza ruidosamente manifestada, no ha perdido su buen sentido de la realidad.

---

1. Alrededor de 80 millones de 1990.

Mientras escribo estas líneas, tengo a la vista la foto de un periódico: en ella puede verse a la Callas y a Meneghini marchándose cada cual por su lado. Imagen simbólica, fotografía cruel por su aspereza: última visión de una unión que se rompe: todo lo que queda de once años vividos en común.

¿Piensa en ello, María, mientras vuela hacia América donde le espera un contrato —uno más de los negociados por Meneghini—? Posiblemente, no. Está entregada de lleno a su nueva felicidad y su única obsesión es la de encontrarse con Aristóteles lo antes posible. Sin querer confesárselo, el canto y la música, sus dos únicas razones de vivir hasta ahora, desaparecen poco a poco de su campo de visión. En su nueva vida ya no hay sitio para el sacrificio.

¿Data de este momento lo que podríamos llamar la muerte en el alma, la decadencia de la artista? ¿Puede ser que esta fulgurante estrella desaparezca del firmamento a sus treinta y seis años? Cierto, esta voz milagrosa obtendrá aún triunfos fulgurantes. Cuando aparezca en algún teatro de ópera —cada vez más raramente—, esta incomparable actriz trágica aún podrá ofrecer a su público los acentos de una emoción conmovedora, pero no serán sino relámpagos brevísimos. A partir de ahora, los que la aman, cada vez que acudan a escucharla, resentirán miedos inconfesables: miedo a la nota fallada, miedo a la voz que no puede alcanzar el paroxismo de la expresión. Acechan con angustia los síntomas de fatiga, la debilidad física, el sufrimiento de esa mujer para quien el esfuerzo de las más inaccesibles proezas parecían antaño tan naturales. Por eso, cada una de sus apariciones, hasta esa última serie de conciertos en 1974, suscitaba tanto entusiasmo; precisamente, porque al tener miedo de perderla, al temer que el telón cayera definitivamente sobre su ídolo, a sus admiradores, que cada vez son más numerosos a medida que pasan los años, se les desborda la pasión. Jamás la Callas será tan amada como cuando ya no pueda realizar las proezas desmesuradas con las que enriqueció el arte lírico.

En ella, la duda y el miedo la van envolviendo poco a poc

Pero más grave, más consecuente que la pérdida de sus registros, es la falta de fe en sí misma, que acelerará el proceso fatal; y porque dejará de creer en sí misma es por lo que ya no será más lo que fue.

Es verdad que siempre había sido muy crítica con su interpretación, que en las noches de sus más brillantes demostraciones decía con mueca contrariada: «En aquel pasaje, hubiese podido hacerlo mejor...». Precisamente, porque sabía que era capaz de hacerlo mejor es por lo que se sentía tan insatisfecha; y hoy, porque *sabe* que ya no puede hacerlo mejor es por lo que duda, y ese estado de ánimo la conduce, irremediablemente, a la renuncia.

Sus amores con Onassis y la vida festiva que arrastró no fueron las únicas razones de la desaparición de la artista; sólo constituyeron el punto de partida, el pretexto de una laxitud funesta. Por el momento, su apetito de placer le impide ver las asechanzas del futuro; tiene hambre de esa vida ficticia, de esos amigos acaudalados, de esa elegancia falsa, como antaño tuvo hambre de aquellos macarrones a la griega que se preparaba en Brooklyn, y está convencida de que puede satisfacer esa clase de apetito sin peligro alguno.

Aunque también anhela otras necesidades: ya hemos hablado de ello, pero hay que insistir sobre el tema, pues es extraño que esta espléndida criatura haya esperado hasta sus treinta y seis años para experimentarlas. La vida «monacal» a la que se había condenado durante veinte años no parece haberle creado problema alguno, si es que lo hubo, puesto que es entre los brazos de Onassis que descubre un mundo que la turba y la maravilla. No tengo intención de inmiscuirme en la vida íntima de María Callas, ni de rebuscar en esos pseudos-secretos que tanto complacen a la prensa del corazón, pero hay que intentar comprender. Ya sabemos que María pensaba de manera reprimida sobre la fidelidad conyugal y sobre los respectivos deberes de los esposos; su actitud para con Ingrid Bergman, cuando abandonó a Rossellini, lo demuestra. Pero ahora, al lanzar por la borda sus represiones, renuncia a un modo de vida que había seguido durante once años sin aparente dificultad, y abandona a un hombre del que sin duda no estaba enamorada pero por el que sentía una ternura incontestable y en el que se apoyaba con los ojos cerrados... Esta evolución la lleva a cabo en pocas semanas, sin siquiera reflexionar, como quien se tira de cabeza al agua. La atracción que el multimillonario ejerce sobre ella puede explicarse de varias maneras, en las que el placer físico no está exento. Ya sabemos que Onassis, él mismo lo ha repetido hasta la saciedad, colecciona conquistas femeninas como otros coleccionan sellos, y que precisamente no tienen madera de enamorado platónico. Su apetito carnal, renovado constantemente, es un secreto a voces. Yo le he visto, en un almuerzo en Maxim's, cortejar a una joven —a la que había pasado su tarjeta de visita— cuando aún estaba casado con Jacqueline Kennedy y había reanudado sus relaciones con María Callas. Es posible que la diva hubiera apreciado, también ella, las «dotes» de Aristóteles y que, por consiguiente, experimentara una profunda turbación; esta hipótesis es bastante creíble, puesto que en este terreno María era bastante novata.

También Antonio Ghiringhelli es de la misma opinión y no se anda por las ramas cuando lo explica:

«Posiblemente, la Callas había vivido una frustración sexual con Meneghini en los últimos años. Al llevar ahora una vida normal, ya no tenía nada que ofrecer a su arte.»

Tras la representación del 21 de noviembre en Dallas, en donde ha sido una Medea tan brillante como impresionante, pese a una cierta inseguridad en su voz, la propia María baja el telón sobre su temporada. Por vez primera desde que alcanzara las cimas, María va a estar ocho meses alejada de toda actividad profesional, sin que ese alejamiento la haga sufrir. En Montecarlo, se ha reunido con Onassis y la nueva pareja, más que nunca, participa de todas las fiestas de la Costa Azul, cuando no navega a bordo del *Christina*. Aquí, reciben una desagradable noticia, comunicada también a la prensa por Tina Onassis; ésta, que ha interpuesto un proceso de divorcio contra su marido, ante la Corte del Estado de Nueva York, se reviste de una dignidad amenazadora:

«Después de separarnos este verano, en Venecia, yo esperaba que el señor Onassis amase lo bastante a nuestros hijos y respetase lo suficiente nuestra intimidad como para tener un encuentro conmigo o que, a través de sus abogados, se dignase tener una entrevista con mis abogados, a fin de poder solucionar nuestros problemas. Pero no ha sido así. Lamento profundamente que el señor Onassis no me deje otra alternativa que la de un proceso de divorcio en Nueva York. Por mi parte, desearé siempre al señor Onassis lo mejor y espero que tras la conclusión de esta acción pueda seguir disfrutando de esa vida que, aparentemente, tanto le gusta vivir pero en la que yo no he desempeñado ningún papel real.»

Lo que Tina omite con toda evidencia es añadir que su «soledad» la comparte, por el momento, con un venezolano de veintiocho primaveras. Signo particular: ese muchacho es multimillonario. Pese a que también ella es hija de un papá muy rico, Tina no puede perder, de la noche a la mañana, la costumbre de alternar con hombres potentados...

Sea lo que fuere, María y Ari están muy contrariados; un proceso de divorcio a la americana arrastraría una publicidad escandalosa. La diva se arriesga a ser citada como testigo principal; si ha obtenido una separación por *mutuo acuerdo* con Meneghini ha sido porque ha negado rotundamente que entre ella y el «señor Onassis» no había otra cosa que una sincera amistad. Aunque nadie se lo haya creído, un juicio oficial ha ratificado esa mentira piadosa; la acción de Tina puede echarlo todo a perder. A Onassis, afortunadamente, no le faltan recursos. Nunca se sabrá cómo se las arregló pero lo cierto es que, poco tiempo después, Tina renunció a un proceso sensacionalista para sustituirlo por uno de esos divorcios rápidos —en Alabama— de los que algunos Estados americanos tienen la especialidad. Así pues, no será necesario implicar a María en la aventura; Tina caerá sobre una tal señora Rhinelander que, cinco años atrás, había ofrecido sus favores a su marido. La verdad es que el único problema del querido Aristóteles era cómo ingeniárselas para elegir entre las grandes fortunas...

Por su parte, María continúa asegurando contra viento y marea que ella ha sido siempre una esposa modelo para Meneghini. Si ahora se divorcia es únicamente por razones profesionales. Al menos, es lo que afirma, sin bromear, durante una entrevista. Según sus propias palabras, el pobre Battista ya no podía «seguir»:

—No quisiera culpar a nadie en particular, pero puedo decir que mi marido se encontraba ante una situación en continua expansión. Hizo lo que tenía que hacer; ha actuado de buena fe, sin duda, pero ya no se hallaba en situación de defender mis intereses de artista. Hubiese tenido que confiar mis intereses a un empresario o haberme dicho: «Ocúpate tú de tus propios problemas». Ésta es una de las razones por la que nos hemos separado; las cosas no podían continuar así. Para mí, sin embargo, ha sido una terrible decisión. Considero la ruptura de un matrimonio como la confesión de un fracaso extremadamente grave. Mi instinto me mueve a considerar el matrimonio como un contrato permanente, pues el recuerdo de la incompatibilidad entre mis propios padres avivaba aún más mi deseo de estabilidad. He renunciado a mi matrimonio cuando la situación se ha vuelto insostenible.

Declaraciones que no engañan a nadie, sobre todo porque en el momento de hacerlas, María no abandona prácticamente el *Christina* en el que permanece... la mayoría de las veces completamente sola. Onassis sigue recorriendo los cuatro puntos cardinales, no ya en persecución de la fortuna, sino para expandir más su imperio. María le espera con tranquilidad y, cuando él regresa, no le reprocha sus ausencias. Lo que, por su parte, al conocer a María, no deja de sorprendernos. ¿Qué ha sido de la arrogante María? ¿De la orgullosa María? ¿De la tigresa que saltaba al menor ataque a sus privilegios? Milagro del amor que ha operado esa metamorfosis y ha enseñado a esa mujer unas palabras cuyo significado ignoraba: docilidad, paciencia, incluso sumisión.

En los nueve años que consagrará a Ari, vamos a conocer a otra María, totalmente distinta. Es cierto que a veces se dejará llevar por alguno de sus famosos arrebatos, pero a esos momentos de cólera seguirán también capitulaciones sin condición.

Durante los primeros tiempos, mientras los dos amantes viven aún su luna de miel, María está tan relajada, tan apaciguada, que hasta los de su entorno se aprovecharán. Se reconcilia con Ghiringhelli, como ya hemos visto, estrecha a Rudolf Bing contra su pecho, y ¡hasta dice públicamente cosas buenas de Renata Tebaldi! ¡Sí, en verdad Onassis ha cambiado a la diva!

Pero durante los ocho largos meses que ella permanece alejada de los teatros líricos, es decir de lo que ha sido hasta ahora su única razón de vivir, una secreta ansiedad le angustia: siente que su voz no responde ya a su llamada. Cuando se sienta al piano y se lanza a una gama demasiado alta, se producen a menudo unos fallos que la obligan a tomar aliento. Y eso no es todo, a veces cuando realiza esos ejercicios siente un dolor intolerable, un dolor que parte de la garganta, sube hasta los senos paranasales y le obliga a pararse. ¡Qué calvario para ella, la virtuosa, la cantante de las proezas peligrosas! Su estado general se resiente, su tensión arterial es muy baja y sus trastornos circulatorios se producen cada vez con más frecuencia. ¿Por qué, en medio de su felicidad, debe sufrir los tormentos de la incertidumbre y el dolor físico? Afortunadamente, esa angustia sólo la siente cuando está sola. Los regresos de Ari actúan como poción mágica, le restituyen el equilibrio. Y de nuevo, junto al hombre que ama se zambulle en las fiestas, en el desenfreno de las salidas nocturnas, en esa *jet-society* que parece gustarle tanto. ¿A eso llama ella *vivir al fin como todo el mundo? ¿Ser una mujer como las demás?...*

Nosotros que la hemos amado tanto y que podemos contemplar los acontecimientos con el paso del tiempo, nos sentimos profundamente tristes, pues sabemos que al final del camino espera el inexorable veredicto, el fin de una de las más grandes artistas que jamás conoció el mundo.

Pero si a María le place dilapidar así su vida, si le satisface más cambiar la aureola de soberana del arte lírico por la corona de cartón de la reina de las bacanales de la Costa Azul, si, después de haber sido la estrella de la Scala y del Metropolitan Opera, le gusta ser animadora de millonarios, si todo eso lo hace únicamente por la linda cara de Onassis, ¿no es asunto suyo? Sí, lo sería si no fuese un personaje público. Pues sus asuntos son asuntos de los periodistas que continúan encarnizándose con el menor de sus hechos y gestos, con los que alimentan a sus lectores hambrientos de escándalos, que relatan, para mejor escarnecerla, su vida noctámbula, que la siguen de cerca cada vez que acude a una casa de alta costura o a una cena con Grace y Rainiero de Mónaco, durante algún baile de la Cruz Roja... Aunque Onassis rompa de vez en cuando la cámara de algún fotógrafo o María desate de nuevo su furor de tigresa para escupirles un sinfín de insultos, ellos siguen ahí, presentes, centinelas implacables, espías sempiternos de habladurías, cazadores fascinados de imágenes sensacionalistas.

—¿Siguen afectándole como antes los artículos de los periódicos? —pregunta a la Callas uno de sus perseguidores.

—¡Sí, cuando dicen mentiras! —replica ella—. ¿Por qué me complican la vida si sólo pido un poco de tranquilidad? ¿Por qué se ocupan tanto de la vida de la Callas, preguntándose adónde va, qué hace, a quién ve? Ya sé que toda estrella se convierte en un blanco, pero es que todo ese alboroto me quita hasta la alegría de la música.

Es cierto, los proyectores de la actualidad jamás han enfocado con tanta obstinación a una estrella; y raramente esa estrella ha llenado tanto las páginas de la prensa, las del corazón y las de la información. Seguramente representó un suplicio para María Callas y sin embargo... Sin embargo, durante la última entrevista que me concedió, cuando ya el pesado manto de la soledad había caído sobre ella, recordó, con una débil y nostálgica sonrisa desengañada, la época en la que los medios de información la perseguían...

Y he aquí que toda esa publicidad, propagada en torno a su ex mujer, hace salir a Meneghini del aletargamiento en que su despido le había sumido; lamenta haberse mostrado tan generoso durante el reparto de los bienes comunes, y quiere agrandar su parte del pastel. Entonces, comienzan nuevas asignaciones, nuevas discusiones con los abogados, nuevas disputas en perspectiva...

¿Pero qué importan todos esos altercados al lado del éxtasis amoroso que sigue meciendo a María? Para cortar definitivamente las amarras de su pasado de italiana, puesto que ha vuelto a ser una griega de verdad —Aristóteles obliga—, María liquida el apartamento de Milán y se refugia en la capital de todos los exiliados del mundo, sean pobres o millonarios: París. Compra un apartamento en la Avenida Foch —honestamente no podía elegir otra arteria— a dos pasos del que habita Onassis, pero sólo es un apeadero; Montecarlo y el *Christina* siguen siendo sus lugares predilectos, cuando el dueño y señor se encuentra en ellos, evidentemente. Pues la estrella gira cada vez más alrededor del astro Onassis, doblegándose a las exigencias de su horario, siempre presta a recibirle cuando éste desembarca de su avión privado. ¿Cómo sujetar ese meteoro a su destino? Por supuesto ha pensado en ello: el matrimonio es ante todo una especialidad femenina. Por otra parte, en torno a la pareja, todo el mundo lo comenta y ninguno de los dos lo desmiente.

El divorcio de Tina se falla en 1960. En cuanto a María, en Italia ha obtenido sólo la separación de Battista pues el divorcio está prohibido; pero como sigue teniendo su nacionalidad americana podría volver a casarse sin problemas en Estados Unidos. Sin embargo, los amantes no se casan por el momento y en sus declaraciones a la prensa Aristóteles sigue calificando a la diva de «excelente amiga».

Cuando están solos o con amigos íntimos, el armador promete efusivamente casarse con su compañera, pero el proyecto queda siempre en estado de piadoso deseo. Tal vez, para que no se impaciente demasiado, Onassis lleva a María a visitar unos castillos, demasiado solemnes, demasiado franceses para esos dos hijos del Mediterráneo. Un día de 1960, en Jonchet, en el departamento de Eure-et-Loir, creen descubrir el lugar ideal para su futuro hogar; al menos es lo que asegura Ari con apariencia sincera. ¡Esta vez es la definitiva! ¡Van a casarse y a instalar sus penates en esa mansión, testimonio de un pasado glorioso!

No sucederá nada; ni comprarán el castillo ni se casarán. Aristóteles encuentra siempre una razón para retrasar el acontecimiento que María espera con una impaciencia que comienza a agriarse. Es verdad que él no necesita buscar muy lejos esa oportuna razón. La tiene al alcance de su mano: sus hijos... Sus dos hijos que han demostrado un inmediato odio feroz a María y que seguirán demostrándoselo cuando sean mayores. Entonces, Aristóteles se vuelve conciliador: «Dejemos pasar un tiempo... Ya crecerán esos dos niños... Las cosas se calmarán...».

María se ve obligada a conformarse con esas vagas promesas ahora que proclama a los cuatro vientos que quiere tener un hijo, que su nacimiento constituiría la coronación de esa verdadera vida de mujer que espera llevar en adelante. Pero esto también forma parte del mundo de las quimeras y María así lo intuye. Entonces, se vuelve hacia su destino de *prima donna*, la más célebre del mundo, puesto que ella es la que ha seducido a Onassis, la que ha conferido al antiguo pequeño emigrante esmirno ese aumento de prestigio que tanto anhelaba. Contrariamente a lo que afirman algunos de sus biógrafos, Aristóteles jamás pidió a María que dejase de ser la Callas, lo que hubiese sido lógico por parte de un hombre enamorado pero decepcionante para su sedienta gloria de publicidad. Sobre este punto, Michel Glotz ofrece un testimonio precioso, cuando en 1964 se habló de llevar *La Traviata* a la pantalla:

«El señor Onassis estaba muy interesado en la carrera de María Callas. Escribió una carta personal a Jack Warner, con el beneplácito del señor Von Karajan, al que había conocido gracias a

236

mí en una cena que yo había organizado. Redactamos juntos una carta para hacer una película sobre *La Traviata*, con Visconti, y Karajan que dirigiría. Karajan estaba de acuerdo, Visconti también, Onassis prometió financiar la película. Y luego, yo no sé qué pasó. No llegó a hacerse por dos razones. La primera que desconozco: lo que ocurrió entre Warner y Onassis, porque era el momento en que los lazos entre la Callas y Onassis se habían enfriado. La segunda, que conozco muy bien, es porque hubo una especie de malentendido con *La Traviata*, porque la Callas dudó muchísimo entre Karajan y Giulini. El señor Giulini disponía de unas fechas que la Callas rechazó y rechazó. Al final, él se hartó y dejó todo plantado. El señor Karajan fue mucho más paciente... ¡Ella lo demoraba, demoraba, demoraba! Era uno de sus rasgos característicos, dejarlo todo para más tarde, por eso la película nunca llegó a hacerse.»

Michel Glotz tiene razón; esa tendencia a no decir nunca que sí, sin decir tampoco que no, se acentuará en María, a medida que se sienta cada vez menos segura de sus facultades.

Mientras, después del largo interludio de ocho meses, la diva vuelve a los escenarios, pero regresa con el peso de la duda que la oprime y que la priva de una parte de sus capacidades. Ya no es más que una cantante de término medio. Sin embargo, si ella quisiera de verdad, si se liberara del miedo que la paraliza, si no se sintiera atraída por ese placer que Onassis le ofrece como un obsequio, si no la consumiera esa fiebre amorosa, aún podría de nuevo alcanzar las cumbres... Pero no soñemos.

Su retorno al arte lírico comienza... con la anulación de un concierto que debe dar en Ostende: una laringitis pertinaz le obliga a una cancelación que agrava las inquietudes de la cantante. El largo reposo vocal que se ha tomado no parece haber dado buen resultado, pues el mal persiste y la Callas se asusta; tiene que interpretar en el mes de agosto dos representaciones de *Norma* en el teatro antiguo de Epidauro. Toda Grecia la espera, toda Grecia y... Onassis: más importante para ella que el resto de los helenos. Para él, esa representación significa demostrar al mundo su última conquista, poder manifestar así su poderío; ¡porque esa noche no es la Callas la que canta, es *su* Callas! Le importa bien poco la música de Bellini, lo que cuenta es el lugar prestigioso que servirá de marco a la obra y que para el griego advenedizo constituye un símbolo, una forma de poder codearse con Júpiter...

No hay pues que decepcionar esa ambición; cueste lo que cueste, María debe cantar, ella lo sabe. Y cantará; el amor oculta tantos sortilegios en su seno que María recupera parte de sus facultades. Sin embargo, durante el mes que precede, bien pocas fuerzas ha conseguido ahorrar. Varias noches por semana se les ha visto en el Moana, una elegante sala de fiestas de Montecarlo. Un periodista, que los vio bailar en la pista, ofrece un testimonio bastante irónico:

«La señorita Callas y el señor Onassis forman una pareja simpática, pero no pueden bailar mejilla contra mejilla, porque la señorita Callas es más alta que el señor Onassis, así pues ella se inclina sobre él y le mordisquea la oreja, lo que parece sumir al señor Onassis en el éxtasis.»

¡Y a raíz de ese mordisco resurgen los comentarios de boda! La propia María no es ajena a ese rumor. Desea tan ardientemente que ese deseo se haga realidad que cae en la tentación de confiarlo imprudentemente a unos amigos que se apresuran a airearlo. ¡Ay! Onassis, de inmediato y sin miramientos, pone las cosas en su sitio calificando su boda «con la señorita Callas de simple broma». La cuestión nupcial sigue pues sin resolverse; durante los años que pasarán juntos, María pondrá a menudo el tema sobre el tapete y Aristóteles, siempre escurriendo el bulto, hará ver que está dispuesto a «concederle su mano». La visita que hicieron a los castillos históricos, ya mencionada más arriba, formaba parte de su táctica dilatoria.

María regresa pues en el mes de agosto al país de sus antepasados. Ese regreso, bajo los auspicios del armador multimillonario, toma en Grecia visos de acontecimiento nacional. Para la ocasión, Tullio Serafin, el viejo maestro, va a dirigir la orquesta y el padre, George Callas, ha acudido también a tierra helena para unirse a los dieciocho mil espectadores que esperan a la diva con el corazón palpitante y la emoción a flor de piel.

Tendrán que posponer sus aplausos para otro día... pues la representación ha sido anulada... ¡No, esta vez no por culpa de María! ¡No esta vez! Una rabiosa tormenta ha caído sobre Epidauro y la gente ha tenido que correr a sus casas calada hasta los huesos... Pero no nos alarmemos, volverán todos, tan numerosos como antes, y el 24 de agosto podrán dar libre curso a su entusiasmo. Si bien su *Norma* de 1960 no vale tanto como las anteriores, la diva posee aún el privilegio de destilar una emoción incomparable. ¡No es un éxito, es el delirio! Al unísono, los dieciocho mil espectadores se ponen en pie y rinden un homenaje vibrante a su ídolo.

Cuatro días después, a pesar de un repentino acceso de fiebre, María da una segunda representación; una vez más, conmociona a Grecia hasta las entrañas. En el escenario, le ciñen la frente con una corona de laureles; esta vez, no hay duda, ¡ha entrado de lleno en la mitología! Y como ninguna diosa es digna de aceptar una recompensa material, dona la suma de su contrato —10.000 dólares— a una fundación artística. ¡10.000 dólares! ¡Por fortuna, Meneghini no estaba delante; le hubiese dado un patatús!

Onassis se siente muy satisfecho y no lo disimula. Esos bravos que se atribuye a sí mismo le demuestran que, una vez más, ha hecho un buen negocio con la Callas. Por otra parte, a Ari le ha gustado mucho George Callas, su suegro postizo, con el que da cuenta, en numerosas ocasiones, de un respetable número de botellas de *ouzo*. En fin, que todo contribuye a que los amantes se sientan más unidos que nunca en ese decorado que testimonia la grandiosidad del pasado de su patria. Lo que, por otra parte, no impide que recuperen rápidamente las modernas delicias de Montecarlo, en donde reemprenden sus sempiternas rondas de búhos nocturnos.

Las ovaciones que la diva ha recibido en Epidauro, aun teniendo en cuenta el ambiente especial que reinaba, le devuelven parte de la confianza perdida y le despiertan el deseo de reanudar con esa música que alimenta su alma y que le ha proporcionado las alegrías más puras. Con la complicidad benévola de Serafin, graba una nueva *Norma* en la Scala y el 7 de diciembre —fecha tradicional para el glorioso teatro— inaugura la temporada con *Poliuto*, una obra de Donizetti, no con demasiado éxito, inspirada más o menos en *Polyeucte* de Corneille. La obra tenía que marcar el reencuentro de la diva con el hombre que había sabido avalorarla mejor que nadie, puesto que estaba previsto que Luchino Visconti dirigiera la realización del espectáculo, pero la censura italiana había prohibido su película *Rocco y sus hermanos* y Visconti se ha enfadado. ¡Y envía a paseo a la Scala de Milán! A pesar de su admiración por María...

Poliuto será representada a pesar de todo y dará a Onassis una vez más la oportunidad de interpretar el papel de leal servidor. Ha reunido para la noche del estreno a algunas de sus relaciones más deslumbrantes: Rainiero y Grace de Mónaco, la Begum, amén de varios armadores y banqueros; en suma, lo necesario para agravar aún más el miedo de la diva. Por fortuna, en cuanto ella aparece en escena, el calor con que es saludada por el público le confirma que sigue en sus corazones. A medida que la representación avanza, María recupera todas sus facultades y al final, es el apoteosis de costumbre, esa histeria colectiva que en lo sucesivo la acompañará en cada una de sus apariciones y que sólo puede explicarse por la magia que desprendía, por ese hechizo con el que embrujaba a su público. Esa Callas que aclaman, que reclaman, que santifican, ya no es la virtuosa triunfal, la *prima donna* absoluta de ayer. Es la personalidad carismática, es el ídolo. Yo mismo he experimentado ese embrujo y puedo atestiguar que no se debía ni a snobismo ni a complacencia. María Callas era un hada. No podemos pedir a las hadas que desvelen sus secretos...

Acabada la representación, sigue una cena de lujo obligatoria en la que María es el rehén de sus cortesanos habituales, a los que se les une... ¡Elsa Maxwell! ¿Por qué un cambio repentino en la comadre? Es que los millones de Onassis huelen muy bien; así pues, ¡abajo la moral y abajo el pobre marido engañado en nombre de los cuales la Maxwell se había erigido en paladín! Entierra el hacha de guerra bajo una montaña de hipocresía y se resigna a ver cómo María recompensa una pasión masculina en lugar de la suya; la crónica que escribe al día siguiente de la fiesta se reviste con los oropeles publicitarios de un desfile de modas:

«Fue un espectáculo de laş Mil y Una Noches, el brocado y el lamé triunfaron sobre la seda, la muselina y el estampado. A pesar del sofocante calor, las mujeres conservaron sus abrigos de piel hasta última hora: visón, chinchilla o marta cibelina. Este año, las escasas diademas han sido reemplazadas por aderezos de esmeraldas, zafiros y turquesas. En la sala, dieciséis mil claveles rojos, ofrecidos por Balmain, formaban guirnaldas que adornaban los seis pisos del aforo.»

El resto del artículo sigue en términos análogos... ¿Se puede ser tan superficial y tan pueril a la vez? Cuando uno piensa que esa matrona ha ejercido durante tantos años una verdadera dictadura sobre la *gentry* americana, uno se pregunta cómo un pueblo tan admirable puede engendrar tales deficiencias.

Después del tan temido estreno, María Callas se siente con más holgura en las siguientes representaciones, así lo subraya con justicia la crítica de Andrew Porter, en *The Musical Time*:

«Nadie me creerá si digo que he oído, de las cinco representaciones que ella ha dado, la única en la cual María ha alcanzado la cima: durante una función de tarde, el 18 de diciembre para ser más exactos. Estuvo magnífica, segura, confiada y traslucía seguridad.»

Esta observación demuestra que la enfermedad que le aqueja es más psíquica que física, a pesar de que su salud deja bastante que desear. Al final de la representación de *Poliuto*, su tensión arterial ha bajado aún más y sus senos paranasales le infligen, en las notas más altas, verdaderas torturas. Que sea pronto, que pronto vuelva a Montecarlo y a esa vida dorada que Onassis le puebla con espejismos tan seductores, aunque sólo sean espejismos...

Espejismos, ella misma se los crea cuando habla de su futuro profesional; no acepta la idea de renunciar o, al menos, no deja que eso la obsesione. Como defensa contra toda tentación de abandono, María realiza proyectos quiméricos, anota en hojas de papel los títulos de las óperas que quiere cantar, los nombres de los teatros en los que piensa actuar, construye alegremente unos castillos tan en el aire... que se le derrumban al menor soplo. No conseguirá llevar a término los miríficos proyectos, ni las promesas que se ha hecho a sí misma, y cuantas más se haga, más perderá, como el jugador que, al haber perdido su apuesta en la ruleta del azar, dobla y redobla su juego hasta perderlo todo.

En espera, la ronda de la *dolce vita* vuelve a su curso, pero Onassis la acompaña a intervalos cada vez más espaciados. Cuando él llega, María no sabe substraerse a esas exhibiciones escandalosas con las que el millonario gusta de exhibir su potestad, saborear su poder, cobrar, en cierta medida, los intereses de su capital. De vez en cuando, ella se rebela; pero no contra él, por supuesto, sino contra los fotógrafos o los periodistas que persiguen a la pareja cada vez que salen. María no ha perdido su «punch» y en Montecarlo, a la salida de un club nocturno, la nariz de un cazador de noticias da testimonio de ello. Otra foto nos la muestra cargando contra un fotógrafo en un pueblecito de Eure-et-Loir, con tal furia que hasta un rinoceronte la envidiaría... No está muy claro que a María le guste ese estilo de vida, pero ama a Aristóteles y eso equivale a lo mismo. Para él, se convierte en mujer de negocios. Ella, la artista, la *prima donna*, sólo interesada hasta ahora por sus contratos, que no ha conocido sino los dramas irreales de la ópera, los palacios de cartón-piedra de la ficción teatral, de repente conversa sobre armamento, petróleo, finanzas... Aristóteles se siente halagado por esa nueva faceta que ella emprende por él. Con sonrisa beatífica, confía a sus amigos:

—María es la única mujer que conozco con la que puede hablarse de negocios.

En él, un cumplido así equivale a una declaración de amor; cada cual, no es cierto, resiente los efluvios de la poesía como mejor le parece... ¡En un futuro próximo, como buenos griegos, la diva y el armador se asociarán para comprar un petrolero! Extraño milagro de la pasión que se esconde en los lugares menos esperados.

Nueva desaparición de María de los teatros líricos. Tras la última representación de *Poliuto*, se repliega a su campo invernal, Montecarlo, y no reaparece hasta el 28 de marzo de 1961, en París. En la sala Wagram, ocupada normalmente por otros combates, graba su primer disco en francés, bajo los auspicios de su amigo Michel Glotz, director artístico de la casa EMI en Francia, y bajo la dirección de un joven talento: Georges Prêtre. Entre éste y María no sólo se establecerán unas relaciones profesionales, sino lazos de profunda amistad. A partir de entonces, en la llamada etapa francesa de la Callas, Georges Prêtre dirigirá siempre la orquesta y con él María ofrecerá al público los últimos fuegos de su talento. El músico, como tantos otros, sucumbirá al embrujo del hada; testigo, esta anécdota que él mismo comentaba con emoción al día siguiente de la desaparición de su amiga:

«Me sucedió una cosa extraña. Fue durante un concierto en Alemania; María cantaba con la orquesta. Yo dirigía; de pronto, a mitad de la obra, no sé lo que me pasó. Yo escuchaba a María, dejé de dirigir. La orquesta paró; tuvimos que recomenzar por mi culpa... Ya no dirigía, ni siquiera sabía si me hallaba sobre el podio: me sentía muy lejos, transportado por el milagro de su voz...»

Las arias que graba no pertenecen a su repertorio habitual; pero no por ello deja de crear un excelente disco; especialmente por los dos fragmentos de *Carmen*, pese a que declara que no le gusta la obra, «el carácter demasiado combativo, demasiado viril de *Carmen* no corresponden al mío», dice María, demostrando con esto cuán difícil es conocerse a sí mismo...

Por supuesto, su llegada a París despierta la curiosidad habitual. No puede ir de un lugar a otro sin arrastrar tras de ella un cortejo de observadores. El *Journal du Dimanche* no escatima detalle sobre el empleo de su tiempo durante su estancia en París:

«10 h 45. María Callas toma un baño y luego se viste.

»12 h 30. Desayuno ligero. María come siempre tres horas antes de cantar, aun cuando no tenga hambre: carne asada poco hecha, casi cruda, verdura, ensalada, fruta y café.

»De las 15 a las 18 h, sesión de grabación. Llega a la sala Wagram en taxi. Onassis no viene nunca. Aquí, María se muestra siempre angelical; observa todos sus fallos, pide la opinión a su director artístico y al director de orquesta, Georges Prêtre. Acabada la sesión escucha la grabación, regresa directamente al hotel, se pone en bata y se tumba sobre la cama hasta la hora de cenar.

»19 h 30. Le sirven la cena en su habitación. Mismo menú que para el almuerzo.

»20 h 30. La Callas charla con Bruna,[1] lee los periódicos, escucha discos de música bailable. Le encanta la música sudamericana; o bien, telefonea a sus amigos durante horas y les cuenta todo lo que se le ocurre.

»23 h. Apaga la luz y se duerme, con la conciencia tranquila.»

Vida sana, vida deportiva, sólo posible con Onassis ausente; si él estuviese aquí, el ritmo infernal, la ronda nocturna habrían recomenzado, como si esta gente temiera encontrarse a solas con ellos mismos. No es de extrañar que este modo de vida agreda a los que la practican.

Entre la cohorte que gira en torno a María, como las mariposas vuelan hacia la luz, a veces existe el amigo verdadero y sincero; dos especímenes de esta rara especie van a desempeñar un papel importante en la vida de la diva: Maggie van Zuylen y Panaghis Vergottis. María los ha conocido a través de Onassis. Vergottis es armador, pero tiene unos refinamientos que

---

1. Su doncella.

Onassis jamás poseerá. Durante la crisis de Ari y María —crisis que comienzan a ser cada vez más frecuentes—, Vergottis se esforzará por limitar los estragos y reparar los daños. Oficio parecido es el que desempeña Maggie van Zuylen, que permanecerá fiel a la cantante en los momentos de sufrimiento. En la galería de retratos, la verdadera amistad es una planta rara. Citemos igualmente a François Valéry, compañero de los días adversos y a Michel Glotz, al que María otorga su confianza, poco frecuente en ella. También a Jacques Bourgeois, musicólogo y amante del arte, que sigue hablando de María con la misma ternura, aunque a veces la juzgue sin indulgencia: «Era consciente de la cima en la que el destino la había colocado, sin que por ello perdiera esa humildad profunda, uno de sus rasgos característicos. En los últimos años, por cuestión de orgullo, nos alejamos el uno del otro, pero yo jamás dejé de pensar en ella».

Otro apoyo precioso para María es Georges Prêtre, el director de orquesta que dirige sus últimos espectáculos y sus postreras grabaciones. Además del afecto que le profesa, siente pasión tanto por la artista como la mujer:

—Cuando trabajaba, María daba pruebas de gran nerviosismo —recuerda—. Antes de cada representación, no dejaba de pensar en otra cosa; perdía hasta el sueño. Torturaba su mente, preguntándose de qué manera podía sobrepasarse a sí misma. Hacer siempre más y mejor era su obsesión permanente. Pero cuando realizaba los cruceros con Onassis durante las vacaciones, se olvidaba de todo lo que no fuera gozar de la vida.

Por aquella época, el más espléndido de los contratos no le hubiera hecho renunciar a viajar a bordo del *Christina*, en compañía del hombre que amaba. Aunque si bien es verdad, las proposiciones le llueven cada vez menos y cuando le llegan, María usa de tantos procedimientos dilatorios que, en la mayoría de los casos, quedan en proyecto. Fenómeno paradójico: cuando la cantante Callas se aleja del ámbito de sus hazañas, el mito Callas sube hasta el cenit.

14

EL TELÓN VA A CAER

«Aristóteles no se casará nunca conmigo. Creo que no... Tal vez lo hubiera hecho cuando dejé a Battista, pero no quise precipitar las cosas... Cuestión de dignidad... Mi orgullo me ha jugado siempre malas pasadas y seguirá jugándomelas...»

Confidencias amargas hechas por María a su amiga Maggie van Zuylen, en 1962. Sin embargo, a pesar de lo que dice, sigue con la esperanza de que el hombre al que está sacrificando su carrera acabe por decidirse.

¿Por qué Onassis sigue sin querer casarse con María? No hay respuesta concreta a esta pregunta. Parece ser que hubo un trágico malentendido en las relaciones entre la diva y el armador. Éste jamás ha ocultado el orgullo de poseer a una mujer tan famosa, tan adulada como la Callas; para él, ser propietario de la Callas representa más que adquirir una nueva flota de petroleros. Desea que ella siga siendo la *prima donna* única, la gloria que reina en la ópera. La pompa que nimba la personalidad de la Callas es lo que halaga su orgullo. Pero María, que al fin ha encontrado el amor, que ha descubierto el placer sexual, está dispuesta a arrojar su gloria por la borda para poder vivir como una mujer. Ha llegado incluso a desear un hijo de Aristóteles; al menos es lo que ha comentado ella, aunque debemos ser cautos al respecto.

Pues ella no pertenece al género «madre de familia», pese a que, a veces, lamente sinceramente no haber tenido ese hijo que, evidentemente, hubiera comprometido su carrera.

Los dos amantes discrepan pues sobre lo que podría ser el futuro de su unión. Otro elemento a tener en cuenta: los hijos de Onassis odian a María y este odio crece al mismo tiempo que ellos.

—¡No me gusta esa mujer! —dice Alexandre Onassis a su padre y añade amablemente—: ¡Sólo quiere tu dinero, es una intrigante!

Si los niños Onassis no quieren a María, ésta les paga con la misma moneda:

—¡Son imposibles! ¡Eres demasiado condescendiente con ellos! —le dice a menudo a Aristóteles.

Los escasísimos contactos que María tiene con la progenitura de Aristóteles terminan siempre mal. Pero ya que estamos en el capítulo familia, saltando por encima del tiempo, habría que cortar de raíz un bulo que, en 1980, divulgó a grandes titulares un periódico sensacionalista: el drama secreto de la Callas. Según el cronista, en 1966, María habría anunciado a Onassis, durante alguna de sus escapadas a la isla Skorpios —fastuosa propiedad del armador—, que estaba encinta, y éste habría clamado al cielo amenazando a María con abandonarla si no se deshacía del embarazoso estorbo. Con la muerte en el alma, la cantante habría obedecido ese ultimátum; el cronista llega incluso a precisar que el hijo, sacrificado en aras del amor, era un niño. Una verdadera tragedia griega...

Estas afirmaciones, destinadas a atraer a un público que, tres años después de la desaparición de la artista, aún seguía sensibilizado a todo lo que le concernía, requieren dos observaciones. La primera: en aquella época María tiene cuarenta y tres años; no es que la edad haga la cosa imposible, sino que la hace menos creíble. La segunda: para precisar con tanta exactitud el sexo del hijo, habría que suponer que María se encontraba en un estado muy avanzado de gestación. Así pues nos preguntamos por qué ella esperó tanto para anunciar la «buena nueva» a Onassis y por qué habría esperado tanto igualmente para someterse a una intervención que, en este caso, hubiera resultado arriesgada. De las investigaciones que he hecho al respecto —difíciles, después de veintitrés años— se desprende que María quiso, al participar a Onassis un falso embarazo, conocer su reacción. Estratagema de mujer enamorada y ya no muy segura de los sentimientos de su compañero.

Estamos en 1961. La cantante no interpretará en todo el año más que *una sola* obra: *Medea*, con la que se identifica de manera sorprendente. Una sola ópera cuando se llama Callas... Muy pronto, esta *quasi*-renuncia le será impuesta por la debilidad de sus cuerdas vocales, de la que se resiente cada vez más, y por el dolor físico que le inflige su sinusitis crónica. Y también porque la propia María se desmorona. Llegada a la encrucijada de dos caminos, ya no sabe si debe aferrarse a su profesión o, por el contrario, abandonarla para saborear su libertad. Su indecisión moral le impedirá hallar los medios que fueron los de la gran Callas. Ella misma lo explica:

—Ensayar, trabajar, cantar: volver a trabajar, a ensayar y a cantar sin cesar; éste ha sido mi destino desde los quince años; hay también otras cosas en la vida.

La soberana del arte lírico proclama de alguna manera su abdicación. Y hasta el final, fingirá creérselo y se esforzará para que los demás también crean que se trata sólo de una renuncia pasajera. ¿Quién de nosotros no ha tenido el deseo de representar su propia comedia?

Medea será su única aparición teatral en este año: primero, en Epidauro, luego en la Scala. En Epidauro, los días 6 y 13 de agosto, es aclamada por veinte mil espectadores, portavoces de la nación entera, que le dicen, con más fuerza que el año anterior, que ella es profeta en su tierra. Entre los espectadores, George Callas, por supuesto, y también Jackie, la hermana mayor. Las dos mujeres se besan delante de los fotógrafos, pero es sólo una reconciliación pasajera; a excepción de su padre, María no desea reanudar unos lazos desde hace tanto tiempo distendidos. Poco tiempo después, un intento de suicidio de Evangelia —fallido evidentemente— reavivará la polémica y los periódicos americanos tratarán a María de hija ingrata.

En Epidauro, el 6 de agosto, un ausente de excepción: Aristóteles Onassis. No ha llegado a tiempo. Afortunadamente, el 13 de agosto sí está presente e inmediatamente tras la ronda de felicitaciones, embarca a María en el *Christina*.

Su segunda aparición es en la Scala, el 11 de diciembre. Muy delgada, subordinada a una sinusitis, pero enfrentándose valientemente a los que, ya, se regocijan de su declive. Una pena corroe su corazón: Aristóteles no ha venido... Un asunto urgente, en alguna parte del mundo... Además, la música lírica le aburre más que nunca. Acudía a la ópera porque se trataba de conquistar a la Callas, ahora ya puede ahorrarse ese incordio. Insensiblemente, a medida que la obra progresa, María nota cómo su voz se apaga. No puede hacer nada para remediarlo... Angustioso combate de la artista contra la adversidad y también contra un público despiadado... Primero hay murmullos en la sala, luego esos silbidos estridentes que tanto daño hacen; es en tales circunstancias cuando María hace alarde de su fuerza anímica, de ese temperamento de excepción que la habita... En un momento de la obra, debe repetir por dos veces la palabra *cruel*, puntuada cada vez por un potente acorde de la orquesta; entonces, hace un gesto muy a la Callas, un gesto que sólo ella puede permitirse: avanza hasta el foso de la orquesta y con la mirada clavada en los que la han insultado, se toma un respiro tras el primer *cruel*, y lanza el segundo con tanta rabia, tanta impetuosidad, que sus más encarnizados detractores comprenden el significado y permanecen silenciosos hasta el final del espectáculo.

Días después de la tercera función, María festeja el cotillón en Montecarlo, junto a Ari, intentando olvidar sus decepciones; lo consigue cuando él está con ella, pero precisamente está cada vez menos. Se diría que cuanto más se aleja él de ella, más ella le necesita a él. El señor Onassis no ha nacido para consolar, ni su hombro ha sido destinado para acoger tribulaciones, aunque sean las de la mujer que ama, o cree amar. Y además, existe ese malentendido ya subrayado: Onassis valora a la Callas como valora su cuenta bancaria. Una cantante que ya no está en el cenit no le interesa, aun cuando él sea el responsable de su anulación.

¿Se percata María de la trampa en la que ha caído? Puede ser, pues en diversas ocasiones repite a sus amigos, especialmente a Maggie van Zuylen:

—Si ya no canto más, ¿qué voy a hacer? ¿En qué voy a ocuparme, a interesarme, si ya no tengo mi música?

La mujer que se sabe amada no se hace esta clase de preguntas. Y sin embargo, a la menor señal de Ari ella corre junto a él, se doblega a su voluntad, se somete a todos sus deseos, abjura de su famoso orgullo. Aunque dichas renuncias no suceden sin tropiezos ni lamentos; las escenas entre ellos se multiplican, ¡ella sigue siendo la Callas! Es decir, que continúa sacando las uñas y las vuelve a esconder cuando la cólera ha pasado...

Por su parte, Meneghini, que se corroe solo en su villa de Sirmione, estima que se le olvida demasiado. Cual Casandra, comienza a difundir en la prensa declaraciones pesimistas sobre el futuro profesional de su ex esposa. Luego, recuperando su sentido comercial, dice que se ha mostrado demasiado magnánimo, durante el juicio de Brescia, al aceptar la separación «por consentimiento mutuo». Ahora, quiere que se le reconozca oficialmente como marido engañado, así podrá obtener una separación con daños y perjuicios para su mujer y un reparto de bienes más sustancioso para él. Apoyando su demanda, acompaña unas fotos en las que se ve a María saliendo de un club nocturno en compañía de Onassis o cenando con él en un restaurante. Resumiendo, ¡Meneghini quiere que en un nuevo juicio se le declare cornudo! De resultas, la señora Callas apela a su virtud ultrajada al jurar, por su honor, que el señor Onassis ¡es sólo un amigo!

Tina ex Onassis ha tenido más suerte. Poco después de su divorcio, no ha tenido problema alguno para casarse con un lord inglés, y sus hijos no han dicho nada en contra... pero su ejemplo no ha incitado a Aristóteles a hacer lo mismo con María. Ésta, entre dos cruceros, prosigue a pesar de todo con una carrera que cada vez huye más de ella. Durante el año 1962 sólo aparecerá dos veces en la Scala de Milán, los días 29 de mayo y 3 de junio, con *Medea*. Fuera de estas dos incursiones, su actividad se ciñe a grabaciones de discos o a conciertos; práctica menos perjudicial para sus nervios y para su voz, pero tan remunerativa como las otras. En Londres, canta el 27 de febrero varios fragmentos de óperas bajo la dirección de Georges Prêtre. Por primera vez, la prensa inglesa no es considerada con ella. El *Times* dice:

«Muchos de los sonidos producidos ahora por la señora Callas son francamente deplorables; son agudos, mal estabilizados y hasta falsos. En la escena, o incluso en disco, la intensidad de su registro dramático y su extraordinaria musicalidad reducen esos defectos, pero en un concierto esas cualidades no tienen tiempo de engañar.»

Por fortuna, el público inglés desdeña esas críticas y le manifiesta calurosamente su fidelidad. Pero María es demasiado lúcida, demasiado exigente consigo misma como para sentirse satisfecha con esos aplausos engañosos. Un poco más tarde, continúa en Londres, rechaza la salida de un nuevo disco porque lo juzga indigno de ella. Es en este momento cuando recibe la noticia del suicidio fallido de Evangelia, acompañado de desagradables comentarios de prensa. Su anciano padrino, el doctor Lantzounis, la tiene al corriente de la evolución del estado de su madre; María está dispuesta a hacerse cargo de los gastos de la convalecencia de Evangelia «en Europa preferentemente, porque es más barato...». Su preocupación por la economía no la abandona en ninguna circunstancia.

Diversos conciertos la esperan en varias ciudades de Alemania que coinciden con una mejoría de su emisión vocal; canta de maravilla unos fragmentos de *Carmen*. ¡Qué lástima que no le guste la heroína de Bizet! Y luego, su última aparición en la Scala; representación que pronto se convierte en un calvario para ella, pero sube valientemente los peldaños, uno a uno. Cada nota alta le causa un dolor indecible, cada acorde de la orquesta estalla con estridencia intolerable en su cabeza. Pero llegará hasta el final, con ese heroísmo propio de los verdaderos artistas. ¿Fue alguna vez más grande que en aquella noche trágica? ¿Dio alguna vez mayor prueba de amor por su arte? Debe ser sometida a una delicada operación quirúrgica, así pues ya no cantará en 1962, salvo en una breve emisión para la BBC en Londres, en el mes de noviembre. Tampoco cantará en 1963, a excepción de unos conciertos en mayo y junio. ¡Ya no habla de hacer teatro! ¿Asistimos a los últimos estertores de un talento que muere? ¿Doblan ya las campanas por un destino *excepcional*? ¿Por el fin de un ídolo? No, el año próximo nos devolverá a la Callas; posiblemente no la que hemos conocido, virtuosa de los desafíos más audaciosos, hechicera de lo imposible, pero sí al menos a la artista que sigue conservando su poder de encantamiento.

Ese renacimiento inesperado se producirá en París, en el Teatro de la Ópera, una noche de 1964, si bien el año anterior el teatro de los Campos Elíseos ya le había prodigado, a guisa de bienvenida, el calor de un recibimiento inolvidable.

Pero antes de reanudar ese contacto que tanto teme, ¡cuántos proyectos! *Il Trovatore* en Londres, *La Traviata* en París, *Orfeo* en Dallas, *Medea* en Nueva York... Todos esos proyectos se esfuman por culpa de María, por supuesto: sigue con sus dudas habituales y también con sus exigencias, ya sea por los directores de orquesta, por los decorados o por los directores artísticos. Apenas se han puesto de acuerdo en un punto, que ya la Callas manifiesta nuevas objeciones; en un momento dado, se habla incluso de una película: durante dos semanas, la diva asegura con toda sinceridad que se siente feliz por lanzarse a una aventura cinematográfica. Y de repente, cambia de parecer. Extraño carácter que la conduce a no saber dilucidar, a no saber nunca qué camino tomar, a desgastarse los nervios a fuerza de preguntarse permanentemente; ya no confía en los consejos de los demás, sólo en su propio criterio. En realidad, si la Callas pone tantas trabas a su vuelta a los escenarios es porque tiene miedo de comprometerse, porque siente que su voz se apaga. Esta carta, inédita hasta ahora, que María dirigió a su amiga Giulietta

Simionato, en el mes de noviembre de 1963, traduce un desaso-
siego revelador:

«No puedes saber cuánta emoción me ha proporcionado tu
carta. Ya ves, querida, puede que interiormente te parezca fría,
porque creo que me conoces bien. Quizás es porque conoces mi
"pureza" estúpida. Cuanto más me observa y me mira la gente
menos posibilidades les doy de chismorrear. En cuanto a mí,
siento gran afecto por ti, hemos pasado tantas horas juntas antes
de convertirme en la Callas, en esa Callas tan exaltada y por
consiguiente desgraciada debido a sus responsabilidades. Cuánto me gustaría volver a cantar contigo, a charlar contigo, tú, que
eres una verdadera amiga... Pero estamos tan lejos la una de la
otra... Estoy instalada en París, pues tengo mucho trabajo aquí,
como también en Londres... Voy a hacer como tú: trabajar; bueno, no como tú. No soy tan fuerte; todo lo contrario de lo que se
dice de mí. Nunca he sido tan fuerte para trabajar como tú. Tal
vez mis cuarenta años me devuelvan la fuerza. ¿Qué piensas?
¿Hay esperanzas? La sinusitis... ¿Recuerdas *Medea* con las continuas visitas al hospital? Esto me ha trastornado de tal manera
que he perdido la confianza en mí... Me he vuelto psíquicamente
vulnerable. No puedo librar batallas en estas condiciones. Las
perdería antes de empezar. Te pido que no hables a nadie de todo
esto; es una batalla que debo vencer sin que nadie sepa nada. Me
gustaría ser tan fuerte como hace diez años; haré lo que pueda,
la vida continúa... Piensa en mí y si tienes un momento, escríbe-
me, me hará bien. Te abraza cariñosamente. Tu María.»

Este grito de angustia lanzado por la orgullosa Callas, esta
llamada *quasi* desesperada a otra mujer que ella considera sincera y desinteresada, dice mucho sobre su estado de ánimo durante ese año de 1963. No es a sus amigos de la *jet society* que
pide una palabra de consuelo; sin duda ha comprendido que de
ellos no puede aguardar la menor esperanza. Ese mundo en el
que Onassis la ha precipitado no le divierte ya; ha comprobado
la calidad exacta. Si continúa frecuentándolo es sólo por seguir
a Ari, para complacerle. Y también para retenerle, él...

¿Se puede enjaular a un hombre como Aristóteles Onassis? Hay que estar loco para creerlo. O loca de amor, como María. De ahí su comportamiento imprevisible, caótico; de ahí, su sumisión a los caprichos del multimillonario. ¿A Ari no le gustan sus gruesas gafas de concha? María usa lentillas; que más da si sus ojos lloran porque le hacen daño. ¿A Ari no le gusta su espesa cabellera negra pasada de moda? María corre Chez Alexandre para peinarse «a lo gatita». ¿Ari opina que sus vestidos de Madame Bik le dan un aspecto demasiado solemne? María usa vestidos sencillitos... Esta obediencia, tan insólita por su parte, le procura una especie de satisfacción íntima, ella la identifica con su nueva vida de mujer; una buena prueba. A veces, sin embargo, la esclava se rebela, vuelve a ser la Callas, la tigresa, la amazona. Entonces, estallan terribles discusiones, se increpan entre ellos, como se hace en su país. Las maldiciones a lo oriental cohabitan con las injurias más occidentales... Jacques Bourgeois recuerda un episodio particularmente violento que tuvo por marco la escalera del inmueble de la Avenida Georges-Mandel, en donde la Callas había elegido domicilio tras haber dejado la Avenida Foch.

«María estaba arriba en la escalera y Onassis abajo. Los gritos que proferían alarmaron a los vecinos que se divirtieron con el espectáculo. Comenzaron insultándose en griego, luego lo hicieron en inglés mezclando insultos en francés. ¡Por supuesto, en ese dúo dominaba la voz de María!»

Tendremos la oportunidad de volver sobre las tormentosas relaciones entre la diva y el armador. Añadamos que sus reconciliaciones eran tan demostrativas como sus peleas, sobre todo porque en ambos casos echaban mano de sus íntimos; Maggie van Zuylen supo bastante de ello. Si María se hallaba dividida entre la pasión y la zozobra, tenía sus razones. No sólo porque los proyectos matrimoniales parecen definitivamente archivados, sino porque Ari ha vuelto a sus andadas con total desfachatez. Este insaciable mujeriego encuentra el medio, entre dos negocios, de satisfacer su apetito; amores de una sola noche o incluso de sólo unas horas, bastan para sumir a María en los más desesperados celos, pues Onassis hace tanta ostentación de sus aventuras galantes como de su fortuna. Un peligro bastante serio pone en alerta a María. Siguiendo con su costumbre de perseguir celebridades mundanas, destinadas a dorar su blasón, Aristóteles entabla relación con el príncipe y la princesa Radziwill. Lee Radziwill, nacida Bouvier, es la hermana de Jacqueline Kennedy y, por consiguiente, la cuñada del joven presidente de los Estados Unidos que será asesinado en noviembre; aparte de su apellido rimbombante y de su parentesco, que no lo es menos, ella tiene otros atractivos... que ejerce con complacencia sobre Aristóteles. Por esta vez pase, el multimillonario se muestra discreto, pero María sospecha, está alerta.

Podemos imaginar el estado de ánimo con el que la diva se dispone a afrontar de nuevo al público, durante una gira que la llevará de Alemania a Copenhague, pasando por Londres y París. Michel Glotz y Georges Prêtre tienen entonces la oportunidad de demostrarle su verdadera amistad: el director artístico y el músico hacen lo necesario para que la cantante recupere la confianza perdida y se encamine de nuevo por la vía de su glorioso destino.

La gira comienza el 17 de mayo de 1963 en Berlín, bajo los mejores auspicios. Soberbia, con un vestido de escote generoso, la Callas encandila al público en cuanto aparece. El recibimiento de las otras ciudades alemanas no es menos cálido y en Londres se pone en duda la flema legendaria de los ingleses por tan demostrativa que es. Recuperada su moral, la cantante aborda el público parisino el 5 de junio, en el teatro de los Campos Elíseos. Desea ganar la partida porque ahora se siente en casa, es la ciudad en la que ha instalado su nueva vida. Sí, gana la partida en cuanto sale a escena. El título del artículo que firma Olivier Merlin así lo atestigua: «La Callas perdida y encontrada». Tras lo cual, añade:

«Siempre tan bella, cautivadora, María Callas sigue conservando esa aura mágica que hace de ella un animal de teatro, de esos que se dan cada medio siglo. Nos lo ha demostrado ayer por la noche en el auditorio, lleno a rebosar, del teatro de los Campos Elíseos... Sonriendo con gracia, encantadora toda ella, no tuvo más que avanzar hasta el proscenio para recibir el homenaje de la sala entera. Pero ¿y la voz?»

En este punto, el periodista manifiesta alguna restricción a propósito de ciertas notas agudas, pero con el ánimo sólo de subrayar el encanto de los matices y la armonía de la interpretación, y concluye con admiración:

«¿Cómo no creer, tras esta gran noche, en futuros sonrientes? ¿Las candilejas o la ociosidad dorada? Para la artista, el eterno dilema de la felicidad en la vida.»

En efecto, ésta es la cuestión. María persigue la felicidad con la misma encarnizada voluntad que cuando escalaba la cima de su arte. Pero cuanto más se le escapa, más la persigue y más su arte se pierde. Ya no cantará más en todo el año; tras el último concierto en Copenhague, el 9 de junio, corre a Montecarlo con la premura, la ansiedad de una colegiala que marchara de vacaciones. A bordo del *Christina*, Ari la espera, enarbolando su más cautivadora sonrisa de seductor, feliz por volverla a ver... Como fue feliz al dejarla. Y el *Christina* zarpa hacia la tierra de los faraones; Egipto surge ante la maravillada mirada de María; atraviesan el mar Rojo y el *Christina* desciende hasta Djeddah, aquí Onassis tiene una cita con el rey Faysal de Arabia.

Durante el tiempo que dura su romance de fotonovela con Onassis, el ritmo de los cruceros regula el de las representaciones de María, de las pocas representaciones que le quedan por dar. Pues sí, se trata de una fotonovela: primero porque los proyectores de la actualidad enfocan sin cesar a los dos amantes allí donde quiera que vayan, y luego, porque los incidentes mismos de su relación son tan pueriles como esas revistas que encandilan a las modistillas. Así, podemos seguir las idas y venidas de la pareja... Por ejemplo, como cuando en Baleares, con Rainiero y Grace de Mónaco, asistieron a una corrida de toros y el príncipe Rainiero saltó al ruedo para jugar a ser torero... En un palco, María parece divertirse mucho con ese espectáculo. Puede que de momento sí se divierta, pero ¿le gusta esa clase de vida de nómada de lujo? Según confidencias hechas, que de vez en cuando se le escapan, podría dudarse o deducir que preferiría vivir en una casa que no flote en el mar, junto a un hombre que no corriera sin cesar por los confines del mundo. Pero como es la única manera de vivir con Ari, ella le sigue...

Pobre María, que durante todos estos años ha estado dividida entre la necesidad de responder a la llamada de su arte y el temor de no poder hacerlo... Ese drama interior lo disimula con su pudor característico, accediendo amablemente a las entrevistas, como si todo fuera viento en popa; de hecho, Onassis es su refugio contra los pensamientos alarmantes que la asaltan. Y luego, a cada reencuentro, cuando él siente que ella se aleja no repara en esfuerzos para reconquistarla, se muestra jovial, entusiasmado con esa facundia propia de la gente del Mediterráneo.

—Onassis era adorable con sus amigos —cuenta Georges Prêtre, que también él tomó parte en algunas expediciones a bordo del *Christina*.

En esos momentos de calma, María olvida sus dudas, recupera la alegría de vivir, la felicidad ingenua, propias de su naturaleza.

—Una niña... Seguía siendo una niña pese a su fama mundial —continúa diciendo Georges Prêtre—. Cuando ella cenaba en casa, con mi mujer y mis hijos, nunca hablábamos de trabajo, María se divertía con cualquier broma, reía feliz, daba gusto oírla...

Un día del verano de 1963, Ari y María embarcan en el palacio flotante; si en tierra deja ella sus preocupaciones, ¿por qué una nube tiene que ensombrecer su alegría? Lee Radziwill está a bordo con su marido, aunque su presencia no es ningún obstáculo para las maniobras de seducción de Aristóteles. María está al corriente de la relación entre él y la princesa, y haciendo de tripas corazón la recibe, puesto que ella es ahora la anfitriona del *Christina*.

El viaje transcurre con tranquilidad. Ari, animado por un cambio de pasión, tan habitual en él, se muestra solícito, tierno, enamorado. Y es que el griego sabe ingeniárselas para que la tigresa no saque las uñas. Si compra la isla de Skorpios, le dice, es para mejor abrigar su amor. Lee Radziwill abandona de repente el barco para correr junto a su cuñada. Jacqueline Kennedy acaba de perder el hijo que ha dado a luz y atraviesa una angustiosa depresión. Al menos, es lo que la princesa cuenta a María y a Onassis cuando, al hacer escala en Atenas, vuelve a embarcar tras su viaje relámpago a Washington. De inmediato, con la generosidad ostentosa de un príncipe oriental, el armador pone su yate a disposición de la esposa del presidente de los Estados Unidos. No, el antiguo telefonista no tiene miedo de nada, ni de sí mismo. Ahora el dinero ya no le interesa; la intimidad de los grandes de este mundo y las zalemas que hacen a sus millones le producen una gran satisfacción. Si merced al *Christina* y al lujo insolente que ofende a sus huéspedes, a la lluvia de regalos que hace a sus invitados, ha conseguido prender en sus redes a algunas de las grandes estrellas del Ghota, ¿por qué no añadir también la primera dama de los Estados Unidos? Apenas el *Christina* recala en Montecarlo, que ya Onassis corre a ofrecer sus servicios a «la señora presidenta». Ésta se hace de rogar lo justo para poder aceptar la invitación, a pesar de las reticencias de su marido y de los consejeros de la Casa Blanca, que no ven con buenos ojos esa escapada muy poco protocolaria. Onassis promete ser discreto: mientras naveguen, Jackie será la dueña y señora del yate; a él no se le verá. El potentado sabe hacerse pequeño cuando maquina un gran proyecto.

Si al presidente Kennedy le desagrada que su mujer se embarque a bordo del *Christina*, no es al único; apenas formulada la invitación, María se opone como sólo ella sabe hacerlo: con uñas y dientes. Y la tormenta se abate una vez más sobre la pareja:

—¡Desde luego, no eres más que un advenedizo! —grita la cantante.

—¡Y tú, una calamidad pública! —brama el armador.

¿Qué razones motivan la cólera y la aprensión de María? ¿Le advierte su corazón del peligro que amenaza el frágil equilibrio de la pareja? ¿Su lado *bruja oriental* le permite descubrir la presencia de la *enemiga*? No ha perdonado a Ari el episodio Radziwill; ¿supone pues que las dos hermanas están hechas de la misma pasta? Por su parte, Onassis intenta disimular sus intenciones, tranquilizar los temores de la diva, pero María se repliega en su dignidad ofendida: si Jackie forma parte del viaje, ella no embarcará; comprende que más que una anfitriona, lo que Onassis necesita es una tapadera, y ese papel no forma parte de su repertorio habitual.

Al negarse a embarcar, vencida más por el orgullo que por el amor, María, según cuentan sus amigos, comete un error que le acarreará consecuencias, el segundo de su historia amorosa: tras el divorcio de Onassis, por dignidad, no había querido insistir en casarse; craso error con un personaje como Aristóteles, que bastante a menudo se dejaba guiar por su ardor momentáneo. Ella misma lo reconocerá, al día siguiente de la boda del armador con la viuda del presidente:

—Jackie ha sido más perspicaz que yo —comentará—. También Ari se hubiese casado conmigo si yo le hubiera puesto la soga al cuello.

Ahora comete un nuevo error al dejar vía libre a una rival eventual. También Michel Glotz barruntaba el peligro; lo recuerda así:

—Maggie van Zuylen y yo le repetimos durante días y días: «¡María, debes ir! ¡No debes dejar solo a Ari en el *Christina*!». María contestaba: «¡Jamás! ¡Jamás haré de dama de compañía de esas dos intrigantes! ¡Ari no me necesita para seducirlas! ¡Conozco sus métodos, yo sé cómo se las ingenió conmigo!». E inflamada por la cólera, comentaba sus intimidades y enviaba a Onassis al infierno.

Aristóteles zarpa sin María. Además de su célebre invitada, también embarca a la hermana, Lee Radziwill.

La señora Radziwill bien merece esa recompensa por sus

buenos oficios. Ari también embarca a Irène Galitzine, otra princesa, pues sabe que los norteamericanos se vuelven locos por una aristocracia que envidian a los europeos; a Franklin Roosevelt Jr, subsecretario de Estado en el Departamento del Tesoro, cuya presencia garantizará, de alguna manera, la respetabilidad de la escapada de la señora Kennedy; más a algunas comparsas para hacer bulto.

Durante las primeras escalas, tal como ha prometido, Aristóteles juega a los ectoplasmas, pero en cuanto el yate recala en Esmirna, su ciudad natal, no puede evidentemente dispensarse de hacer los honores a la presidenta, con el esplendor propio de los fabulistas de Oriente... Una nueva foto, más elocuente que cualquier comentario: Ari y Jackie, juntos, en las ruinas de Éfeso, una foto que recuerda a otra, muy parecida, tomada años atrás en ese mismo lugar, pero la visitante de entonces se llamaba María... Jackie está tan maravillada que, en este sentido, sucumbe al encanto de su guía. ¿Comenzó entonces su famoso idilio, fue cuando iniciaron sus primeros pasos hacia la marcha nupcial? Si no es seguro, bastante probable, pues cuando la bella norteamericana regresa a Washington su depresión ha desaparecido.

Mientras tanto, María se ha zambullido en el trabajo con energía centuplicada: el trabajo, para ella, es una forma de desquitarse de la humillación sufrida, pero también de demostrar que sigue siendo la Callas, la mujer más famosa del mundo: el medio más seguro para reconquistar al veleidoso amante. Dará sus frutos. A su regreso, Ari corre al número 44 de la Avenida Foch para hacerse perdonar y María le concede el perdón sin demasiada violencia: sigue enamorada. Una vez más, los buenos oficios de la complaciente Maggie van Zuylen han surtido efecto, y los amantes parten para una nueva luna de miel, sin que María deje por ello de preparar febrilmente su regreso a la ópera. Como de costumbre, cuando María manifiesta un deseo, exige el cumplimiento inmediato. Antes, le costaba un año firmar un contrato, ahora sin embargo sólo ha dado unas semanas a Zefirelli para montar esa *Tosca* que sigue sin gustarle pero en la que se sabe irresistible; también porque es un papel que limita unos riesgos a los que ya no puede aventurarse.

En enero de 1964, María reaparece en el Covent Garden con la obra de Puccini. «A María le encanta crear el acontecimiento», declara Zefirelli. Y lo va a crear, pues la veremos como en sus mejores días. Gracias a su personalidad mágica, el hada borra de un plumazo las dudas que le oprimen y el daño que unos y otros le han hecho; vuelve a ser la soberana.

La BBC había grabado el segundo acto de la obra; muchos años después, pude ver a María prestando su aliento, su alma y su corazón a *Flora Tosca*. ¡Qué emoción poder contemplar aquellas escenas cuando ella ya no estaba! ¡Y también, qué sensación! Pues una vez más el embrujo obraba el milagro: la pequeña pantalla, la ópera, la obra habían desaparecido. *Tosca* nos prendía con tanta intensidad que vivíamos con ella el drama a través de sus acentos desgarradores, presenciábamos petrificados esa tragedia patética, tan próxima a nuestro mundo de hoy que hasta deseábamos poder implorar a *Scarpia* que tuviera piedad de aquella mujer sublime. Los recitativos —esos recitativos a veces tan difíciles de soportar en la ópera— servidos por la Callas, eran como relatos anhelantes, trampolines dispuestos para la acción. Una vez le oí decir que no le gustaba *Tosca* porque, para ella, era la gran farsa... Tal vez, pero cuando coge el puñal que la liberará del tirano, su gesto traduce la desesperación, el valor, la abnegación de una mujer que ama hasta la locura asesina...

Si mencionamos esas representaciones londinenses, es justo recordar a Tito Gobbi en el homenaje que se rindió a la Callas; también él había ejecutado espléndidamente su papel, aunque, muy galantemente, declaró que si lo había conseguido había sido gracias a su compañera de reparto.

Aquella noche, y durante las seis representaciones siguientes, el público del Covent Garden comulgó en una misma alegría: la de haber reencontrado a *su* Callas que, tras caer el telón final, tuvo que salir a saludar durante veinte minutos, hasta que se apagaron los aplausos.

Esta ovación prefigura la que le espera en la Ópera de París cuando, el 22 de mayo, aparezca en *Norma*. En el primer capítulo, ya he comentado aquella noche memorable, aquella cuarta representación de la obra de Bellini, durante la cual ella realizó lo que ningún artista había osado hacer: parar la orquesta y recuperar un *do grave* que no había sabido arrancar una primera vez. También he comentado la atmósfera irreal que envolvía al espectador en cuanto ella aparecía en escena, que se repitió en cada una de las ocho representaciones: una verdadera fiesta para el público parisino. Qué importa pues que su registro vocal sea desigual de una obra a otra. Al igual que en Londres, aquí también el público la aplaude interminablemente para que salga a saludar una y otra vez; también aquí centenares de fanáticos la acosan a la salida.

Estimulada por el fervor del público, María recupera todas sus facultades para la última representación, el 24 de junio; con su arrogancia habitual, no esquiva ninguna de las trampas de la partitura. Zefirelli, que había realizado una escenografía grandiosa, le aconseja que se adapte a ciertos pasajes; ella, orgullosamente, le replica: «¡Jamás haré trampas! ¡Me da igual si mi carrera acaba en desastre!». En lugar de desastre, lo que París le brinda es una idolatría permanente que exaspera a algunos críticos que hubieran preferido un clima más sereno. Antoine Goléa emitió un juicio que nuestro corazón condena pero que por razón debemos admitir:

«Actriz trágica lo es incontestablemente; la actuación de la señora Callas causa tanto efecto en el público como su inimaginable voz con todas sus asperezas, sus desigualdades, sus torpezas. El embrujo que la señora Callas ejerce sobre el público es uno de los más extraños fenómenos de hipnosis colectiva de nuestros tiempos. Yo mismo, lo confieso humildemente, siempre me dejo prender. ¿Siempre? Bueno, la verdad es que recupero el sentido en el momento en que la señora Callas sobrepasa la tesitura vocal de las mezzo-sopranos, ese momento en el que quiere hacer creer a la gente, que ha venido a aplaudirla y dispuesta a admitir cualquier cosa sobre ella, que su voz es la de una soprano lírica, casi dramática.»

Sin duda alguna, Antoine Goléa tiene razón; la diva ya no podía permitirse las hazañas de antaño, pero no por eso tenemos que condenar un entusiasmo que nacía de la ilusión, ni a un espectador porque fuese, tal como dice el crítico, objeto de hipnosis colectiva. Jamás hipnosis fue tan agradable de soportar, aunque a los espectadores nos hubiese gustado que el sueño se prolongara allende los límites del palacio Garnier. Y ya que hablamos de la atracción misteriosa que la diva ejercía sobre su entorno, señalemos de paso esta anécdota poco conocida: a la Callas le surgió una nueva *fan*, una mujer que en sus tiempos también había levantado oleadas de entusiasmo: Cécile Sorel. La eterna *Célimème* estaba convencida de semejarse a la diva en cuanto al arte de representar, tanto en el teatro como en la vida: misma ciencia de actitudes, misma búsqueda de la plasticidad. ¡Para Madame Sorel la Callas era su prolongación lírica! Cuando se entera de que María canta en París, no resiste la tentación de escribir a uno de sus amigos con la *sobriedad* de estilo que la caracterizaba:

«Mi querido loco al que amo, mi locura te pide, para ir a la Ópera, una capa como la del papa. Podrás conservarla después como recuerdo de santa Cecilia.»

Madame Sorel tuvo su capa pluvial, pero su aura no eximió a «santa Cecilia» de pillar un resfriado que la obligó a guardar cama. De inmediato, escribe a la Callas esta nota concebida en la más grande *simplicidad*:

«Mi corazón saltaba de alegría por ir a aclamar a la más grandiosa artista del siglo, pero estoy con fiebre y no puedo acudir a la Ópera. Es la más severa penitencia que me ha impuesto el Señor.»

Cuando una diosa encuentra a otra diosa no sabe evidentemente usar del vocabulario destinado a los simples mortales...

Tras su triunfo parisino, María abandona nuevamente la escena durante varios meses, pero no su trabajo, y bajo la dirección de su cómplice preferido, Georges Prêtre, graba una *Carmen* cuyo calor, impetuosidad y esplendor nos hace añorar, una vez más, que no hubiese querido encarnar a ese personaje.

Y luego, ¡viva las vacaciones! Aunque antes de embarcarse para un nuevo crucero a bordo del *Christina*, María, que reside en el hotel Hermitage de Montecarlo, debe hacer frente a un nuevo asalto de su ex marido. Meneghini sigue tenaz. La fortuna de María le hace pasar las noches en blanco: estima que ella aún le debe parte y quiere recibir su mitad; esto hace enfurecer a María. Sí, Battista conseguirá un día la mitad del tesoro, pero María ya no estará entre nosotros.

Durante los últimos meses de este año, María se impone nuevas reglas. Ha comprendido que debe cuidar sus recursos vocales. Por eso, para su presentación en París elige *Tosca*.

Para juzgar las nueve representaciones de la obra de Puccini que dio en la Ópera, entre el 19 de febrero y el 13 de marzo de 1965 —ante el éxito alcanzado decide ofrecerse el lujo de una *Tosca* suplementaria no prevista en el contrato—, hay que distinguir entre la calidad musical propiamente dicha y la impresión producida. Cierto, durante las elevaciones orquestales, la voz de la diva apenas es perceptible, pero su presencia, su actuación, su dramatismo y la calidad de su emisión en los pasajes *mezzo voce*, encienden al público; serán nueve representaciones de ensueño. Sí, ¿cómo mantenerse imparcial ante aquella mujer torturada, conmovedora, soberbia? Sin duda, yo no lo era menos que el resto de los espectadores del palacio Garnier cuando le gritaba *bravo* hasta desgañitarme; entonces comprendí por qué Jacques Bourgeois, olvidando al musicólogo, dejó hablar a su corazón de amigo y admirador cuando escribió:

«Si las representaciones de *Norma*, el año pasado, marcaron un renacimiento verdadero, parece que hoy la Callas ha recuperado el uso completo de sus facultades. Con un nuevo caudal de voz ha sabido rescatar la pureza del timbre y la homogeneidad del registro. Ha debido de resultar harto difícil a los enconados detractores de la gran artista, la noche del estreno, detectar algún fallo durante la interpretación de *Norma*.»

Sí, María Callas ha ganado... y no sólo los sufragios del público, sino también la suma de 25.000 francos (nuevos) por representación. Aunque no se halla en apuros, la diva conoce el precio de su reputación; ha sido buena alumna de Meneghini.

El 13 de marzo, el telón del Teatro de la Ópera cae sobre su última *Tosca* parisina, y el 19 del mismo mes se levanta para su penúltima *Tosca* neoyorkina. Sí, sólo *seis* días entre las dos funciones; se diría que quiere recuperar el ritmo demencial de sus tiempos de esplendor, que desea recobrar la curva fulminante de su ascensión... Para los que conocemos la continuación, para los que sabemos que canta en el Metropolitan Opera por última vez, una profunda tristeza nos embarga... Nos gustaría detener el tiempo... Decir al destino, como la pobre Madame Du Barry frente a la guillotina: «¡Sólo un instante más, verdugo!...». ¡Ay! El hacha también sajará pronto esa carrera y esa personalidad de excepción, el meteoro pronto se hundirá en el océano de las sombras...

El recibimiento que su ciudad natal le hace está a la altura de los largos años de espera que había impuesto al público del Met. Su viejo ex enemigo, Rudolf Bing, es el primero en abrirle los brazos, aunque el comentario bilioso que hizo luego resume fielmente la situación:

—María no cantó bien, pero eso carecía de importancia, nunca hubo una *Tosca* parecida —dirá.

Bing tenía razón, nunca hubo una *Tosca* igual y nunca la habrá: el crítico del *New York Times* es de la misma opinión:

«Nos encontramos ante una mujer que, se la ame o no, es la personalidad más excepcional de entre todas las que cantan ópera hoy día. Su grandeza radica en su poder ardiente y total con el que capta el más pequeño matiz dramático de un personaje; todo aquel que la admire o no debe admitir que María Callas se ha ganado el derecho a estar en la cumbre.»

María Callas se detiene bien poco en su cumbre: regresa a París para cantar su otro papel fetiche de su carrera: *Norma*. Luego, el 2 de mayo, un gran acontecimiento: canta por primera vez en la televisión francesa. Concede ese privilegio a Bernard Gavoty. No podía haber elegido mejor; en su agenda, el eminente periodista ha anotado en vivo algunas impresiones que parecen instantáneas fotográficas:

«Os aseguro que he disfrutado, y mucho, con la grabación. La noche anterior, una alarma: "No me encuentro muy bien, creo que sería mejor aplazarlo". ¡Ni hablar! En lenguaje teatral, aplazar significa anular. No, mi querida amiga, usted no se encuentra mal, simplemente cansada... Michel Glotz, el mejor de los empresarios, distrae a María, de tal manera que ésta olvida su resolución y se pone a hablar de peluquero, vestidos, maquillaje, es una buena señal.»

Acabada la grabación, según las mismas notas de Gavoty, todo el mundo, él el primero, corre a felicitar a la *prima donna*, que recibe los elogios con escepticismo sonriente:

—No, no ha sido nada inaudito, sino mediocre... ¡Ésta es la palabra justa! Yo me conozco y sé bien que ustedes exageran las cosas para hacerme perder la cabeza... ¡Estén tranquilos, no la pierdo!

Recientemente, he vuelto a ver esa grabación y a sentir, cuando María aparece en la pequeña pantalla, la misma impresión que me sobrecogió hace un cuarto de siglo. ¿Por la emoción de saber que ella había callado para siempre? Tal vez. La mejor manera de traducir mis sentimientos es transcribiendo estas líneas de Bernard Gavoty:

«(...) Para acabar, ella cantó el aria breve, variada, punzante, de *Laurette* en *Gianni Schicchi*. Tal vez lo había premeditado, pues sacó su voz, toda su voz, con su fuerza, su potencia de emoción, sus matices que jugueteaban como tornasoles de un ovillo multicolor; una voz de gran soprano en su plenitud, que atenazaba el corazón desde el comienzo...»

Sí, aquella noche, más allá de la pantalla de televisión, María Callas subyugó a los que la contemplaban...

Al acabar, tuvo que responder al fuego cruzado de las preguntas que revelan ciertos aspectos de su personalidad:

—Soy una mujer con sus debilidades y sus dudas. Sé lo que quiero, aunque a veces no sé lo que hago; por eso nunca estoy satisfecha de mí misma. Dicen muy a menudo que tengo mal carácter; en realidad, aspiro demasiado a cosas irreales, soy etérea. Sé que lo que más necesito en la vida es calor humano. Mi fama me molesta porque han creado una personalidad que no es la mía. *Debo* pensar que soy feliz, pero eso no quiere decir que lo sea. En definitiva, mis más grandes satisfacciones provienen de mi trabajo; en escena me juzgo con lucidez pese a que el teatro me hace vibrar de alegría...

Días más tarde, el 14 de mayo, María Callas se siente angustiada: aparecer ahora en público es para ella una gran prueba, tanto moral como física. Cuán patética es esa terrible incertidumbre que la acongoja antes de salir a escena, cuando antaño era una marcha hacia el triunfo... ¿No es como asistir a una de esas óperas en las que, antes del último acto, la acción se torna en tragedia? Es que la vida entera de la Callas es una ópera y su conclusión tendrá, también, la punzante grandeza de un drama lírico.

El 14 de mayo llega muy temprano a su camerino del palacio Garnier. Han tenido que ponerle una inyección de coramina, aunque esta vez ni el miedo ni la angustia son los responsables de su estado. «María había tenido una fuerte bajada de tensión arterial. Creo que había bajado a seis —me explicó Georges Prêtre. Y añadió—: Necesitó hacer un esfuerzo sobrehumano para salir aquella noche a escena.»

Pero tuvo valor para salir a escena y cantar; el milagro de su presencia subyugaría una vez más al público, un público que no había venido a juzgar los tecnicismos del canto sino, simple y más honestamente, para contemplar a su ídolo. Y durante las noches siguientes será igual, pero a qué precio: el de una voluntad de hierro por parte de una mujer que agota sus últimas fuerzas en la batalla. Durante la función, el público se pregunta si

María podrá aguantar hasta el final. El 17 de mayo, nueva inyección de coramina. En el último entreacto ya no tiene siquiera fuerzas para cambiarse de vestido, sin embargo llegará hasta el final. El 24 de mayo, igualmente.

Expectante, el público asiste a un combate desesperado, temiendo que su heroína va a caer en cualquier instante. Se producirá el 29 de mayo, durante la última función. ¿Cómo pudo llegar al final del tercer acto, triste sombra, cuerpo dolorido del que la vida se escapaba?... Apenas el telón ha caído que María se desmaya en el escenario. La llevan a su camerino... Una foto la muestra en su desfallecimiento; una mujer con bata blanca se inclina sobre ella, con una jeringuilla a punto. María con una mano sobre los ojos y el semblante huidizo murmura:

—Durante el tercer acto he tenido la terrible sensación de que otra persona cantaba en mi lugar...

No hubo cuarto acto; la representación se interrumpe y se anuncia en medio de un silencio opresor. Ni siquiera los que han venido para asistir a la caída del ídolo osan manifestarse; los otros —la inmensa mayoría del público— están tristes, simplemente...

A pesar de este final dramático, el aura de la Callas no desaparece; seguirá siendo la hechicera que arrastra a sus admiradores a un mundo irreal, y el último eco que debemos conservar de esta última aparición en el Teatro de la Ópera es el homenaje que, en la noche del estreno, le rindió Bernard Gavoty en la primera página de *Le Figaro*:

«María Callas no hace nada para dominar el espectáculo; ella aparece y simplemente todo se armoniza. ¿Por qué? ¿Cómo? No sabría decirlo, adivino confusamente que tanto donaire es lo que hace el milagro. Por eso no quiero disociar lo que, en María Callas, pertenece a la cantante o depende de la actriz trágica. Precisamente su arte rebelde es lo que fascina al público. Éste ha evolucionado mucho desde el año pasado. El snobismo ha caído en picado, lo que ahora subsiste es la gente anónima y calurosa, sensible, delirante hasta la saciedad. Hoy, París siente amor por la Callas.»

Y con ese amor, arrojado a los pies de la diosa a guisa de un último ramo de rosas, el público le manifiesta su fidelidad más allá del tiempo, más allá de la muerte... París, aquella noche, contemplaba por última vez, en un teatro, a ese ser fuera de lo común y por la forma de alejarse, por ese espectáculo interrumpido brutalmente, comprendemos que María nos había ofrecido sus últimas fuerzas a manera de adiós.

Como siempre tras cada sufrimiento, María corre a refugiarse en el *Christina* para beber en las fuentes de la vida. Dentro de un mes debe cumplir con un nuevo contrato: cuatro representaciones de *Tosca* en el Covent Garden de Londres. Aunque junto a Ari recupera parte de sus fuerzas, los médicos que la examinan la víspera de su marcha para Inglaterra son tajantes: su estado no le permite cantar una ópera completa.

María informa de inmediato a la dirección del Covent Garden. Catástrofe: las localidades para las cuatro representaciones están ya vendidas. Intercambio de telegramas. Súplicas, como si quisiera renunciar por simple capricho. Es lo que cree la prensa londinense que no quiere comprender la situación. Finalmente, María hace una proposición: cantará una sola vez, durante la gala de beneficencia presidida por la reina de Inglaterra.

El 5 de julio de 1965, María Callas desaparece para siempre de la escena lírica... Al dejar el teatro, entra en la leyenda...

15

EL ÚLTIMO ACTO

Poco a poco, la noche va cayendo sobre la carrera de María Callas. Renuncia a las funciones londinenses porque quiere convencerse de que lo que tiene es una simple fatiga pasajera, que el descanso y los ejercicios le bastarán para recuperarse. Sin embargo, sabe, presiente que ha quemado sus últimos cartuchos, que la llama que ardía en ella y que la sublimaba se ha apagado. Para huir de una verdad que no quiere reconocer, multiplica sus proyectos, entabla negociaciones, pregona a los cuatro vientos que está preparando su regreso... Cantará *Medea* en la Ópera de París y luego una *Traviata* que Visconti escenificará para ella... Tal vez haga una película. Hace tiempo que Zefirelli desea llevar *Tosca* a la pantalla y se aferra a ese proyecto mirífico. Sólo que, cada vez que una negociación debe concluir o un contrato firmar, María encuentra mil razones para demorarlo, para multiplicar los obstáculos... Unas veces, el número de ensayos no es suficiente, otras la distribución no le conviene o bien exige unos honorarios tan exorbitantes que hace fracasar el proyecto... Esas dudas, esas regresiones se basan en un mismo motivo: María Callas tiene miedo, miedo de empañar su gloria por una prestación indigna de ella. Hay que compadecerla por alimentar ese sentimiento que la tortura, pero también admirarla por resistirse ante la avalancha de proposiciones que le llueven: ella sabe que ya no es *la* Callas. ¿Cuántas artistas han abrigado esa clase de escrúpulos?

Mientras, a falta de contratos artísticos se dedica a negocios...

¡de barcos! María se asocia con Aristóteles y con el viejo amigo Vergottis, y entre los tres compran un carguero del que María se queda con la mayor parte; aunque eso le costará un proceso —uno más— porque Vergottis se niega a cumplir con el contrato y a liquidar a María lo que le debe. Y como a ella no le gusta esa manera de proceder, se desencadena un proceso sórdido en el que «el amigo» Vergottis vomita un torrente de bilis y airea la vida privada de la pareja, lo que no impide que sea condenado. Para cuando se falle el juicio, Onassis ya se habrá casado con la viuda Kennedy y a María le importará bien poco su victoria jurídica.

Mientras, ambos prosiguen el mismo estilo de existencia híbrida; hay que exhibirse, brillar, continuar con ese desfile circense al que les condena su común celebridad.

—¡Estamos malditos! ¡Tenemos tanto dinero! —lanza un día la Callas a Ari, sin pensar que, en el mundo, a mucha gente le gustaría poseer esa maldición.

Entre ellos, las disputas son cada vez más frecuentes, cada vez más virulentas. María admite una cierta esclavitud, pero cuando su orgullo natural se enciende salta esgrimiendo su vocabulario de tigresa, para luego acatar más dócilmente su sumisión. Aristóteles gusta de esa actitud hecha de rebeldías seguidas de sumisiones: es como si jugara a ser domador de circo.

A veces, hasta se complace en humillar a María en público.

—Pero, ¿quién te crees que eres? —le espeta un día delante de Zefirelli, que se indigna—. Lo único que tienes es un pito en la garganta y ni siquiera funciona ya.

—Y tú, ¿qué entiendes de arte? —le replica María.

A menudo, cuando era zaherida delante de la gente, se contentaba con retener las lágrimas y marcharse. Y cuando *el macho*[1] se da cuenta de que ha ido demasiado lejos, entonces despliega todo su encanto, enarbola su irresistible sonrisa y María se siente feliz por volver a hallar junto a él el espejismo de la felicidad. Sí, sólo es un espejismo, no debe hacerse ilusiones

---

1. Citado así en el original. *(N. del E.)*

sobre la perennidad de su aventura, aunque se aferra a ella con tan feroz energía que los placeres de su arte le estarán en adelante vedados.

María se muda de la Avenida Foch y se instala en el número 36 de la Avenida Georges-Mandel, en un decorado más propio para una cantante que para una mujer por resultar más ostentoso que íntimo: muebles suntuosos estilo Luis XV que se desparraman por un salón invadido por mil objetos preciosos, comedor estilo XVI en el que uno hasta temía sentarse por miedo a estorbar la planificación; el dormitorio recuerda el de Via Buonarotti. Pero el cuarto de baño es la culminación de ese castillo artificial: el oro y el mármol, las alfombras en las que los pies se hunden como en blanda nieve, el profundo diván, todo ese decorado parece surgir de un cuento de las Mil y Una noches; como si Ali-Babá le hubiese regalado algunos de los tesoros de su cueva. Pero al menos, en ese aposento, la presencia de María está viva, se la siente respirar, en una palabra, vivir. Yo jamás ¡ay! traspasé el umbral de esa tierra prometida, pero los elegidos que tuvieron ese privilegio me han asegurado que la visita merecía la pena.

María esperaba que Ari iría a vivir con ella a la Avenida Georges-Mandel; pronto debe renunciar a esa quimera: sea a bordo del *Christina* o en tierra, a Onassis lo único que le atrae es navegar. Y le gusta tanto ir de un mar a otro como de una a otra mujer; para retenerlo, María cierra los ojos... lo más que puede. Y cuando ya no puede más, estalla. Pero basta una simple palabra de Onassis, un ramillete de flores para apaciguar sus cóleras, o una nueva visita a Skorpios para embarcarla de nuevo para Citera.

De vez en cuando habla de matrimonio, pero sin demasiada convicción. La sonrisa irónica que entonces aflora en los labios de Onassis es suficiente para cortar las alas de ese sueño. Una noche de 1967, la pareja sale de Régine. Un amigo se les acerca; Aristóteles, con sonrisa triunfante y enlazando a María, le dice: «¿Conoce usted a mi mujer?». Como el otro manifestara su sorpresa, el armador continuó: «Hace quince días que nos hemos casado». La prensa del corazón se hace eco de la noticia y la publica a grandes titulares.

Por supuesto, se trataba de una de las famosas bromas del jovial Aristóteles; broma de mal gusto que a María no debió de agradar en absoluto.

Por su cumpleaños, Meneghini envía a María un telegrama de felicitación. Sus peleas judiciales están demasiado recientes para que ella las haya olvidado; la intempestiva felicitación la saca de sus casillas: «¿Te das cuenta? ¡Ese indeseable individuo tiene la desfachatez de enviarme un telegrama!», confía a Jacques Bourgeois.

Días más tarde, le dirá también: «Ari y yo no estamos hechos el uno para el otro. Yo soy una criatura del destino; él es incapaz de comprenderme».

Otras veces, también le llamaba por teléfono después de discutir con Onassis: «¡Es completamente idiota! ¡No me merece!».

Jacques Bourgeois recuerda sus frecuentes contactos con María Callas durante las semanas que precedieron y luego siguieron a la ruptura con Onassis. «María me telefoneaba a altas horas de la noche... para hablarme de ella, pues se sentía culpable. Era egocéntrica, pero inocentemente. Además, sus confidencias eran siempre sabrosas. Tenía una inteligencia espontánea, sin nada de intelectualismo pero que estallaba en imágenes coloristas...»

Aquel año de 1967... el último que María y Ari pasaron juntos fue tormentoso. María presiente que están llegando al final de su camino, pero se aferra a su quimérica felicidad. Cuando se entera de que Onassis recibe por la noche, en Avenida Foch, a una misteriosa visitante quiere convencerse de que se trata sólo de otro capricho pasajero. Pero Onassis ha forjado ya en su mente el proyecto de casarse con Jacqueline Kennedy; ha ido eliminando uno a uno los obstáculos que trababan el camino de su ambición y está alcanzando la meta. Casarse con la viuda del presidente de los Estados Unidos representará para él su coronación. Por su parte, Jackie parece igualmente dispuesta: el olor de los millones es irresistible.

Aun cuando lo sospeche o siniestros presentimientos la asalten, María ni siquiera intuye lo que la aguarda. Onassis no ha tenido el suficiente coraje para una explicación franca. No está hecho para la desventura. Al menos, para la suya.

Durante el verano, María y él han tenido una violenta discusión —una más—; a María le asusta hacerse muchas preguntas y marcha a América, pero sus amigos de allí no se molestan siquiera en confortarla. Durante su estancia en América es cuando se reconcilia de manera tan espectacular con Renata Tebaldi.

Cuando regresa a París, un comunicado de prensa, fechado el 17 de octubre de 1968, anuncia al mundo entero la sorprendente noticia: Jackie Kennedy, la ex primera dama de los Estados Unidos, va a casarse con el ex emigrante esmirno, uno de los hombres más ricos del mundo. El golpe es terrible para María pero, cual esas heroínas de ópera tan a menudo encarnadas por ellas, lo recibe con aparente estoicismo. Si bien, en la soledad de su famoso cuarto de baño de la Avenida Georges-Mandel, da rienda suelta a su amargura. Lo sabemos por las confidencias de Bruna, su fiel doncella, que además de consolarla fue enfermera afectuosa, amiga en todo instante.

El 20 de octubre, Jacqueline Kennedy se convierte en la señora Onassis. Esa misma noche, María aplaude en el teatro el vodevil de Freydeau *La puce à l'oreille*. Más tarde, va a Maxim's para escuchar esa música cíngara que tanto le gusta... Fotos y más fotos... Porque con María las fotos a veces hablan mejor que los comentarios. Sentada entre Charles Aznavour y Jean-Pierre Cassel, la vemos troncharse de risa como si quisiera imitar la famosa risa de Henri Salvador, que se encuentra justo detrás de ella... En Maxim's, también sonríe... Pero, ¿qué hay detrás de esas risas, de esa fachada que ella presenta a los que saben que Onassis se ha casado con otra? ¿Cuántas lágrimas ha reprimido? ¿Qué drama secreto disimula? A los amigos que le manifiestan más o menos discretamente su compasión se niega a confesar su derrota, finge una fuerza que no tiene. Un abismo se ha abierto a sus pies, y María, que toda su vida ha necesitado de un brazo protector, ahora descubre con espanto que está sola, que ya no tiene a nadie para guiarla en su camino... El telón acaba de levantarse para el último acto del drama lírico que fue la vida de María Callas...

¿Dónde hallar el calor humano que anime su corazón? ¿A quién suplicar una nueva esperanza, ahora que el hombre al que quería consagrar su vida, por el que ha renunciado a su carrera, ha huido?

—Onassis hizo mucho daño a María. Por su culpa, ella nunca más volvió a pisar un escenario —acusa Zefirelli.

Con naturalidad, María retorna a su trabajo cuando Aristóteles la abandona, busca en su arte una manera de desquitarse, pero hace cuatro años que no canta... ¿Tendrá la fuerza suficiente para aguantar una función entera, toda una serie de representaciones? Cuánto ansía intentar la aventura, sentir otra vez el latido de su corazón al levantarse el telón, escuchar de nuevo la oleada de aplausos que la inundaban cuando ella reinaba... No tiene derecho a fracasar ni por ella ni por los millones de hombres y mujeres que, en el mundo entero, siguen venerándola como a un ídolo. Desde su marcha, otras cantantes han accedido a la gloria, han inflamado a *su* público... ¿Está ella ahora en condiciones de desafiarlas? Sus dudas siguen latentes, más fuertes, más opresoras que nunca, a pesar de que algunos de sus amigos la animan a que vuelva a la lucha, como cuando se incita a un campeón retirado para que retorne a la contienda.

María encontrará un paliativo: en el mes de febrero de 1969, gracias a la grabación de un disco, reanuda los lazos con el canto. El resultado es inesperado después de tan largo silencio. A no ser que, precisamente, ese largo silencio haya sido lo que le ha devuelto el hálito y el esplendor que la fatiga le había robado, pues sus cualidades vocales parecen haberse recobrado. Se pone de nuevo a estudiar con coraje y determinación admirables. Recupera el método con el que había conseguido llegar a la cumbre; el trabajo, el trabajo sin fin, sin tregua. Y para mejor consagrarse, llama a la mujer que guió sus primeros pasos, ¡hace venir de Italia a Elvira de Hidalgo!

Con sus casi ochenta años, la querida y anciana señora responde encantada a la llamada de su alumna preferida y las dos se lanzan a una lucha sin par. ¿No es emocionante el espectáculo que ofrece la Callas al querer, desesperadamente, crear de nuevo a la artista única que fue? ¿Sometiéndose a la disciplina de Elvira con la obediencia de una principiante, ella, la *prima donna assoluta*? ¿Ella que reinó sobre el público de la Scala, del Metropolitan, del Covent Garden, de la Ópera de París?

En el mes de abril, acepta pasar la temible prueba de la televisión. En el programa *L'invité du dimanche* explica las razones de su alejamiento, omitiendo por supuesto citar la principal: Aristóteles Onassis. Aún me parece oír las palabras que ella pronunció entonces:

—Para seguir siendo fiel a mí misma tuve que dejar de cantar, hace cuatro años. No estaba satisfecha con mi canto. Nosotros somos los únicos que nos podemos aconsejar. Yo lo hice así y comprendí que debía armarme de valor para abandonar mi trabajo y replantearme la cuestión. Mejor que nadie, yo sabía lo que no funcionaba en mí.. Estaba cansada y sin embargo seguía cantando. Durante cuatro años canté así, a pesar de no estar satisfecha con lo que hacía; el público me aplaudía pero yo me culpaba a mí misma, pues estaba convencida de que le engañaba... Ahora he vuelto a empezar con mi profesora de siempre, mi querida Elvira de Hidalgo, yo espero... La voz es un instrumento que debe obedecer, debe servir a la música, el arte debe ser fácil... Creo que las cosas van mucho mejor y espero poder reaparecer en la Ópera de París en 1970, con una *Traviata* que mi querido amigo Luchino Visconti vendrá a poner en escena expresamente para mí...

Ya volvemos a tener a María elaborando nuevos proyectos, trazando planes miríficos: ¡esa famosa *Traviata*, pero también una *Tosca* en Dallas para su amigo Lawrence Kelly, *Il Trovatore* en San Francisco, *Norma* en Nueva York en el Metropolitan! ¡Por poco que se la empujara hasta haría planes para volver a la Scala!

¡Por supuesto, todos esos castillos de naipes se vienen abajo! Ella misma sopla sobre ellos, al hacer imposible, con sus exigencias, su realización. No insistamos más, nos la ha jugado tantas veces que ya no nos hace mella.

Sin embargo, existe un proyecto que sí va a realizar; el más inesperado, el más insólito, un lance imprevisto en el desarrollo del último acto de la ópera vivida por la Callas... Va a rodar una película con un director que está en las antípodas de las concepciones, de los gustos y de los principios de María Callas: Pier Paolo Pasolini, el sacrílego, el iconoclasta... Le ha elegido a él para poder abordar una nueva carrera, lanzar un nuevo desafío. Lo que había negado a Visconti y a Zefirelli ahora lo otorga a ese extraño personaje cuyas anteriores películas, *Teorema* en particular, le habían escandalizado. ¿Por qué esa elección? En María, el instinto es más fuerte que la razón. ¿Tal vez el tema elegido por el director es lo que la ha impulsado a decidirse? *Medea*, esa mujer escarnecida como ella, abandonada como ella, amamantada como ella en las fuentes de la tragedia griega, como ella exiliada en tierra extraña, *Medea* será la voz con la que podrá gritar su desgracia y su furor. Pero esa voz no cantará; la *Medea* de Cherubini no es la que Pasolini va a plasmar en la pantalla, sino una *Medea* propia de su visión, que propone a la Callas y que ésta acepta. Ella lo explica así:

—*Medea* es, ante todo, una historia de amor. El aspecto mujer es lo que más me conmueve en ella. Cualquier mujer *plantada* por un hombre se rebela, reacciona más o menos de la misma manera. El hombre se inflama por una mujer, pero puede cambiar, por definición, es polígamo. En una mujer es menos natural, la mujer también es la madre.

A esa *Medea*, corregida y aumentada según una concepción moderna, que no tiene nada que ver con la tradición operística, a esa *Medea* que no canta pero que expresa con sus ojos fulgores de locura, de ternura, de desesperación, la pasión que la devora, María le va a insuflar una llama ardiente... Las imágenes que desfilan ante nuestros ojos describen lo que Pasolini hizo con su heroína: acosar sin tregua el rostro trémulo de la Callas... Con una especie de obsesión, Pasolini ha captado con la cámara la mirada tan profunda de María que produce vértigo... María aparece desgreñada, encolerizada, portando en la frente la corona del martirio y en su rostro los fuegos del infierno...

Para encarnar a *Medea*, María tuvo que viajar a Asia Menor como en los tiempos de Onassis, y a Italia como en los tiempos de Meneghini, pero la película se estrena en París, con gran pompa, ante una sala digna del Ídolo, en ese Teatro de la Ópera en el que ella nunca más volverá a cantar pero en el que conoció sus más vibrantes triunfos. Madame Pompidou y el Todo-París han acudido para consagrar el acontecimiento. Cuando María aparece en la pantalla, diosa viva sublimada por los paisajes que le prestan su decorado, un largo escalofrío recorre el teatro... Pero la película no obtendrá el éxito popular que condiciona la explotación cinematográfica y María no renovará la experiencia. Demos gracias a la Providencia de que lo haya intentado, al menos el testimonio de su potencia dramática perdurará en nuestro recuerdo visual cuando, a la larga, nuestra memoria ya se haya desvanecido.

La prensa sensacionalista pronto inventa un idilio entre el director y su intérprete; suposición tanto más incongruente cuanto que los gustos de Pasolini son bien conocidos y que acabarán por costarle la vida. En primera página, varios periódicos muestran a la Callas dando a su director un beso en la boca... teatral. Ella permite durante un tiempo el rumor de una relación amorosa entre ellos. ¿Por qué ese exhibicionismo tan poco usual en sus costumbres? Es fácil de adivinar: simplemente, para aguijonear los celos de Onassis. ¡Pues en verdad Ari es incorregible! Apenas ha «adquirido» a la señora ex Kennedy que ya la deja marchar sola a Estados Unidos y él vuelve a sus pequeños hábitos. Empieza por telefonear a María, pero a cada vez la fiel Bruna le responde que «la señora no está en casa». Pero se necesita algo más para desalentar a Ari cuando se le ha metido un deseo en la cabeza. Aguijoneado por la dificultad, insiste, escribe, hace que Maggie van Zuylen la llame, y luego, una noche, se planta bajo las ventanas de la Avenida Georges-Mandel; debe de estar bebido, pues llama a María a voz en grito, y al no obtener respuesta, amenaza con derribar el portal ¡a golpes de Rolls! María le recibe, «para evitar el escándalo», dice ella. La verdad es que sigue enamorada y ese retorno, al tiempo que adula su orgullo herido, reanima su corazón solitario.

Poco a poco, María y él reemprenden unas relaciones continuas. ¿Quizás porque Ari descubre que amaba más a la mujer que a la artista? Pero ese retorno, medio clandestino, no devuelve a María sus ilusiones perdidas. Al día siguiente de la boda del siglo, había hecho este comentario amargo con el que la prensa disfrutó de lo lindo: «Jackie ha hecho bien al dar un abuelo a sus hijos. ¡Ari es hermoso como Creso!».

Pese a esos comentarios, María no ha podido arrancar a Ari de su corazón; y si bien es feliz por sentir de nuevo su presencia, sabe empero que es sólo una felicidad pasajera, y se conforma. La noticia llega a oídos de Jackie, que no se inmuta. Se venga simplemente tirando millones de dólares por la ventana; al fin y al cabo no hace sino aplicar los términos del contrato que acaba de firmar con Onassis.

A medida que pasan las semanas, María retorna a sus sueños: ¿No podría Ari volver otra vez con ella? Está arrepentido de haberse casado, se lo ha confesado y además le ha jurado que nunca había dejado de amarla. Otro lance con ribetes de drama lírico: el retorno del amante voluble, la mujer que le sigue siendo fiel y que le perdona pese a las traiciones de las que es culpable... ¿Por qué no creer en los milagros cuando se tiene un alma infantil? María le entrega a un tiempo la llave de su apartamento y el derecho a venir a cualquier hora del día o de la noche. Pero, como siempre, Onassis exagera: se deja ver con María en Maxim's, muy orgulloso por exhibir de nuevo a su diva. Esta vez, Jackie se alarma y salta al primer avión. Los millones del armador justifican tal desplazamiento y su consecuencia lógica: escenas, amenazas, toda la panoplia de la mujer legítima y ultrajada es vomitada. Y Ari claudica.

La misma noche de la llegada de Jackie, el matrimonio cena en Maxim's con evidentes y visibles muestras, sobre todo visibles, de su concordia. Esta interrupción intempestiva echa por tierra las esperanzas de María; comprende que Onassis jamás osará provocar un escándalo mundial.

¿Hay que imputar al retorno de Jackie, como han hecho algunos de sus biógrafos, la súbita indisposición de María, que debe ser trasladada al hospital americano a las 7 h de la mañana? La noticia se propaga como reguero de pólvora y, de inmediato, las interpretaciones más disparatadas exaltan la imaginación: «La Callas ha intentado suicidarse», titulan varios periódicos y difunde una radio local. De hecho, a la una del mediodía, María está de vuelta en su casa de la Avenida Georges-Mandel y confirma en un comunicado: «Me encuentro de maravilla». Al menos, se encuentra lo suficientemente bien como para interponer un proceso contra la radio local. ¡Uno más! Y otro proceso más ganado por la diva que le reportará unos 20.000 francos por daños y perjuicios. ¡No hay negocio sin ganancia! Una bajada de tensión conjugada con un abuso de tranquilizantes es lo que había provocado la alarma.

Pero Aristóteles vuelve. A intervalos, por supuesto, como ráfagas de viento, y esas brisas traen a María un soplo de ganas de vivir. Sólo que esas migajas de felicidad arrebatadas al destino no le bastan para colmar su existencia, y María retorna por última vez a las saciadoras fuentes en las que ha abrevado su vida; como si quisiera hallar el camino de un reino cuya llave ha extraviado, como si deseara subir de nuevo como una soberana hacia el cielo... Lucha patética por su falta de esperanza, pero que se engrandece ante nuestro recuerdo precisamente porque carece de esperanza.

Sentada al piano, durante horas cada día, sola o con la complicidad de la anciana Elvira de Hidalgo, María busca incansablemente su voz perdida; o bien, acude a un estudio del inmueble del teatro de los Campos Elíseos con su música bajo el brazo, silueta anónima que pasa inadvertida, ella, la que no podía asomarse a la calle sin que un enjambre de fotógrafos la persiguiera por doquier. Trabajará así hasta 1976, rodeada de un misterio voluntario; y es que la Callas no sabe ofrecer otro espectáculo que no sea el de su victoria.

Entre 1971 y 1972, consiente en realizar una experiencia que nos sorprende porque creíamos conocer todos los sortilegios de esa hada: en la Julliard School, academia de música de Nueva York, María Callas prodiga sus consejos a los alumnos elegidos por ella. Por supuesto, el talento no puede transmitirse a los que no han recibido el don, pero ella pone tanto entusiasmo, tanta convicción en sus enseñanzas que esclarecen la amplitud de sus conocimientos técnicos.

He escuchado recientemente, con la emoción que puede adivinarse, las clases de la maestra Callas. Lo que sorprende al oyente, es que la cantante no se limita a dar una explicación a sus alumnos: sino que predica con el ejemplo, aun cuando el que cante en aquel momento sea un muchacho. Por turno, ella es tenor, barítono o bajo, según las exigencias del fragmento elegido; y si resulta ser alguno de los papeles que ella ha cantado, entonces se oye brotar la voz de la Callas, la voz milagrosa, espléndida, fácil... También a veces, y no por eso deja menos de emocionar, la voz se quiebra de pronto y surge el drama que está viviendo. Inexorablemente, «la ópera de la Callas» camina hacia su fin.

Estos súbitos fallos, de los que María es víctima, los vive mucho más cruelmente porque en ella arde el deseo ardiente de volver a pisar los escenarios, de volar de nuevo hacia las más altas cumbres del arte lírico; por eso, cuando le preguntan por su eventual retorno, responde siempre lo mismo: «Pronto, muy pronto», dice sonriendo, y cita algunas de las obras que está preparando. Pero la arena que arroja a los ojos de los demás no la ciega a ella. Michel Glotz, por su parte, está convencido de que si hubiera continuado trabajando con Madame de Hidalgo, María hubiese recobrado poco a poco la confianza que precisaba para recuperar sus facultades. Una noche, en la que ella asistía a una función en la Scala de Milán, el público, al verla llegar, se puso en pie espontáneamente y le gritó: «¡Vuelve, María, vuelve!».

¡Cuánto le hubiera gustado ceder a ese ruego! Pero por nada del mundo hubiese consentido en ofrecer el espectáculo de una *prima donna* vencida. Para que recobrara el equilibrio íntimo con el que poder presentarse de nuevo ante esos teatros que la aclaman, haría falta que una nueva fuente de felicidad brotase en su destino, que conociese la paz del corazón; y no es el caso. A su alrededor, la soledad extiende poco a poco su sombra amenazadora. Los seres más queridos van desapareciendo; en 1968, a los noventa años, Tullio Serafin, el maestro de sus comienzos, el que guió sus primeros pasos, el que comprendió que con ella la ópera se elevaba hacia la apoteosis; en 1972, Maggie van Zuylen, la amiga tan querida, tan fiel, una de las raras privilegiadas que obtuvo su confianza; y en 1973, el 22 de enero, Alexandre Onassis, el hijo de Aristóteles, el heredero del imperio, se estrella con su avión. Onassis no quiere aceptar esa sentencia del cielo, no comprende que él, el moderno Júpiter, pueda ser herido por el rayo como el resto de los mortales. No cree en un simple accidente; está convencido de que se trata de alguna conspiración de sus enemigos, una horrible maquinación. Y promete una considerable recompensa a quien le facilite algún dato que pueda descubrir a los autores del crimen...

Cuando María vuelve a ver a Ari, pocas semanas después de la muerte de su hijo, apenas le reconoce; el hombre camina ya hacia su fin. Pero María sigue amándole con un amor resignado, con un amor vencido que ya no rechaza su derrota, por ser inexorable.

La ilusión de su vuelta a los escenarios, las ganas de trabajar son el postrer recurso que le quedan a la diva. Hay que admirarla por ello. ¡El animal herido se niega a rendirse, el pájaro de alas rotas no quiere abandonar las alturas del cielo para no caer en tierra! ¡Necesitaba de una llama misteriosa que la animara, que una luz brillara aún en ella para rechazar así la sentencia del destino! Qué obstinación más maravillosa, como para no creer que el talento no fue concedido a esta mujer por una voluntad suprema...

Pero del mismo modo que se aferra a los jirones de un pasado que la abandona, es consciente de que ya no puede ofrecer a su arte sino el reflejo de lo que ella fue; por eso, toma un atajo. Esto explica el error que cometió al emprender un proyecto para el que no estaba hecha. En el mes de marzo de 1973, María pone en escena, en Turín, una versión bastante mediocre de *I vespri siciliani*, con la que ella misma había obtenido el éxito veintidós años atrás, en su primera presentación en la Scala. Pues sí, esa clase de trabajo no le cuadra. ¿Cómo los gestos, las expresiones, su innata potencia devastadora podrían transmitirse a otras artistas, cómo comunicar el secreto de ese fuego que sólo ella posee? Además, los tecnicismos del teatro la hastían y la desconciertan. Zefirelli juzga con objetividad esta desgraciada tentativa, cuando explica:

—María jamás se interesó de verdad por cuanto sucedía a su alrededor; no sólo no podía saber cómo evolucionaba el coro que estaba a sus espaldas, sino que ni siquiera lo veía cuando estaba en escena, porque era demasiado miope para verlo.

Un fracaso que comparte con Di Stefano, al que ha exigido que la acompañe y la secunde; siempre esa necesidad de sentirse respaldada por un tercero... Esa búsqueda del esforzado caballero...

Giuseppe Di Stefano ha entrado de nuevo en la vida de María, desde hace unos meses. Este compañero de los buenos y malos días —sus discusiones eran tan sonadas como sus reconciliaciones— llega en el momento justo: por supuesto, María no confunde ese «clavo ardiendo» con un favor de la Providencia, pero se agarra a él con desesperada voluntad. Nos encontramos, una vez más, en pleno drama operístico: la mujer escarnecida, abandonada, al borde del abismo, que encuentra al humilde compañero de juventud, del que antaño despreció la pasión... Pero no nos remontemos a tan lejos. Es cierto, «Pippo está enamorado», lo dice ella misma, y aunque acepte ese amor, permanece lúcida, sabe que no es más que un paliativo. Sin embargo, lo toma, tiene tanto miedo a estar sola...

Y se deja mecer por las ilusiones engañosas, recuerda los buenos tiempos, aquellos en los que no tenía más que dar una orden a su voz, a su naturaleza, para que éstas le obedecieran, y como rememora esa época feliz cree poder vivirla de nuevo. Ebrio de felicidad, puesto que su llama al fin es correspondida, Di Stefano la anima. Pero también él ha llegado al término de su espléndida aventura musical; el cantante de la entrañable voz de antaño también corre desesperadamente en pos del espejismo de su resurrección. Sin embargo, María parte con él para una gira de conciertos que durarán un año y que será su adiós al teatro, es decir su adiós a la vida. Postrer combate de la tigresa en el circo, última rebelión de la reina que no quiere morir, luz póstuma que pronto se apagará...

Con minuciosidad, compone su programa, pues sabe que ya no puede exigirse demasiado; ha contratado a un pianista octogenario que la mima bastante, y los dos, Di Stefano y ella, valientemente, se lanzan a la acción, cual soldados que parten a un asalto del que saben no regresarán.

Se diría que una vez más el destino ha escenificado esa tragedia, ha preparado los efectos, ha proyectado las luces... Nimbados por un halo luminoso, María y Pippo aparecen, cogidos de la mano, sosteniendo cada cual la debilidad del otro, sorbiendo recíprocamente en sus miradas una confianza que ninguno de los dos posee ya, dúo estremecedor de dos héroes que el tiempo aplasta bajo su peso y que se niegan a rendirse.

De Hamburgo a Madrid, de París a Nueva York, de Milán a Los Ángeles, de San Francisco a Tokyo, María y su compañero emprenden su camino como antaño, pero ya no es una vía láctea lo que recorren sino un calvario que escalan peldaño a peldaño. Para los que fuimos embriagados, hechizados, encantados por ella, qué dolor ver ahora esa voz que tiembla, esos sonidos que se apagan, esas notas que se detienen en el camino... Y sin embargo, su mágico nombre aún hace milagros; en cada ciudad, la gente acude en masa y cubre con sus ovaciones los fallos de la diosa. Como si presintieran que pronto les va a ser arrebatada intentan, con el calor de sus aplausos, retrasar el desgarramiento de la separación. Y María, con su mano en la de Pippo, saluda, recibe esos homenajes como años atrás hacía en los más grandes teatros del mundo, con la misma gracia y gallardía soberanas. Sabe que el público que le grita su amor y su gratitud admira en ella la leyenda viva. Sin embargo, tanto para el público como para todos nosotros, aun cuando haya dejado de ser la *prima donna assoluta*, ella seguirá siendo siempre «la Callas».

Y llega la hora tan temida, la que pondrá punto final a la epopeya de la niña pobre de Brooklyn convertida en la mujer más famosa del mundo: esa noche de noviembre de 1974, en la que María saluda por última vez a su público que, también por última vez, ha venido a entregarle su presencia. ¿Por qué tuvo que suceder en un lugar tan alejado de nosotros, que el adiós a la diosa fuera pronunciado en el corazón de Japón, en esa ciudad de Sapporo, de la que sólo conocemos el nombre por los juegos olímpicos que allí se celebraron? ¡Nos hubiera gustado que la Ópera de París, el Metropolitan de Nueva York o la Scala de Milán se hubiesen revestido a un tiempo de todo su esplendor, y que un coro, formado por los más brillantes solistas del arte lírico, hubiese cantado el mismo cántico de acción de gracias! Hubiéramos deseado el apoteosis solemne con el que los antiguos griegos festejaban a sus dioses, pero sobre todo, que el tiempo se hubiese detenido, que hubiese vuelto atrás y nos hubiese devuelto, triunfantes, a *Norma*, a *Flora Tosca*, a *Violetta*...

En lugar de eso, María por poco no se marcha a hurtadillas, casi sin ella misma sospechar que se iba para siempre, convencida como estaba de que proseguiría su camino. Conmovedora intención de equivocarse, piadosa mentira que María debía a su leyenda.

Como para entretener mejor esa convicción, prosigue con sus ejercicios y con la fantasía a la que nos tiene acostumbrados, la de anunciar de vez en cuando su retorno. Por eso, durante un tiempo, sigue con interés no disimulado la consagración de otras nuevas divas: Teresa Berganza y Montserrat Caballé, entre otras, obtendrán el favor de sus sufragios. Mejor aún, cuando un periodista le pregunte no sin malicia:

—¿Quién es, según usted, la cantante más grande de nuestra época?

María responderá con sonrisa angelical:

—Renata Tebaldi.

Por tal honorífica respuesta no hay que creer que haya escondido sus garras. ¡Su orgullo sigue dando sobresaltos! ¡Sigue conservando su humor belicoso! La anécdota siguiente, que contaba Jacques Bourgeois, es una buena prueba de ello.

«—María era algo mojigata; prefería que la admirasen en un papel de sacerdotisa que en uno de cortesana.

»Ella añadía:

»—¡Bellini escribió *Norma* para mí! —Por eso, nuestra amistad se enfrió bastante cuando yo monté *Norma*, en Orange, para Montserrat Caballé.

»—Canta muy bien, ¡pero ella no es *Norma*! —me dijo María.

»—María —le contesté yo—, estás convencida de que los papeles que has cantado no los puede cantar nadie más, yo creo que hay que intentarlo de todas maneras...

»—Haz lo que quieras —me respondió, y me colgó el teléfono.»

Otro día —seguimos hablando de esa famosa *Norma*—, Montserrat Caballé tenía que cantar un fragmento en el programa radiofónico de Jean Fontaine, *Prestige de la Musique*. Pues bien, María la invitó a comer, la misma mañana de la grabación.

«—Imposible —le contesta Montserrat Caballé—, tengo que ensayar esta tarde para *Prestige de la Musique*.

»—Créeme, puedes venir, la emisión no se realizará —le replicó la Callas.»

Efectivamente, los componentes del coro se declaran en huelga dos horas más tarde y la grabación queda anulada. ¿Cómo pudo María adivinar lo que iba a ocurrir? El productor del programa aún se lo pregunta, sin haber conseguido la respuesta.

María había acabado por considerar que el personaje de *Norma* le pertenecía y que si otra lo interpretaba, ¡cometía un crimen de lesa majestad! La verdad es que ella había marcado ese papel con su huella indeleble.

Retornemos a Sapporo. Aquella noche pues, el telón cae para no volver a levantarse más y, al mismo tiempo, los últimos vínculos que unen a María con la vida se rompen. El silencio, tras haber cubierto la voz milagrosa, se encargará de sepultarla poco a poco. Cierto, aún se dejará ver en algunas manifestaciones, pero detrás de su sonrisa el corazón está ausente. Durante dos o tres años, como para acreditar la ficción de su renacimiento, se obliga a sí misma a llevar, intermitentemente, una existencia mundana que ya no le divierte. La *jet society* ya no se le sube a la cabeza, aunque no quiere dar la impresión de una ruptura... También en *Tosca*, Violetta es condenada a una vida de placeres y de tumultos... Se la ve pues en algunas cenas organizadas por ciertas damas de la nobleza, en las que ella es el principal centro de atención; asiste a los estrenos y hace ver que se divierte. Acepta ser la presidenta en la gala de la Unión de Artistas, en el Cirque d'Hiver... Y más fotos... Jacques Martin, disfrazado de payaso, a horcajadas sobre la barandilla del palco de María, que ríe muy fuerte, demasiado fuerte, parece ser...

Pero en torno a María, el silencio va ganando terreno y el destino continúa derribando uno tras otro a los que su recuerdo aún le reanimaba el corazón: George, el anciano padre, siempre querido, incluso en la distancia... Lawrence Kelly, el amigo fiel de Dallas, al que ella no se resigna a darle el último adiós... Y luego, el golpe de gracia: Aristóteles. Aristóteles el infiel tan amado, Aristóteles el moderno coloso de Rodas que ya no era sino un pobre hombre a quien María no tuvo ni el derecho a darle un último beso, en su lecho de muerte del hospital americano... Tina, la antigua rival a la que María había desplazado, también ha muerto hace poco. Y a su vez, pocas horas después de Onassis, Luchino Visconti desaparece... ¿Qué le queda a María? Cuántos recuerdos la torturan y la quiebran...

Las imágenes de la ópera vivida aceleran su marcha. María abre ahora la puerta a esa soledad de la que había huido desesperadamente durante toda su vida... Cada vez sale menos, ve a menos gente, se envuelve en un velo de miedo y de desconfianza.

—Nunca contestaba al teléfono —me contó un día Jacques Bourgeois—. Había que insistir con Bruna, llamar cinco o seis veces para que se pusiera... Pero cuando se le invitaba, nunca estaba libre a las horas que uno le proponía, o bien cuando al fin aceptaba luego en el último momento se excusaba para no asistir. Y había que volver a empezar. Esta voluntad de negación constante se convirtió pronto en algo patológico.

Sí, durante sus dos postreros años de vida, en las últimas escenas de la ópera que vive, María huye cada vez más de las manifestaciones del mundo exterior; su universo mengua, se reduce, se consume y, para acabar, se ciñe sólo a dos personas: Bruna, la doncella-amiga y Ferruccio, el chófer-enfermero, pareja infatigable de sus partidas de cartas nocturnas cuando el sueño la abandona. María no sabe —o no quiere saber— que su gloria sigue intacta, que su leyenda permanece inscrita en la cúspide del arte lírico, que la gente se arranca de las manos cada nueva grabación de discos, que un pueblo de fieles espera el retorno de su ídolo, pero ella no quiere saber nada de lo que todavía es la Callas; oculta su rostro y su alma como hacen los pobres cuando tienen vergüenza de su miseria...

Algunas fotos más —las últimas—: María en los jardines de la Muette, paseando a su caniche *Djeddah*, regalo de Aristóteles. Y luego, la última de todas, la que destroza el corazón y nos hace derramar lágrimas de remordimiento, porque nadie de nosotros osó llamar a su puerta para intentar retornarla a la vida: sí, es lo que nos muestra esa imagen en la que se ve a una mujer envejecida, cansada, llevando su bolso en la mano cual carga demasiado pesada; una mujer que ha abdicado de la coquetería, que entra en la casa del silencio en la Avenida Georges-Mandel...

El último acto de la ópera de María Callas va a desarrollarse ante nuestros ojos: el 16 de septiembre de 1977, a la una del mediodía, María sigue acostada en la cama, según su costumbre, puesto que no tiene nada que hacer. Se levanta, da unos pasos para ir al cuarto de baño de mármol y oro, pero no lo consigue: un dolor violento le atraviesa el hombro izquierdo. Cae al suelo con un pequeño grito, cual pájaro herido... Bruna se precipita; ayudada por Ferruccio la llevan a la cama... «Me encuentro mejor», murmura María con una pobre sonrisa... Últimas palabras, última sonrisa.... Instantes después, el hada ha dejado este mundo para entrar en la eternidad... El telón final ha caído: la ópera ha sido representada. «María Callas ha fallecido víctima de una crisis cardíaca», determinará el cuerpo facultativo. Nosotros que conocemos la verdad sabemos de qué y de quién ella fue la víctima.

¿Podía descansar bajo las losas de un panteón de lujo, en uno de esos cementerios para ricos que atraen más la curiosidad que el recogimiento? ¿Podía imitar la suerte de esos olvidados a los que sólo se visita el día de Todos los Santos? Puesto que ella permanecería para siempre en nuestra memoria y su corazón latiendo junto al nuestro, ¿no era mejor que de ella no quedara ningún recuerdo terrenal? Las cenizas de su cuerpo desaparecieron para siempre entre las aguas del mar Egeo, donde los dioses de la mitología la estaban esperando desde la antigüedad.

Pocas semanas después de su desaparición, dos viejos se disputaban encarnizadamente su herencia, como los buitres cuando pelean por los despojos. Luego, ante la publicidad dada a su sórdida lucha, Evangelia Callas y Battista Meneghini se avinieron a un reparto que les dejaba a cada uno tres mil millones de capital. Desde lo alto del Olimpo, María, ante semejante espectáculo, debió de bramar de cólera, o tal vez hasta se echó a reír con su risa musical.

Por nuestra parte, nosotros sus huérfanos rememoramos aquel adiós que Musset dirigió a la Malibran, esa otra *prima donna assoluta*, y que, más allá del tiempo, podría servir de epitafio a María Callas:

> *Lo que nos hace llorar sobre tu tumba apresurada,*
> *No es el arte divino, ni sus sabios arcanos,*
> *Es la voz del corazón, sólo al corazón llegada,*
> *Porque nadie después de ti podrá saciarnos.*[1]

---

1. Citado por Roland Mancini en *Opéra International*, noviembre de 1977.

ÍNDICE

AGRADECIMIENTO

El autor agradece sinceramente la colaboración de los seño-
res Michel Glotz, Jacques Bourgeois, Georges Prêtre y Christian
Baudéan.